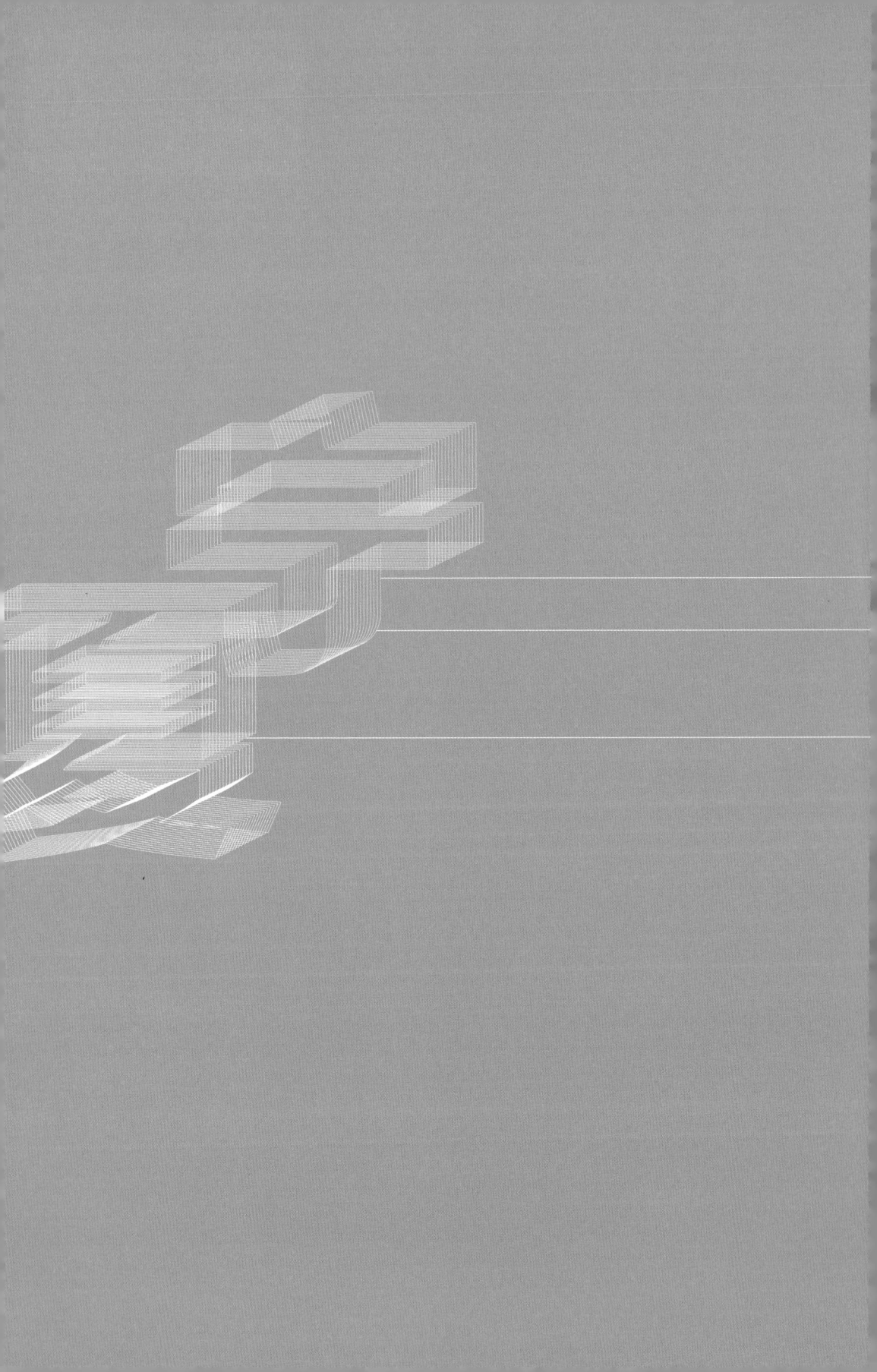

宁夏社会科学院文库

地方志与全域旅游
——以宁夏为例

霍丽娜 著

Local Chronicles and All-for-one Tourism
—— Taking Ningxia for Instance

社会科学文献出版社
SOCIAL SCIENCES ACADEMIC PRESS (CHINA)

宁夏社会科学院文库
编委会

主 任 刘 雨

副主任 段庆林

委 员（按姓氏笔画排序）

马金宝 刘天明 李文庆 李保平 余 军
郑彦卿 鲁忠慧 雷晓静

总　序

宁夏社会科学院是宁夏回族自治区唯一的综合性哲学社会科学研究机构。长期以来，我们始终把"建设成马克思主义的坚强阵地、建设成自治区党委政府重要的思想库和智囊团、建设成宁夏哲学社会科学研究的最高殿堂"作为时代担当和发展方向。长期以来特别是党的十八大以来，在自治区党委政府的正确领导下，宁夏社会科学院坚持以习近平新时代中国特色社会主义思想武装头脑，坚持马克思主义在意识形态领域的指导地位，坚持以人民为中心的研究导向，增强"四个意识"、坚定"四个自信"、做到"两个维护"，以"培根铸魂"为己任，以新型智库建设为着力点，正本清源、守正创新，不断推动各项事业迈上新台阶。

2016年5月17日，习近平总书记在哲学社会科学工作座谈会上强调，当代中国正经历着我国历史上最为广泛而深刻的社会变革，也正在进行着人类历史上最为宏大而独特的实践创新。这种前无古人的伟大实践，必将给理论创造、学术繁荣提供强大动力和广阔空间。作为哲学社会科学工作者，我们积极担负起加快构建中国特色哲学社会科学学科体系、学术体系、话语体系的崇高使命，按照"中国特色哲学社会科学要体现继承性、民族性，体现原创性、时代性，体现系统性、专业性"的要求，不断加强学科建设和理论研究工作，通过国家社科基金项目的立项、结项和博士学位论文的修改完善，产出了一批反映哲学社会科学发展前沿的研究成果。同时，以重大现实问题研究为主要抓手，建设具有地方特色的新型智库，推出了一批具有建设性的智库成果，为党委政府决策提供了有价值的参考，科研工作呈现良好的发展势头和前景。

加快成果转化是包含多种资源转化在内的一种综合性转化。2019年，宁夏社会科学院围绕中央和自治区党委政府重大决策部署，按照"突出优势、拓展领域、补齐短板、完善体系"的原则，与社会科学文献出版社达成合作协议，分批次从已经结项的国家社科基金项目、自治区社科基金项目和获得博士学位的毕业论文中挑选符合要求的成果，编纂出版"宁夏社会科学院文库"。

优秀人才辈出、优秀成果涌现是哲学社会科学繁荣发展的重要标志。"宁夏社会科学院文库"，从作者团队看，多数是中青年科研人员；从学科内容看，有的是宁夏社会科学院的优势学科，有的是跨学科或交叉学科。无论是传统领域的研究，还是跨学科领域研究，其成果都具有一定的代表性和较高学术水平，集中展示了哲学社会科学事业为时代画像、为时代立传、为时代明德的家国情怀和人文精神，体现出当代宁夏哲学社会科学工作者"为天地立心，为生民立命，为往圣继绝学，为万世开太平"的远大志向和优良传统。

"宁夏社会科学院文库"是宁夏社会科学院新型智库建设的一个窗口，是宁夏社会科学院进一步加强课题成果管理和学术成果出版规范化、制度化的一项重要举措。我们坚持以习近平新时代中国特色社会主义思想为指引，坚持尊重劳动、尊重知识、尊重人才、尊重创造，把人才队伍建设作为基础性建设，实施学科建设规划，着力培养一批年富力强、锐意进取的中青年学术骨干，集聚一批理论功底扎实、勇于开拓创新的学科带头人，造就一支立场坚定、功底扎实、学风优良的哲学社会科学人才队伍，推动形成崇尚精品、严谨治学、注重诚信的优良学风，营造风清气正、互学互鉴、积极向上的学术生态，要求科研人员在具备专业知识素养的同时，将自己的专业特长与国家社会的发展结合起来，以一己之长为社会的发展贡献一己之力，立志做大学问、做真学问，多出经得起实践、人民、历史检验的优秀成果。我们希望以此更好地服务于党和国家科学决策，服务于宁夏高质量发展。

路漫漫其修远兮，吾将上下而求索。宁夏社会科学院将以建设特色鲜明的新型智库为目标，坚持实施科研立院、人才强院、开放办院、管理兴院、文明建院五大战略，努力建设学科布局合理、功能定位突出、特色优势鲜明，在全国有影响、在西部争一流、在宁夏有大作为的社科研究机构。同时，努力建设成为研究和宣传马克思主义理论的坚强阵地，成为研究自治区经济社会发展重大理论和现实问题的重要力量，成为研究中华优秀传统文化、革命文化、社会主义先进文化的重要基地，成为开展对外学术文化交流的重要平台，成为自治区党委政府信得过、用得上的决策咨询的新型智库，为建设经济繁荣民族团结环境优美人民富裕的美丽新宁夏提供精神动力与智力支撑。

宁夏社会科学院
2020 年 12 月

前　言

习近平总书记在十九大报告中指出，"文化是一个国家、一个民族的灵魂。文化兴国运兴，文化强民族强。没有高度的文化自信，没有文化的繁荣兴盛，就没有中华民族伟大复兴。"[①] 党的十八大以来，党中央对建设文化强国做出了一系列重大战略部署。正是党和国家一直以来对文化事业的高度重视，推动了全国及宁夏地方志编修事业走上了快车道。

编修地方志是中华民族优秀文化传统，历史悠久，连绵不断。习近平总书记对地方志高度重视，他无论走到哪里，第一件事就是要看地方志。在党和国家的重视下，新修志书可谓成果丰硕。史志之学主张经世致用，地方志的开发利用，是新时期地方志事业发展的要求。如何充分发挥地方志在经济社会发展和社会主义文化建设中的作用，结合实际为经济建设、政治建设、文化建设、社会建设等服务，是地方志工作者们一直深入探索的。

2016年，国家提出"全域旅游"的发展思路，成为我国旅游业全新发展理念、模式。2020年10月29日，《中共中央关于制定国民经济和社会发展第十四个五年规划和二〇三五年远景目标的建议》指出：

[①] 习近平：《坚定文化自信，推动社会主义文化繁荣兴盛》（2017年10月18日），载《论党的宣传思想工作》，中央文献出版社，2020，第10页。

推动文化和旅游融合发展，建设一批富有文化底蕴的世界级旅游景区和度假区，打造一批文化特色鲜明的国家级旅游休闲城市和街区，发展红色旅游和乡村旅游。文化和旅游已从"深度结合"转向"全面融合"，"文化为魂，旅游为体"的融合发展模式，将成为未来我国经济发展的助推器。

我国地方志种类繁多、材料广博，涉及历史地理、山川河流、名胜古迹、风土人情等，为"一方之全史"，在全域旅游的文化资源发掘、旅游规划、产品开发和学术研究等方面具有重要的价值。深入挖掘地方志中丰富"矿藏"，完全能为全域旅游发展提供多方面的智力支撑，从文化融合旅游的根本之处解决全域旅游发展中出现的新问题，从而书写具有中国特色的文化旅游成果。实现地方志开发利用最大化，在全域旅游战略中充分发挥作用，这既是一个时代的命题，也是学术新潮流的趋势。宁夏的全域旅游发展同样离不开对地方志的挖掘和开发利用，深入挖掘地方志中可供现代旅游开发之素材，通过系统梳理、整理研究其蕴含的旅游资源，一定可以助推宁夏全域旅游发展进程、为全国全域旅游发展提供参考。

基于此目的，笔者申请了2017年宁夏回族自治区哲学社会科学基金项目，将宁夏地方志中有关旅游方面的文献进行了初步梳理，将地方志中的历史文化资源与旅游相结合，并进行了探索性的阐发、分类、总结，以期通过挖掘地方史志资源优势，为宁夏发展全域旅游注入一些历史文化支撑，2018年年底课题结项。课题结项后，笔者对课题成果进行了修改完善，形成此书稿。期望本书的出版能在文化和旅游全面融合的浪潮中，成为一朵小小的浪花，成为文化成果转化为地方经济建设助推器的有益尝试，以达到抛砖引玉之目的。

目　录

绪　论 / 001

第一章　方志中"塞北江南"的由来 / 008
第一节　民族融合与"塞北江南" / 011
第二节　区域优势与"塞北江南" / 019

第二章　明清宁夏"八景"与"塞北江南" / 026
第一节　宁夏"八景" / 029
第二节　中卫"八景" / 041
第三节　韦州"八景" / 047
第四节　平罗"八景" / 049
第五节　固原"八景" / 054
第六节　广武"八景" / 063
第七节　其他"八景" / 067

第三章　可资开发利用的宁夏地方志资源 / 070
第一节　旧志整理和研究 / 070
第二节　新编宁夏地方志 / 074

第四章　方志中的自然景观 / 079

　　第一节　山地 / 080

　　第二节　水域 / 098

　　第三节　沙漠 / 111

第五章　方志中的人文景观 / 113

　　第一节　人文资源 / 113

　　第二节　人文遗迹 / 124

第六章　方志中的社会景观 / 154

　　第一节　民间习俗 / 156

　　第二节　民间文化活动 / 174

　　第三节　民间文学艺术 / 190

第七章　方志中的宁夏特产 / 207

　　第一节　枸杞 / 209

　　第二节　羊 / 214

　　第三节　甘草 / 217

　　第四节　中卫酒 / 220

　　第五节　其他特产 / 221

第八章　地方志资源与全域旅游的契合 / 227

　　第一节　宁夏全域旅游的实施 / 228

　　第二节　方志资源与宁夏全域旅游 / 230

　　第三节　宁夏地方志旅游资源的开发利用 / 240

附录一　旅游资源与地方志文献梳理 / 248
　　第一节　宁夏发展旅游资源研究 / 255
　　第二节　宁夏地方志文献的旅游资源研究 / 269

附录二　宁夏志书中的旅游路线 / 273

参考文献 / 280

后　记 / 288

绪　论

地方志是中华文化的宝贵遗产之一，编修志书乃中华民族的一项优良传统。茅盾先生曾言："我国地方志源远流长，各朝各代，皆有增订，延揽饱学之士，分类撰写，搜罗材料之广博，超过正史、野史、前人笔记之所记载……似可组织人力，即以地方志中适合于旅游者之多方面兴趣而引人入胜者，编写导游指南。"① 可见地方志不仅具有存史、资政、教化的功能，还兼具旅游指南的现实意义。

著名历史学家陈寅恪先生在《陈垣敦煌劫余录序》中指出："一时代之学术，必有其新材料与新问题。取用此材料，以研求问题，则为此时代学术之新潮流。治学之士，得预于此潮流者，谓之预流（借用佛教初果之名）。其未得预者，谓之未入流。此古今学术史之通义，非彼闭门造车之徒，所能同喻者也。"② 感陈寅恪先生之言，今日，我们对当前挖掘地方志中的材料，使其能为今日之旅游业提供源头活水，解决旅游发展进程中全域旅游发展出现的新问题，对其发展路径进行探索和理性的思考，是十分必要的、有益的。挖掘地方志中的材料，研究地方志与全域旅游的关系、地方志中全域旅游资源的开发利用，从而进一步提高

---

① 韦韬、陈小曼编《茅盾杂文集》，生活·读书·新知三联书店，1996，第955页。
② 陈寅恪：《陈垣敦煌劫余录序》，载《陈寅恪文集之三 金明馆丛稿二编》，上海古籍出版社，1982，第236页。

地方志部门的全域旅游开发意识,提高旅游部门的方志资源意识,对进一步开发地方志资源、发挥地方志在经济社会建设中的积极作用,进而推动全域旅游发展进程,具有一定的现实指导意义。

一 地方志与旅游发展

如何利用地方志资源来推动旅游业的发展,既是一个时代的命题,也是学术新潮流的趋势。学者们就此广泛地探讨地方志与旅游的关系,相关成果不断涌现,特别是研究本地地方志与旅游关系的文章如雨后春笋。专家学者们提出地方志对旅游资源有普查指南、为开发新旅游资源提供丰富资料和信息、为旅游区开发规划提供科学依据[1]等重要作用;认为地方志与旅游是联系互通、古今认同、协作和"联姻"的关系,指出地方志是旅游资料的宝库,是旅游文化资源的载体;[2] 专家学者们认为,地方志能为旅游注入历史文化内涵等。地方志中的旅游资源开发利用的理论价值和社会影响还在于:一是史志无用论在国内外广有市场,而开发志书资源服务于全域旅游发展、服务于经济建设,可以打破史志学原有的"清冷"。旅游产业要在文旅融合创新上发展,地方志无疑可以发挥重要的作用。二是地方志编纂为中国特有,跨史志学与旅游学的学术研究,有助于发展有中国特色的全域旅游事业,真正实践"方志服务于旅游"。

2016年,随着我国旅游业的不断发展,国家提出了"全域旅游"的发展思路,成为我国旅游业全新的发展理念和模式。全域旅游是指在一定区域内,以旅游业为优势产业,通过对区域内经济社会资源尤其是旅游资源、相关产业、生态环境、公共服务、体制机制、政策法规、文明素质等进行全方位、系统化的优化提升,实现区域资源有机整合、产

---

[1] 巴兆祥:《地方志与旅游资源开发》,《复旦学报》(社会科学版)1997年第4期,第12页。
[2] 林衍经:《地方志与旅游》,方志出版社,2005,第2、38、99、207页。

业融合发展、社会共建共享，以旅游业带动和促进经济社会协调发展的一种新的区域协调发展理念和模式。①

2016年7月，习近平总书记在宁夏视察时指出，"发展全域旅游，路子是对的，要坚持走下去"。② 2017～2019年连续三年，李克强总理都在《政府工作报告》中提到"全域旅游"。2017年的《政府工作报告》中要求：完善旅游设施和服务，大力发展乡村、休闲、全域旅游工作。2018年，《政府工作报告》明确提出，要创建全域旅游示范区。2019年的《政府工作报告》强调：发展全域旅游，壮大旅游产业。国务院发布的《"十三五"旅游业发展规划》也明确"以转型升级、提质增效为主题，以推动全域旅游发展为主线"，③提出以景点旅游发展模式向区域资源整合、产业融合、共建共享的全域旅游发展模式加速转变，旅游业与农业、林业、水利、工业、科技、文化、体育、健康医疗等产业深度融合。2018年3月，国务院机构改革，组建了文化和旅游部。随后国务院办公厅发布《关于促进全域旅游发展的指导意见》，该文件的正式发布标志着"全域旅游"上升为我国的国家战略，文化和旅游从"深度结合"转向"全面融合"。"文化为魂，旅游为体"的融合发展模式，将成为未来我国经济发展的助推器。

国家对全域旅游工作的重视，开启了全域旅游发展新篇章，也对如何发展全域旅游、怎样为全域旅游发展服务提出了新的课题。

史志之学主张经世致用，使史志之学经世致用是地方志工作者们一直高度重视的。《全国地方志事业发展规划纲要（2015—2020年）》中，高度重视地方志资源的开发利用工作，把建立地方志资源开发利用体系作为总体目标之一，强调修用并重，明确提出"加强对地方志资源的深加工，拓宽服务渠道，增强服务功能，创新服务手段，更好地贴近经

---

① 华丽、沈伟丽、荀琳：《全域旅游发展文献综述》，《科技风》2017年第8期，第274页。
② 李金早主编《当代旅游学》（中），商务印书馆、中国旅游出版社，2018，第209页。
③ 《"十三五"旅游业发展规划》，《中国旅游报》2016年12月27日，第2版。

济社会发展实际，贴近人民群众需要"。① 推动地方志事业发展，必须突破只编"一本书"的传统模式，一手抓修志编鉴，一手抓开发利用，相辅相成，齐头并进。② 开发利用地方志资源，实现地方志文化和旅游的深度融合、地方志文化和全域旅游的全面融合，是新时期地方志事业发展的新要求。

挖掘地方志中的丰富"矿藏"，完全能为全域旅游发展提供多方面的智力支撑。这不但是地方志功能之体现，也是我们必须面对的新课题。可以预见的是，地方志资源对全域旅游发展的规划、开发资源和学术研究等方面，具有重要的现实功能。从文化融合旅游的根本之处解决全域旅游发展中出现的新问题，从而发展具有中国文化特色的旅游成果，使地方志实现自身开发利用的最大化，使地方志资源在全域旅游发展战略中发挥最大的作用，是当下相关部门需要特别重视的。

二　地方志与宁夏全域旅游的契合

早在2016年1月，宁夏的《政府工作报告》中就提出发展全域旅游，创建全域旅游示范省（区），这开启了宁夏全域旅游的新时代。7月，宁夏回族自治区党委十一届八次全会审议通过的《关于落实绿色发展理念，加快美丽宁夏建设的意见》中要求：大力发展全域旅游，实施全域旅游发展三年行动计划。9月，宁夏被国家旅游局批准为继海南省之后第二个全域旅游示范区创建单位。宁夏回族自治区人民政府随即出台了《宁夏回族自治区"十三五"全域旅游发展规划》，其中加入了全域旅游的相关内容。同时，宁夏出台多项政策措施，进一步推动全域旅游发展进程，对全国其他省（区、市）的全域旅游工作起到了积极的借鉴作用。

---

① 邱新立：《〈全国地方志事业发展规划纲要（2015—2020年）〉解读》，《中国地方志》2015年第11期，第32页。
② 陈强：《地方志资源开发利用的探索与思考》，《中国地方志》2014年第11期，第49页。

近年来，宁夏作为全域旅游示范区创建单位，有关结合文旅融合、旅游管理的研究和政策规划等纷纷涌现。其中，文旅如何融合及作为当代旅游如何从感官旅游转变为感受旅游等，备受专家学者们的重视；如何开发文化中的旅游资源，使文化在全域旅游发展中作用最大化，成为研究的重点。地方志作为宁夏重要的文化成果，对其开发利用也受到研究者及相关部门的关注。有学者提出旧志中的自然与人文景观资源提升了宁夏全域旅游示范区的文化传承性，名臣地方人物资源提升了宁夏全域旅游示范区的人文精神，民情风俗资源提升了宁夏全域旅游示范区的文化地域性。①

宁夏自元代开始修志，明代修志事业兴起，至现在首轮、续修省级地方志完成，二轮市县志基本完成，行业志、部门志、乡镇志、村志等完成众多，地方志资源可谓丰富。宁夏地方志涉及历史沿革、山川河流、寺院名胜、风土人情等，为"一方之全史"。正是由于地方志具有综合的信息资源优势，因此在宁夏发展全域旅游的资源开发、旅游规划、产品开发和学术研究等方面具有重要现实意义。也正基于此，才能实现"方志服务于旅游"之说。

三 挖掘地方志资源，服务宁夏全域旅游建设

宁夏平原自古就是鱼米飘香、湖泊交织的"塞北江南"。这个美称具有民族融合的内涵，也具有自然风光、地理位置、农业经济等方面的内涵。而宁夏地方志中记载的明清宁夏"八景"不论从命名上，还是取舍上都有自己的特点，充分展现了"塞北江南"的美丽风光。宁夏旧"八景"不同于西北其他景观文化中山的比重多的特点，宁夏"八景"中水的成分更多。如：黄河景观有"汉渠春水""汉渠春涨""黄

---

① 王玉琴：《旧志资源与宁夏全域旅游示范区文化内涵的提升》，《宁夏师范学院学报》2018年第3期，第103页。

河晓渡";湖泊河流有"月湖夕照""东湖春涨""糟湖春波""暖泉春涨""石渠流水"等,无愧于"塞北江南"的称号。这样的美景,也使明按察副使曹琎在《朔方形胜赋》中感慨:"而为西夏之美观,不减江南之佳致者!"[1] 可见明代时,宁夏已经因为风景优美,而成为文人墨客寻幽览胜的旅游胜地。对宁夏旧志中景观文化的梳理研究,可以进一步挖掘宁夏当代景观的文化内涵和价值。其中"八景"诗不但可以使旅游者深入了解景观的历史文化,而且可以为景区景点创造并提升审美价值。

自然景观是宁夏旅游业发展的重要资源,宁夏多层次的奇特景观,造就了"天下黄河美宁夏"的壮丽山河,孕育出奇特、雄浑、秀丽、浩瀚、神秘、淳朴、古老的"塞上江南·神奇宁夏"旅游资源总体形象。[2] 梳理研究地方志中的山脉、水系、沙漠,特别是贺兰山、六盘山、黄河、沙湖、须弥山、牛首山、清水河、葫芦河、泾水源头等,可为宁夏自然景观增加厚重的历史文化底蕴。

地方志素来重视人物记载,有"邑志尤重人物"[3] 之说。宁夏的人文景观包括在宁夏建立功勋的文臣武将、到宁夏巡视的帝王将相、诗文咏颂宁夏的文人墨客、为宁夏革命事业奋不顾身的先烈等,他们为宁夏地区的经济、社会、文化等发展做出了重要贡献,对宁夏的历史文化产生了重要的影响。这些宁夏地方志中记载的名人轶事,极大地丰富了宁夏旅游的人文精神。挖掘宁夏地方志中的人文元素,以名人轶事、传说故事造势,可以提升宁夏旅游文化品位和人文精神,增加宁夏及景区景点的知名度。

宁夏地区历史悠久,境内遗址遗迹众多,构成了宁夏丰富的人文

---

[1] (清)杨芳灿监修,(清)郭楷纂修,张建华、苏昀校注《嘉庆灵州志迹校注》,宁夏人民出版社,1996,第173页。
[2] 宁夏通志编纂委员会编《宁夏通志·商贸旅游卷》,方志出版社,2010,第1099~1100页。
[3] (清)章学诚著,叶瑛校注《文史通义校注·卷八》,中华书局,2000,第843页。

旅游资源。宁夏古长城、古园林、古塔、石窟、古陵墓、岩画、红色旅游等为宁夏全域旅游中历史文化的重要组成部分。地方志中的历史记载，可为宁夏人文遗址遗迹等旅游景点景区增加厚实的文化底蕴。

宁夏地区各民族在共同的生产、生活中，互相学习并且相互融合，逐渐形成了共同的语言、文化、礼仪、生活习俗等，有的节日和习俗已成为许多民族共同的财富。志书中的宁夏服饰、饮食、婚嫁、丧葬、节日、社火、特色文艺活动、民间故事、民间音乐、民间舞蹈、民间工艺美术、民间戏曲等，反映了独具特色的宁夏地方风土人情。这些地方志中的"风俗"专题，可以为开发宁夏特色文艺演出和特色旅游纪念商品等提供线索，也可为发展特色风土民情观光游备下素材。

宁夏地方特产主要有"五宝"，历史悠久，多为旧时宁夏进贡的贡品。宁夏地方志一般设《物产篇》，对这些特产的起源、种类、产地等进行记录。志书中涉及中宁枸杞、甘草、宁夏滩羊、中卫山羊、中卫酒、彭阳果脯、马铃薯等重要特色物产的记载，为宁夏特色旅游商品的包装设计和增加产品的文化内涵提供了资料。

宁夏地方志中的自然人文景观、民俗风情、特色物产等文献资源与全域旅游开发相结合，能为发展有特色的宁夏全域旅游事业提供采之不尽用之不竭的源头活水。深入挖掘宁夏地方志资源，可以为全域旅游提升文化品位。建设系统的地方志与旅游资源库，可以为旅游景点的文化支撑、编写宣传宁夏旅游指导书、开发有特色的宁夏文艺演出、设计宁夏旅游纪念特色商品、建设景区旅游文化项目等提供丰富的资料。

总之，全域旅游发展对传统历史文化内涵的需求，可以通过探析地方志中蕴含的丰富而珍贵的资料得以满足。地方志能为全域旅游资源的开发提供新的研究视角和方法。我们必须重视地方志资源与全域旅游之间的关系，通过深入挖掘地方志中的宝贵资源，一定可以为现代旅游开发、打造具有中国特色的全域旅游服务，进而推动中国全域旅游事业的发展进程。

第一章　方志中"塞北江南"的由来

最早出现"塞北江南"一词的宁夏志书是明代庆靖王朱栴主持编修的宁夏传世旧志中成书时间最早的（正统）《宁夏志》。（正统）《宁夏志》中记载"赫连果园，《舆地广记》以此地为赫连勃勃果园。所谓'塞北江南'者也"。[①]（弘治）《宁夏新志·序》（宁夏巡抚王珣所作）中也强调：宁夏"左黄河、右贺兰，山川形胜，鱼盐水利，在在有之。人生其间，豪杰挺出，后先相望者济济……诚今昔胜概之地，塞北一小江南也！"[②] 在王珣眼中，宁夏的山川形胜、风情物产与江南没有区别，可谓不是江南，而胜似江南，也由此可见宁夏当时不光是"大漠孤烟直"，更是沟渠纵横、鱼米飘香、湖泊交织的"塞北江南"。其实"塞北江南"的说法并不是明代才有，而是由来已久。

据专家学者考证：608年，隋朝人郎茂撰的《隋州郡图经》为最早记载宁夏灵州是"塞北江南"的志书。《太平御览》中记载了《隋州郡图经》（现已失传）的有关内容，"《图经》（指《隋州郡图经》）曰：周宣政和二年（应为宣政元年，578年[③]）破陈将吴明彻，迁其人于灵

[①] （明）朱栴撰修，吴忠礼笺证《宁夏志笺证》，宁夏人民出版社，1996，第189页。注：因原版《宁夏志》未存于世，吴先生笺证的为明万历重刻本。
[②] （明）王珣修，（明）胡汝砺纂《（弘治）宁夏新志·序》，载宁夏地方志编审委员会办公室编，负有强、李习文主编《宁夏旧方志集成·明代编》，学苑出版社，2015，第10～11页。
[③] 王培华：《宁夏"塞北江南"之称由来考》，《社会科学战线》2008年第7期，第105页。

第一章　方志中"塞北江南"的由来

图1-1　塞北江南

州。江左之人，崇礼好学，习俗皆化，因谓之塞北江南"。① 因此，宁夏"塞北江南"之称，客观事实起于陈朝吴明彻残部被迁到灵州等地。② 北宋著名文学家、地理学家乐史在地理名著《太平寰宇记》中也有同样的记载，同时指出，周朝时期宁夏灵州（今宁夏吴忠市古城）"本杂羌戎之俗"。③ 说明原来灵州的少数民族风俗占主导地位，后来迁来的陈朝吴明彻残部——内地汉族，改变了原有的风俗、文化、教育等民风民俗，所以灵州才有了"塞北江南"之称。宁夏地方史志专家鲁人勇先生认为：这个美称具有民族融合的内涵。④

自此，"塞北江南"的美名就代代相传了。在（正统）《宁夏志》中载，唐朝诗人韦蟾《送卢藩尚书之灵武》中的名句："贺兰山下果园成⑤，

---

① （宋）李昉等：《太平御览·卷一六四·州郡部十》，中华书局，1960，第800页。
② 王培华：《宁夏"塞北江南"之称由来考》，《社会科学战线》2008年第7期，第104页。
③ （宋）乐史：《太平寰宇记（第11册）·卷三十六·灵州》，金陵书局，1882，第10页。
④ 鲁人勇：《塞上丝路》，宁夏人民出版社，1988，第10页。
⑤ 注：吴忠礼先生研究认为"成"应该为"城"字，详见宁夏文史研究馆主办《宁夏文史》2019年第1期，第22页。

地方志与全域旅游

塞北江南旧有名"[1] 诗人赞美了贺兰山下的果园繁茂，更使"塞北江南"的美称得到了广泛的传播。（嘉靖）《宁夏新志》收录明朱元璋第十六子——庆靖王朱㮵诗作《丽景园冬日》，对自己14岁藩封并定居的宁夏的塞北风光进行了肯定，感慨"人间世外由来别，塞北江南自昔传。"[2] 同时收录的孟迁《宁夏》"圣君贤相调元日，塞北江南文教通"[3]，则是对宁夏和江南在文化融合方面的感慨。

图1-2 黄河水车

宋代的曾公亮和丁度编修的官修军事著作《武经总要》中记载，灵州怀远镇（今宁夏银川市）：本河外，县城西至贺兰山六十里……有

---

[1] （明）朱㮵撰修，吴忠礼笺证《宁夏志笺证》，宁夏人民出版社，1996，第376页。
[2] （明）胡汝砺纂修，（明）管律重修，陈明猷校勘《嘉靖宁夏新志》，宁夏人民出版社，1982，第359页。
[3] （明）胡汝砺纂修，（明）管律重修，陈明猷校勘《嘉靖宁夏新志》，宁夏人民出版社，1982，第397页。

水田、果园。本赫连勃勃果园置。堰分河水溉田，号为塞北江南即此。① 这里无疑是将"塞北江南"由文化内涵扩展到自然内涵，是对宁夏自然风光不是江南、胜似江南的肯定。

图 1-3　湖城银川

宁夏地方史志专家吴忠礼先生认为，《太平寰宇记》所记适用于灵州全州境域范围。南北朝时，人们用"塞北江南"来夸赞宁夏，应该既包含文化的内涵，同时也包含自然风光、地理和经济方面的内涵。② 随着时间流逝，这个美称逐渐广泛使用，在约定俗成的影响下，最终"塞北江南"（今人称为"塞上江南"）成为宁夏北部引黄灌区甚至是全宁夏的代称。

第一节　民族融合与"塞北江南"

据《隋州郡图经》所载，宁夏被称为"塞北江南"，有民族融合的

---

① 吴忠礼：《"塞上江南"名称的由来》，《共产党人》2007 年第 22 期，第 49 页。
② 吴忠礼：《"塞上江南"名称的由来》，《共产党人》2007 年第 22 期，第 49 页。

原因。宁夏地处我国西北区域东部,是北方游牧民族进入中原的必经之地,是汉族及各游牧民族,特别是军事人口迁入的地区,是多民族不断融合、共同繁衍生息的地方。历史上,宁夏人口流动频繁,汉族和其他民族不断地来这里屯垦、开发、居住并逐渐融合,因此也构成了独特的"五方杂处"的移民文化。同时,在各民族不断迁入过程中,内地汉族与宁夏原有民族之间的文化交流融合,从而使宁夏有了"塞北江南"之称。

距今3万年前后,宁夏境内就有了人类活动的轨迹。宁夏灵武水洞沟遗址中考古发掘出旧石器时代的骨器、石器和用火痕迹,被誉为"中国史前考古的发祥地"。

商、周时期,宁夏境内活动着许多游牧民族。宁夏彭阳县姚河塬遗址挖掘出以西周时期为主的青铜器、玉器、甲骨文、象牙等文物,说明在西周时期,周人已涉足宁夏南部地区。

图1-4 茹河瀑布

第一章 方志中"塞北江南"的由来

春秋战国时期，宁夏有乌氏戎、义渠戎、匈奴等定居。（嘉靖）《宁夏新志》建置沿革载：春秋时，宁夏为"羌戎所居。秦为上郡地，后匈奴并有之"①。义渠戎等部族和秦人共同聚居宁夏。战国末期，中原地区展开激烈的战争，北部的匈奴南下并入宁夏。

公元前327年，秦乘义渠戎内乱时，征服了宁夏境内南部的义渠戎国。公元前215年，秦始皇派蒙恬率三十万秦军北进抗击北方强大的游牧民族——匈奴，匈奴随后被驱逐到黄河以北。其间，秦在河套地区设置郡县（下辖乌氏、朐衍等县）、兴修水利、开垦农田和修筑长城，河套地区经济得以繁荣，被誉为"新秦中"。宁夏平原的农业经济发展就此拉开序幕。宁夏北部历史上第一次并入中原王朝的版图之内。②

汉代，宁夏境内的民族迁徙频繁。汉初，匈奴又重新占领了宁夏北部地区。汉武帝曾派大将卫青、霍去病等出兵讨伐，随后内地人口迁徙。据《汉书·武帝纪》载"募民徙朔方十万口"③。这些移民在秦代水利工程的基础上，又陆续修建了汉渠、汉延渠等。随着水利开发和开垦农田面积的不断扩大，宁夏的经济、文化快速发展。同时，吐蕃部落也不断融入宁夏固原、灵武等地。汉武帝时期，在宁夏境内设置北地属国（后改安定属国），以安置匈奴部落和游牧于西域的月氏、羌等部族。在宁夏同心县发现的汉代匈奴墓葬中出土的文物证明，宁夏的匈奴游牧民族与汉族有文化交流。141年，羌族在宁夏吴忠建立了政权。

三国时期，宁夏境内居住着羌、匈奴等部族。西晋，鲜卑族逐渐代替衰落的匈奴，成为宁夏当时重要的少数民族。南北朝时期，宁夏

---

① （明）胡汝砺纂修，（明）管律重修，陈明猷校勘《嘉靖宁夏新志》，宁夏人民出版社，1982，第8页。
② 刘天明、王晓华、张哲：《移民大开发与宁夏历史文化》，宁夏人民出版社，2008，第5页。
③ （汉）班固：《汉书·武帝纪》卷六，中华书局，1987，第170页。

地方志与全域旅游

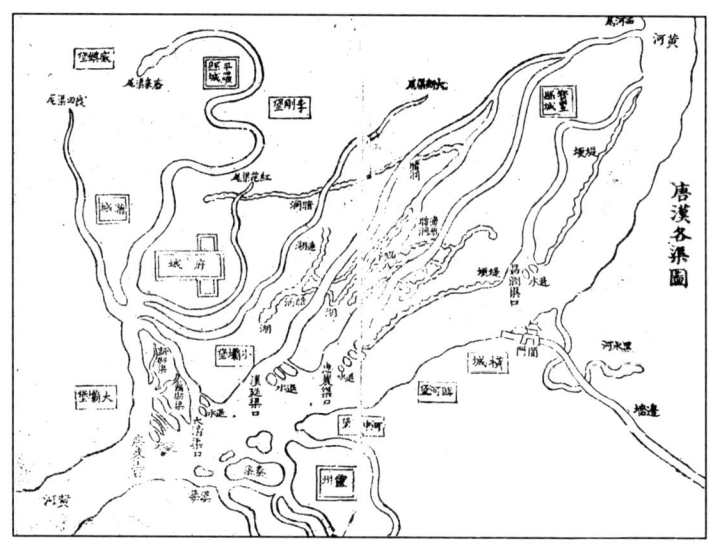

图1-5 《唐汉各渠图》[见（乾隆）《宁夏府志》]

先后被多个少数民族政权统治，境内居住了包括鲜卑族、羌族、匈奴等在内的多个民族，各民族杂居现象更加明显，民族融合进一步发展。东晋时期，赫连勃勃在今宁夏固原设置军事重镇——高平镇，在今宁夏银川设置饮汗城（也称为"丽子园"）。北魏，在宁夏地区安置了大量的柔然、敕勒等族人。北魏、北周时期，宁夏成为战俘的迁入地之一。578年，北周战胜陈国后，将3万多俘虏迁到宁夏灵州屯垦兴农，这些人带来了不同的风俗、文化和农业生产技术。《隋州郡图经》中记载的即为这一史实，提出了具有民族融合内涵的"塞北江南"之称谓。

据宁夏固原南郊挖掘出的隋唐墓地墓志铭记载，墓地的主人为隋唐流寓中国境内的中亚粟特人，即中国史籍所载"昭武九姓"之一的史系家族。[1] 这些粟特人通过丝绸之路来到中国，并定居于宁夏。唐朝，

---

[1] 马建军、周佩妮:《固原隋唐时期文物考古的发现与研究》,《宁夏大学学报》（人文社会科学版）2006年第2期，第21页。

宁夏是西北地区的军事重镇。唐贞观二十年（646），唐太宗李世民在灵州接受了敕勒九姓的归附。同时，党项族逐渐开始强盛，并分散于宁夏境内。回纥、拔野古、同罗、仆骨、多览葛、思结、阿跌、契苾、跌结、浑、斛薛诸部也被唐设置羁縻州安置在宁夏境内。[①] 在灵州境内还设置鲁、丽、含、塞、依、契六州，安置归附的突厥民众，此六州史称"六胡州"。

图1-6 青铜峡大坝

宋朝，党项族李继迁率部攻占灵州，党项势力逐渐崛起。1038年，党项族首领李元昊建西夏。其境东尽黄河，西界玉门，南接萧关，北抵大漠。[②] 西夏服饰承袭古代党项先民服饰传统，取法中原汉族的

[①] 刘有安：《20世纪迁入宁夏的汉族移民社会文化适应研究》，兰州大学博士学位论文，2010，第26页。

[②] 宁夏地方志编审委员会、宁夏回族自治区地方志办公室编《宁夏年鉴（2018）》，方志出版社，2018，第61页。

服饰文化，同时接纳吐蕃、回鹘、契丹、女真等民族服饰风俗。[①] 可以看出汉族和其他民族文化对西夏的巨大影响。1227年，西夏被蒙古灭。

1288年，原属于甘肃的中兴路，改为宁夏府路，即平定西夏、稳定西夏、西夏安宁之意。宁夏人口也呈现了多元化，加入蒙古军队的中亚、西亚人也驻军在宁夏屯垦。还有一些来往在丝绸之路经商的阿拉伯人、波斯人等也落足在宁夏。

明初，宁夏是重要的边防要塞，为九个军事重镇之一，明政府成立宁夏府，并一直维持着军屯制度。军屯成为主要农业生产形式，宁夏及相邻地区的军事移民也达到了高峰。宁夏府于洪武五年（1372）废，"徙其民于陕西"。[②] 后洪武九年（1376），"立宁夏卫，隶陕西都司，徙五方之人实之"[③] 使宁夏人口骤增。人口的迁徙，使各民族逐渐融合，宁夏原有风俗改变，趋同于江南。在（乾隆）《银川小志》载："按夏俗淳厚驯雅，自洪武初，尽徙其民于关中，实以齐、晋、燕、赵、周、楚之民，而吴越居多，故彬彬然，有江左之风。服舍、从风、好尚，与中土不甚异。"[④] 洪武二十四年（1391），明政府封藩宗室朱梅于宁夏。明代分封的宁夏藩王，是宁夏移民的一个重要组成部分。仅庆王的护卫军和王府各种服务人员人数就近万人，前后延续了11代230余年，发展形成了一支庞大的特殊社会阶层。同时，一批江南知识分子来到宁夏，成为当时著名的"流寓"诗人。他们的诗作在宁夏地方志中的艺文卷中多有体现，展现了明代的风土人情，特别是"八景"诗中对宁

[①] 高春明、周天：《西夏服饰考》，《艺术设计研究》2014年第1期，第48页。
[②] （明）胡汝砺纂修，（明）管律重修，陈明猷校勘《嘉靖宁夏新志》，宁夏人民出版社，1982，第8页。
[③] （明）胡汝砺纂修，（明）管律重修，陈明猷校勘《嘉靖宁夏新志》，宁夏人民出版社，1982，第8页。
[④] （清）汪绎辰编，张钟和、许怀然校注（乾隆）《银川小志》，宁夏人民出版社，2000，第57页。

夏山川风景似江南的肯定。这一时期，也是宁夏地方志编纂开始繁荣发展的时期。同时大量归顺明王朝的蒙古人聚居在固原，这些蒙古人受农耕文化的影响，以耕稼为业。明代人口的大增长使宁夏的文化、农牧、教育、商贸、交通业都有了较大发展。

图 1-7　银川中山公园荷花池

清代，清政府设置甘肃省宁夏府和固原州，开始对西北地区进行大规模的开发。(民国)《朔方道志·卷十一》《兵防志》记载："雍正三年（1725），设镇守宁夏等处将军都统，分驻八旗兵三千五百五十七名。"[1] 乾隆年间（1736~1795），在宁夏银川新修满城，大量的满族入住，成为宁夏主要民族之一。此时，屯田发展为以民屯为主，很多外地移民也陆续迁入宁夏，与满、回、蒙古等民族杂居。清末，宁夏境内的满族人口减少，汉族、回族逐渐成为宁夏的主要

---

[1] (民国) 马福祥、(民国) 陈必淮等修，(民国) 王之臣纂，胡玉冰校注《〔民国〕朔方道志》，载胡玉冰主编《宁夏珍稀方志丛刊》，上海古籍出版社，2018，第 231 页。

民族。

中华人民共和国成立后,为实现民族团结与民族平等,1958年10月25日成立了宁夏回族自治区。为了建设宁夏,各民族优秀人才来宁支援建设,逐渐形成了各民族交错杂居的大融合格局。

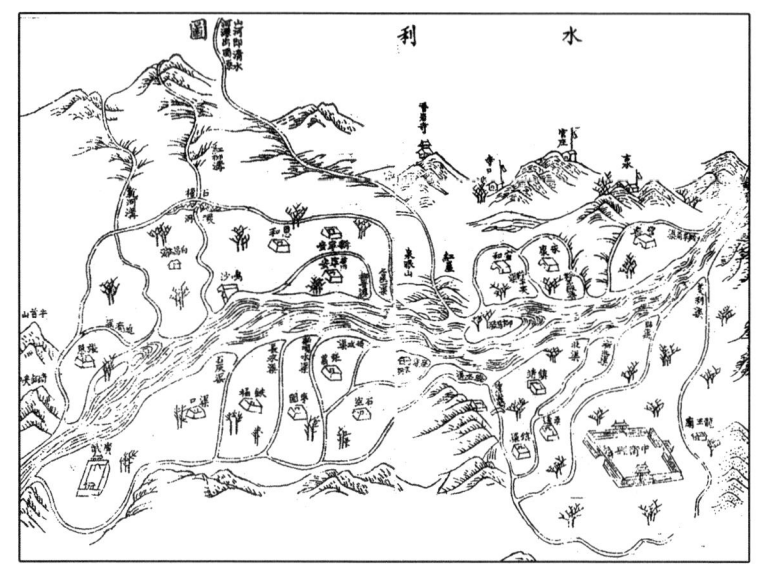

图1-8 中卫《水利图》[见(乾隆)《中卫县志》]

截至2019年年末,宁夏下辖银川、石嘴山、吴忠、固原、中卫5个地级市,灵武、青铜峡2个县级市,永宁、贺兰、平罗、盐池、同心、西吉、隆德、泾源、彭阳、中宁、海原11个县,金凤、兴庆、西夏、大武口、惠农、利通、红寺堡、原州、沙坡头9个市辖区。全区常住人口694.66万人。[①] 如今,这里生活着汉族、回族、满族、壮族、维吾尔族、东乡族、哈萨克族、撒拉族、保安族、蒙古族、朝鲜族等30多个民族的人民。

---

① 宁夏回族自治区统计局、国家统计局宁夏调查总队:《宁夏回族自治区2019年国民经济和社会发展统计公报》,宁夏统计微信公众号,2020年4月30日。

第二节 区域优势与"塞北江南"

宁夏被称为"塞北江南",有其自然地理风光和农业经济发展的原因。

一 从地理位置看,宁夏区位优势明显,处于我国几何中心位置,黄河水流经宁夏,被很好地开发利用,使宁夏成为著名的引黄农业灌溉区

宁夏回族自治区总面积6.64万平方公里。宁夏平原地势平坦,是黄河冲积平原,因为坡降相宜,所以引黄河水便于自流灌溉。明代杨应聘在所编(万历)《朔方新志·序》中说:宁夏"扼孤悬而控区脱",[①]是锁钥三边,屏蔽关陕,形胜特殊的北国岩疆、巨防雄区重地。[②]

宁夏位于黄河上游地区,自然条件优越,自古就是著名的河套引黄灌区。黄河自中卫市入境,从宁夏中北部穿越沙坡头区、中宁县、红寺堡区、利通区、灵武市、青铜峡市、永宁县、兴庆区、贺兰县、平罗县、大武口区、惠农区等12个县(市、区)向东北流灌于宁夏平原,顺地势经石嘴山市惠农区出境,黄河干流在宁夏境内全长397公里。[③] "河之为中国害者,亦甚矣。而于宁夏乃独蒙其利焉",[④] 虽然古时黄河中下游河水时常泛滥,但是位于上游的宁夏平原却受益匪浅。黄河水流经宁夏较缓,宁夏人民充分利用南高北低、地势平坦、具有自流灌溉之利的地势特征,因势利导修建水利设施。早在秦朝这里就有了引黄灌溉的农业发展,使荒漠变绿洲,因此也有了"天下黄河富宁夏"之说。隋唐前后,

---

[①] (明)杨寿修,(明)黄机纂《(万历)朔方新志·朔方新志序》,载宁夏地方志编审委员会办公室编,负有强、李习文主编《宁夏旧方志集成·明代编》,学苑出版社,2015,第12~13页。
[②] 宁夏通志编纂委员会编《宁夏通志·人物卷·总序一》,方志出版社,2015,第1页。
[③] 宁夏通志编纂委员会编《宁夏通志·交通邮电卷》(下),方志出版社,2008,第543页。
[④] (明)朱栴撰修,吴忠礼笺证《宁夏志笺证》,宁夏人民出版社,1996,第194页。

地方志与全域旅游

图1-9 长渠流润

宁夏的引黄灌区水利设施已初具规模，志书载"擅河渠之利，丰稻秫，足鱼盐"，① 可谓稻米飘香，鱼肥水足。宁夏的黄河两岸沟渠纵横、阡陌相连，皆为引黄农业灌溉区，有"举锸为云，决渠为雨，有灌浸之利以育五谷"② 之说。明庆靖王朱栴编修的《宁夏志》中记载旧西夏"八景"中的"良田晚照""汉渠春水"景观描绘了宁夏黄河两岸农业丰收、水源充足的景象。明代汉延渠为宁夏平原灌溉面积最大的自流人工渠，《宁夏"八景"诗》有"汉渠春涨"之景色，描绘了当时的情景，明庆靖王朱栴感慨"神河浩浩来天际，别络分流号汉渠。万顷腴田凭灌溉，千家禾黍足耕锄"。③ 清代三大灌区唐徕渠、汉延渠、惠农渠共同浇灌着富饶的宁夏引黄灌溉区，"长渠流润"成为清代宁夏"八景"之一。

---

① （清）张金城修，（清）杨浣雨纂《（乾隆）宁夏府志·序》，载宁夏地方志编审委员会办公室编，负有强、李习文主编《宁夏旧方志集成·清代编》，学苑出版社，2015，第17页。
② （明）杨寿修，（明）黄机纂《（万历）朔方新志·重修宁夏志序》，载宁夏地方志编审委员会办公室编，负有强、李习文主编《宁夏旧方志集成·明代编》，学苑出版社，2015，第22~23页。
③ （明）胡汝砺纂修，（明）管律重修，陈明猷校勘《嘉靖宁夏新志》，宁夏人民出版社，1982，第170页。

图1-10 银川秋色

二 从自然风光看，宁夏自然景观类型多样，不同于西北的多山少水，宁夏景观融江南水乡与大漠风光于一体，不是江南，胜似江南

黄河水流经宁夏12个县（市、区），宁夏湖泊沟渠相对众多。明清两代宁夏著名景观（明清"八景"）中有"贺兰晴雪""蠡山叠翠""月湖夕照""红崖秋风""暖泉春涨""西海春波""东山秋月""须弥松涛""华山叠嶂"等众多山川湖泊自然景观。和西北景观文化中山的比重多的特点不同，宁夏"八景"中入选的水的景观更多些。如"八景"中描述湖泊河流的有"河带晴光""泮池巍阁""南塘雨霁""连湖渔歌""龙泉喷玉""东湖春涨""槽湖春波""月湖夕照""暖泉春涨"等；黄河水景观有"黄沙古渡""长渠流润""汉渠春水""石渠流水""黄河晓渡"，等等，众多水景也是宁夏被称为"塞北江南"的原因之一。在唐徕渠西南一带，据载湖泊众多并互相连通，最大的有几十里宽。这里湖水碧净，树木环抱，水深而多鱼，湖面有小船穿梭，仿佛江南水乡。"村居多以渔为业，得采归来喜不穷。黄柳巧穿行断续，绿蓑斜荷语从容。"①

---

① （明）胡汝砺纂修，（明）管律重修，陈明猷校勘《嘉靖宁夏新志》，宁夏人民出版社，1982，第365页。

地方志与全域旅游

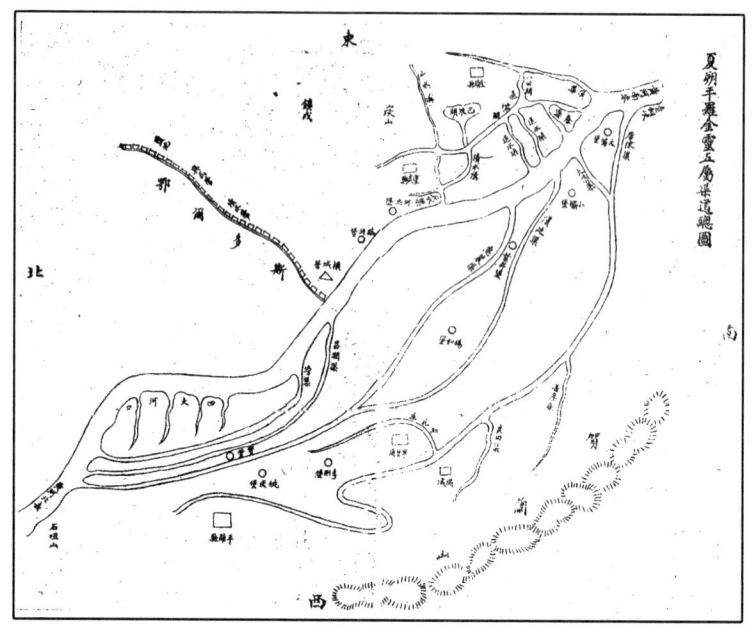

图 1-11 《夏朔平罗金灵五属渠道总图》[见（民国）《朔方道志》]

是《渔村夕照》诗中描绘出的渔村悠闲惬意的风光。（乾隆）《宁夏府志》载王都荣吟"八景"诗《长渠流润》："长渠活活泻苍波，塞北风光果若何。畎浍自分星汉水，人家齐饭玉山禾。春村野甸鸣鸠唤，夏色凉畦浴鹭过。漫道汉唐遗迹远，由来膏泽圣朝多。"① 将灌区两岸、各渠流域自然景观和丰收景象进行了描绘，使人们联想到宁夏引黄灌溉区的富饶和美丽。

矗立在宁夏境内巍峨雄伟的贺兰山，既削弱了西北方向刮来的寒风，同时阻挡住了腾格里沙漠东移的流沙，起到了涵养水源、调节气候、保护灌区的作用。因此贺兰山被誉为"朔方之保障，沙漠之咽喉"。良好的植被和历史悠久的人文景观，也使贺兰山成为人们心中的

---

① （清）张金城修，（清）杨浣雨纂《（乾隆）宁夏府志·卷二十一》，载宁夏地方志编审委员会办公室编，负有强、李习文主编《宁夏旧方志集成·清代编》，学苑出版社，2015，第 424 页。

风景名胜,为明清宁夏"八景"之一。

山路蜿蜒曲折,必须经过重重的盘道方可到达顶峰,故而得名的六盘山,耸立于黄土高原之上,古时被称为"陇上"。六盘山是清水河、泾河、茹河等黄河支流的发源地和分水岭,山上森林资源、野生动植物资源也很丰富。毛泽东同志率红军翻越六盘山时写下了著名的诗篇《清平乐·六盘山》。

沙湖位于贺兰山脚下、黄河岸边,距银川市56公里。沙湖是沙、水、芦苇、鸟有机结合的国家5A级景区,是一处融江南水乡秀色与塞外风光于一体的"塞上明珠",曾入选"中国十大魅力湿地""中国黄河50景"。

三 从农业经济发展看,宁夏气候、土壤、水利等条件的优越,使宁夏自古就是军屯重地,农田水利胜似江南

黄河带来了丰富的水利资源,加之宁夏常年光照充足,全年日照达3000小时,无霜期150天左右,是中国日照和太阳辐射最充足的地区之一,加上昼夜温差大,也有利于发展优质农业和园林业,所以宁夏平原在黄河的灌溉下,自古就被比拟为江南的鱼米之乡,是发展农业生产的理想绿洲。早在秦汉之时,宁夏就被称为"新秦中"。因为驻军和移民屯垦戍边,这里的农业得到大规模开发。《史记·货殖列传》记载"北有戎翟(狄)之畜,畜牧为天下饶",[①] 宁夏出现了因畜牧而闻名遐迩的繁荣景象。《后汉书·西羌传》中尚书仆射虞诩在上疏中描绘,河套地区"厥田惟上。且沃野千里,谷稼殷积,又有龟兹盐池以为民利。水草丰美,土宜产牧,牛马衔尾,群羊塞道。北阻山河,乘厄据险。因渠为溉,水舂河漕。用功省少,而军粮饶足"。[②] 十六国时,宁夏灵州

[①] 刘莹、陈鼎如译,陈逸光校《历代食货志今译》,江西人民出版社,1984,第56页。
[②] (南朝宋)范晔撰,张道勤校点《后汉书·西羌传》,浙江古籍出版社,2000,第845页。

已果树众多,瓜果飘香。唐梁载言撰《十道志》中记载:"灵州有赫连勃勃所置果园。"①《水经》中也对其记录"河水北有薄骨律镇城在渚上旧赫连城也。桑果榆林列植其上,故谓之果州"②。可见当时灵州种植的果树品种有桑树、榆树等,且数量众多,才被称为"果州"。《元和郡县图志》也证明:"其城赫连勃勃所置果园,今桃李千余株。"③(正统)《宁夏志》称:"赫连果园,《舆地广记》以此地为赫连勃勃果园。所谓'塞北江南'者也。"④ 这就是唐代诗人韦蟾感慨"贺兰山下果园成,塞北江南旧有名"的由来。明代宁夏旧"八景"中收录了"良田晚照",可见当时宁夏农业生产已达到一定的规模。清代宁夏"八景"中的"南麓果园"等景观,重现了贺兰山下果园水果飘香的景象。

图 1-12 彭阳梯田

宁夏气候、土壤、地理、水利等条件的优越,为当代良好的农业生产奠定了基础,形成了具有区域竞争力的特色优势产业。如近年来,

---

① (宋)李昉等:《太平御览·卷一六四·州郡部十》,中华书局,1960,第 800 页。
② (宋)李昉等:《太平御览·卷一六四·州郡部十》,中华书局,1960,第 800 页。
③ (唐)李吉甫:《元和郡县图志·卷第四》,金陵书局校刊,1880,第 1 页。
④ (明)朱栴撰修,吴忠礼笺证《宁夏志笺证》,宁夏人民出版社,1996,第 189 页。

枸杞、酿酒葡萄、瓜果、马铃薯和牛羊肉等特色农产业，在宁夏的丰富资源依托下发展良好。宁夏的绒毛、皮革加工、羊胎素、硒砂瓜等产品也得到迅速发展，涌现了如中宁枸杞、西吉马铃薯、固原黄牛、盐池黄花菜、盐池滩羊肉、宁夏贺兰山东麓葡萄酒、香山硒砂瓜、宁夏大米、宁夏牛奶、宁夏菜心等全区十大农产品区域公用品牌，在西部乃至全国都有影响。

第二章 明清宁夏"八景"与"塞北江南"*

中国古代志书中记载的"八景"文化，以现代人的眼光看，可以说是古代的旅游指南和名胜荟萃。"八景"文化对有些人来说比较陌生，其实像人们熟知的"断桥残雪""雷峰夕照"这样的西湖美景和动人传说，就是"八景"文化的产物。

一般认为，"八景"文化始于南朝史学家、文学家沈约所作的《金华八咏》和北宋画家宋迪所作的《潇湘八景图》。特别是《潇湘八景图》和北宋大书画家米芾所题《潇湘八景诗》，备受文人骚客的推崇并广泛流传。后来，各地也多以四言句列称所选景物为"八景"，"八景"文化还传播到了契丹、蒙古等少数民族地区。明清时期，"八景"已在全国遍地开花，"八景"文化已根植于祖国大江南北，甚至传至周边国家，尤其对日本的影响最大。

山川秀美的宁夏，既有南国水乡的秀丽景致，又有塞外大漠的壮丽景观，同样留下了内涵丰富的"八景"文化。宁夏的"八景"文化生成于明代，兴盛于清代。① 明清地方志对宁夏府及中卫、灵州、韦州、平远、花马池等地，以及固原的"八景"都有详细的记载。

---

* 注：本章内容参考霍丽娜：《明代宁夏方志中的景观文化》，《宁夏日报》2014年12月2日，第10版；霍丽娜：《清代方志中的宁夏景观文化》，《宁夏日报》2015年6月17日，第14版。
① 薛正昌：《"八景"文化在宁夏》，《中共银川市委党校学报》2005年第4期，第12页。

第二章 明清宁夏"八景"与"塞北江南"

明清宁夏的"八景"不论从命名上还是取舍上都有自己的特点，充分展现出"塞北江南"的美丽风光。从宁夏明清地方志中看，多在目录中明确注明"八景"字样，如《宁夏旧"八景"诗序》《西夏"八景"图诗序》《宁夏"八景"诗》《旧西夏"八景"》。即使不出现这些字样，也会排列出实际的八种、十种、十二种景观，如中卫"十景"。明清宁夏"八景"全部由四字来命名，而且一般前两个字为场所地点，后二字为时间、季节性自然景观，并列而组成一个动态的综合景致。如"贺兰晴雪""蠡山叠翠""西岭秋容""黑山晴雪""官桥柳色""夏宫秋草""月湖夕照""羚羊夕照""石空夜灯"等，充分体现了中国古代四言诗句独特的审美价值。

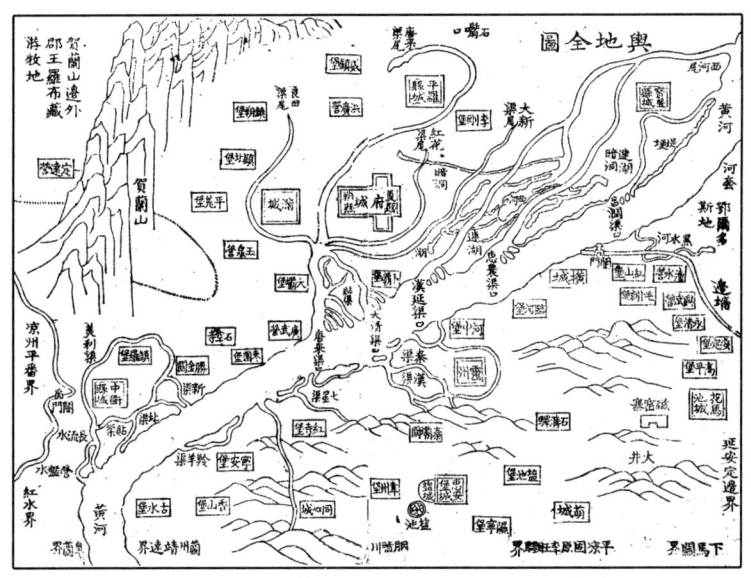

图 2-1 《舆地全图》[见（乾隆）《宁夏府志》]

明清宁夏"八景"包括历史遗迹、日月星辰、山川河流、佛寺、农耕等方面，是对宁夏自然与人文环境的概括和提炼，基本反映了明清宁夏地区景观的特色和特点。选取的景观中，以对自然景观的描述为多。如描写山石景观的有"贺兰晴雪""蠡山叠翠"等，描写雪景的有"石关积雪""黑山晴雪"等，描写夕阳的有"月湖夕照""良田晚照""羚羊夕照"等。宁夏"八景"中对水景选取的比较多。如"汉渠春水""汉渠春涨""黄河晓渡""月湖夕照""东湖春涨""槽湖春波""暖泉春涨""石渠流水"等，真的无愧于"塞北江南"的称号。选取的人文景观中，描写古迹的也较多，如"黑水故城""长塔钟声""梵刹钟声""夏宫秋草""白塔晨烟""羚羊夕照"等，这些古迹有些直到现在还是文物重点保护单位和旅游的重要人文景点。

明清宁夏"八景"，大多配有诗赋。如（嘉靖）《宁夏新志》在每景后都有附诗。王逊在"八景"诗《官桥柳色》中感慨："官桥千树柳，一路照征袍。色可黄金比，丝非绿茧缫。"[1] 这些"八景"诗对宁夏及宁夏景观文化的宣传和传播无疑起到了积极的作用。

无论明代"八景"还是清代以后的"八景"，都代表着宁夏各地浓缩了的文化景观。[2] 明清宁夏地方志中的景观文化及围绕景观文化创作的诗词，反映了大量的宁夏民俗风情、社会经济、历史典故和社会生活等内容，有着独特的社会文化价值。

明清两代宁夏地方志中所收录的景观诗，有一部分出自到宁夏任职的府尹县令之手，从这些宁夏景观诗中可以看出官员到宁夏任职后，大多赞美了宁夏的景观，同时抒发了对家乡的怀念。这些府尹县令在所作景观诗中对宁夏似江南水乡美景的赞誉特别多，这也是明清宁夏景观的选取多处和水有关的原因。同时也可以看出，有些地方的景观可能没有什么特别值得称颂的地方，但是他们认为，既然自己生活在此地，那么就应该热爱它、歌颂它。这种处处皆美景的意识，也即景观文化及景观诗产生的重要思想。

---

[1] （明）胡汝砺纂修，（明）管律重修，陈明猷校勘《嘉靖宁夏新志》，宁夏人民出版社，1982，第172页。

[2] 薛正昌：《"八景"文化在宁夏》，《中共银川市委党校学报》2005年第4期，第12页。

第二章　明清宁夏"八景"与"塞北江南"

第一节　宁夏"八景"

一　明代宁夏"八景"

庆靖王朱栴撰修的《宁夏志》最早记录了明代宁夏"八景"。志载：庆王府长史陈德武在《宁夏旧八景诗序》中提到，有一"好事而嗜诗的"戍边军人陈宗大，在宁夏服役后返回家乡，请画家绘成《黑水故城》《夏宫秋草》《黄沙古渡》《长塔钟声》《官桥柳色》《贺兰晴雪》《良田晚照》《汉渠春水》等宁夏"八景"组图。在他眼中的"八景"多已成为"寒烟""衰草"，"昔之车尘马迹，皆为狐兔之区"。①

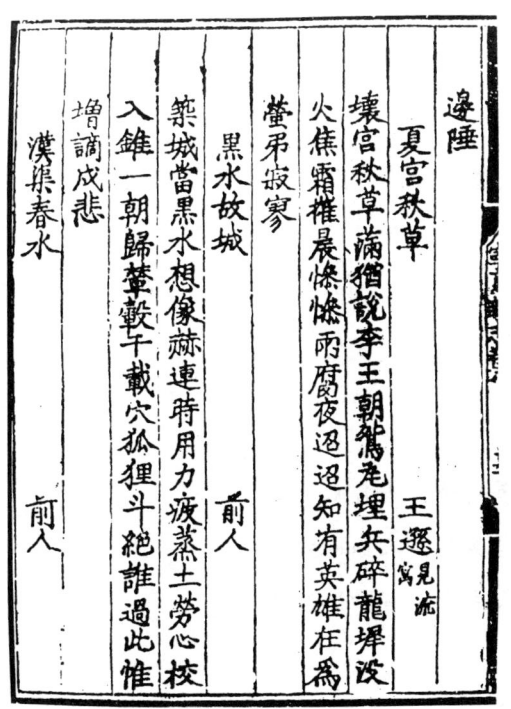

图 2-2　西夏"八景"诗［见（弘治）《宁夏新志》］

---

① （明）朱栴撰修，吴忠礼笺证《宁夏志笺证》，宁夏人民出版社，1996，第358页。

《宁夏旧八景诗序》中的"旧"字，点出了宁夏"八景"出现时间的不确定性，庆靖王朱栴经过考察，对陈宗大所称的"八景"并不认同，认为只是西夏"八景"，并作《西夏八景图诗序》。朱栴还提出了更符合宁夏实际的"八景"并作组诗。明代咏宁夏"八景"的诗以他的为上乘。当然这里所称的西夏"八景"，还是以西夏都城兴庆府（今宁夏银川市）为中心的，除"黑水故城"外，其他仍在今宁夏地域范围。

继后，（嘉靖）《宁夏新志》、（弘治）《宁夏新志》虽然以"景致"取代"八景"，但仍锁定为八个景观。（嘉靖）《宁夏新志》在每景后都有附诗，且多为朱栴、陈德武等王府圈子中的作品。不同的是，"夏宫秋草""良田晚照"换为"月湖夕照""灵武秋风"，"长塔钟声"换成"梵刹钟声"，"汉渠春水"换成"汉渠春涨"，并将"贺兰晴雪"调为宁夏"八景"的首位。

1. 贺兰晴雪

贺兰山是宁夏平原的天然屏障，冬季常银装素裹，雪积在山顶，山头白茫茫一片，明代在盛夏时，山顶仍然有积雪。民间有"贺兰积雪六月天"的说法。现在宁夏气温逐渐变暖，"贺兰晴雪"的景象已鲜见。

明代庆王府纪善王逊诗云：

> 雪积贺兰尖，寒于霁景严。
> 三冬争皎皎，六月息炎炎。
> 天不空桑异，人如地首瞻。
> 可堪头白者，留滞怅穷檐。[①]

2. 汉渠春涨

汉渠，即汉延渠，为当时宁夏平原灌溉面积最大的人工渠。每逢春

[①]（明）朱栴撰修，吴忠礼笺证《宁夏志笺证》，宁夏人民出版社，1996，第390页。

第二章 明清宁夏"八景"与"塞北江南"

图 2-3 贺兰晴雪

季开闸引灌时，黄河之水灌溉了万顷良田。庆靖王朱㮵在诗中，赞美了给宁夏农业生产带来便利条件的汉渠，歌颂黄河之水为神河之水，赞扬了劳动人民开河引水的历史功绩。明庆靖王朱㮵（号凝真）诗云：

> 神河浩浩来天际，别络分流号汉渠。
> 万顷腴田凭灌溉，千家禾黍足耕锄。
> 三春雪水桃花泛，二月和风柳眼舒。
> 追忆前人疏凿后，于今利泽福吾居。①

3. 月湖夕照

月湖在今宁夏贺兰县，后称张亮广湖。明代时地域广阔，不生水草，湖的形状像月亮，水面如镜，也是当时的古战场。朱㮵在诗中描绘了傍晚夕阳西下、水鹭在月湖畅游嬉戏的江南水乡风光。这勾起了他的乡思之情：

---

① （明）朱㮵撰修，吴忠礼笺证《宁夏志笺证》，宁夏人民出版社，1996，第379页。

031

万顷清波映夕阳，晚风时骤漾晴光。
暝烟低接渔村近，远水高连碧汉长。
两两忘机鸥戏浴，双双照水鹭游翔。
北来南客添乡思，仿佛江南水国乡。①

4. 黄沙古渡

指今宁夏银川市黄河东岸横城渡口，曾是西夏时期的顺化古渡，是古代一大要津。横城渡口，历代一直沿用，清代康熙帝到宁夏府城（今宁夏银川市）亦由此渡河，并留下了诗作《横城堡渡黄河》。

朱栴眼中的古渡口黄沙遍地，大漠、河水在此交汇。诗云：

黄沙漠漠浩无垠，古渡年来客问津。
万里边夷朝帝阙，一方冠盖接咸秦。
风生滩渚波光渺，雨过汀洲草色新。
西望河源天际阔，浊（浊）流滚滚自昆仑。②

5. 灵武秋风

古灵武山在今宁夏青铜峡市境内，山上树木茂密，每年秋风乍起时，树木发出萧瑟的声音。朱栴诗云：

翠辇曾经此地过，时移世变奈愁何。
秋风古道闻笳鼓，落日荒郊牧马驼。
远近军屯连成垒，模（模）糊碑刻绕烟萝。
兴亡千古只如此，不必登临感慨多。③

---

① （明）朱栴撰修，吴忠礼笺证《宁夏志笺证》，宁夏人民出版社，1996，第379页。
② （明）朱栴撰修，吴忠礼笺证《宁夏志笺证》，宁夏人民出版社，1996，第380页。
③ （明）朱栴撰修，吴忠礼笺证《宁夏志笺证》，宁夏人民出版社，1996，第380页。

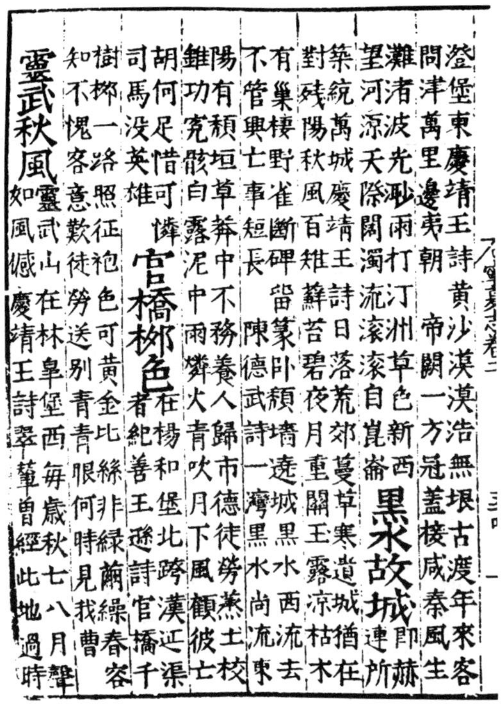
登堡東慶靖王詩　黃沙漠漠浩無垠古渡年來客
問津萬里邊夷朝　帝闕一方冠蓋接咸秦風生
灘渚波光秒雨打汀洲草色新西
望河源天際闊濁流滚滚自崑崙
黑水故城
即赫
連所
築統萬城慶靖王詩日落荒郊蔓草寒遺城猶在
對殘陽秋風百雉蘚苔碧夜月重關玉露涼枯木
有巢棲野雀斷碑　留篆卧頹墻遶城黑水西流去
不管興亡事短長　陳德武詩一灣黑水尚流東
陽有頹垣草莾中不務養人歸市德徒勞蒸土校
雖功究骸白露泥中雨燐火青吹月下風顧彼亡
胡何足惜可　憐
司馬没英雄
官橋柳色
在楊和堡北跨漢延渠
者紀善王遜詩官橋千
樹柳一路照征袍色可黃金比絲非緑繭繰春
知不愧客意歎徒勞送別青青眼何時見我曹　容
靈武秋風
靈武山在林皐堡西每歲秋七八月聲
如風慽慶靖王詩翠華曾經此地過時

图 2-4　宁夏“八景”诗［见（嘉靖）《宁夏新志》］

6. 黑水故城

庆靖王朱㮵《黑水故城》诗后作题下注，认为黑水城是赫连勃勃所筑的统万城（在今陕西省靖边县）。统万城是匈奴族留下的唯一一座都城遗址。在大夏灭亡后，统万城只剩下颓垣残壁。朱㮵诗中描绘了残阳下的统万城只留下枯木、断碑，一派荒凉景象。

> 日落荒郊蔓草寒，遗城犹在对残阳。
> 秋风百雉藓苔碧，夜月重关玉露凉。
> 枯木有巢棲（栖）野雀，断碑留篆卧颓墙。
> 绕城黑水西流去，不管兴亡事短长。①

---

① （明）朱㮵撰修，吴忠礼笺证《宁夏志笺证》，宁夏人民出版社，1996，第 380 页。

7. 官桥柳色

官桥位于今宁夏永宁县内,又名关桥,横跨汉延渠,为交通要道。桥上建关不仅御敌,而且可以迎宾送客。渠畔两侧栽种了大量的柳树,柳枝随风飘飘,风景宜人。明代庆王府纪善王逊诗云:

> 官桥千树柳,一路照征袍。
> 色可黄金比,丝非绿茧缫。
> 春容知不愧,客意叹徒劳。
> 送别青青眼,何时见我曹?①

8. 梵刹钟声

梵刹指承天寺塔,为西夏建筑,俗称"西塔"。寺院规模宏大,听经礼佛的人众多。塔寺建于1050年,塔八角悬挂塔钟,是我国有修建年代记载的西夏古塔。明初陈德武诗云:

> 祒(招)禔(提)新景销云烟,宝塔初修出半天。
> 谁扣鲸音号百八?声传世界尽三千。
> 分明云卧晨欹枕,恍惚枫桥夜泊船。
> 独有胡僧浑不省,毡裘拥耳但高眠。②

二 清代宁夏"八景"

清初,宁夏巡抚黄图安从宁夏府城建筑文物遗存意义上考虑,提出了宁夏"八景"新说:"藩府名园",即明代修建的丽景园、小春园,

---

① (明)胡汝砺纂修,(明)管律重修,陈明猷校勘《嘉靖宁夏新志》,宁夏人民出版社,1982,第172页。
② 胡玉冰、孙瑜校注《(正统)宁夏志》,载胡玉冰主编《宁夏珍稀方志丛刊》,中国社会科学出版社,2015,第63页。

在清初仍然是城东"极盛之观";"承天塔影",有塔影倒垂奇观,是否存在尚有疑问,(乾隆)《宁夏府志》也认为"理本难穷,说亦非一"[①];"南楼秋色",指南薰门楼,登楼远眺,可观赏田园、湖泊、贺兰山风光,尤其秋季时作物成熟,景象最为壮观;"泮池巍阁",指郡学泮池内的建筑风光;"霜台清露",指宁夏府城北都御史行台"更楼上铜壶滴漏,午夜声传,犹前朝遗器"[②];"南塘雨霁",指南塘风景名胜区的景色,这里水榭、画舫、鱼鸟、花柳,别有新趣;"黑宝浮图",指13级黑宝塔(即海宝塔)高耸入云的奇观;"土塔名刹",即坐落于宁夏府城西门外的土塔寺,在这里可远眺贺兰,宁夏府城尽收眼底。

随着时间的推移,山川等自然景物虽然不曾变化,但名胜古迹却有兴有废,因此至清乾隆年间(1736~1795),宁夏知府张金城在(乾隆)《宁夏府志》中对宁夏"八景"进行修改,称为朔方"八景",分别为"山屏晚翠""河带晴光""古塔凌霄""长渠流润""西桥柳色""南麓果园""连湖渔歌""高台梵刹"。这个时期的"八景",对明代"八景"有继承也有扬弃,较为集中地概括了宁夏的景色。应该说,张金城筛选的"八景",符合宁夏府的历史文化的实际,它涵盖了最能代表宁夏平原的历史与文化景观。[③] 当时的文人们也纷纷题咏,写下了不少赞颂的组诗。

1. 山屏晚翠

指贺兰山傍晚时夕阳照在树木上翠色的自然风光。与明代的贺兰山雪景相比,青翠的山林更有意境。当时的贺兰山松林苍翠,泉水叮咚,青羊、麋鹿、蓝马鸡、锦鸡等不时出没。诗人王永祐描绘了傍晚夕阳返

---

① (清)张金城修,(清)杨浣雨纂,陈明猷点校《乾隆宁夏府志》,宁夏人民出版社,1992,第101页。
② (清)张金城修,(清)杨浣雨纂,陈明猷点校《乾隆宁夏府志》,宁夏人民出版社,1992,第101页。
③ 薛正昌:《"八景"文化在宁夏》,《中共银川市委党校学报》2005年第4期,第13页。

照、贺兰山在云彩下的美丽景色。诗云：

万里风烟落照长，贺兰西峙色苍苍。

天从紫塞飞霞气，人在高楼望夕阳。

远树连村迷晚翠，片云弧鸟荡山光。

于喁樵唱归沙径，柏叶松花一市香。①

2. 河带晴光

这是指宁夏境内的黄河景观。黄河自中卫市入宁夏境，出青铜峡，绕银川市，过惠农、平罗，在晴日照耀下的黄色河水像缎带一样，成为一大景观。王永祐诗云：

图 2-5　山屏晚翠

天际奔流到此平，日华摇浪色精莹。
金蛇倒掣鱼龙伏，素练横披水石明。
古岸青浮灵武崞，烟墟绿暗典农城。
居人荷锸分膏润，沙塞时清正洗兵。②

---

① （清）张金城修，（清）杨浣雨纂《（乾隆）宁夏府志·卷二十一》，载宁夏地方志编审委员会办公室编，贠有强、李习文主编《宁夏旧方志集成·清代编》，学苑出版社，2015，第413页。

② （清）张金城修，（清）杨浣雨纂《（乾隆）宁夏府志·卷二十一》，载宁夏地方志编审委员会办公室编，贠有强、李习文主编《宁夏旧方志集成·清代编》，学苑出版社，2015，第415页。

图 2-6 河带晴光

3. 古塔凌霄

清代经过重修的海宝塔寺周围有湖水环抱,古塔结构严谨,造型独特,在古人眼中高耸入云。宁夏人王都赋诗云:

> 物外抬(招)提大野环,客来浑自敞心颜。
> 风铃几语兴亡事,宝塔遥传晋宋间。
> 极塞山河相拱揖,诸天云日总幽闲。
> 劫余正喜尖重合,努力凭高试一攀。①

4. 长渠流润

长渠泛指唐徕、汉延、惠农三大灌溉区域。三渠两岸堤口众多,也

---

① (清)张金城修,(清)杨浣雨纂《(乾隆)宁夏府志·卷二十一》,载宁夏地方志编审委员会办公室编,负有强、李习文主编《宁夏旧方志集成·清代编》,学苑出版社,2015,第422页。

使各渠流域范围的农业得以丰收。王都赋也认为长渠的灌溉使得宁夏变为"塞北江南",诗中描述了一幅五谷丰登的田园画卷。

> 长渠活活泻苍波,塞北风光果若何。
> 畎浍自分星汉水,人家齐饭玉山禾。
> 春村野甸鸣鸠唤,夏色凉畦浴鹭过。
> 漫道汉唐遗迹远,由来膏泽圣朝多。①

图 2-7 良田晚照

5. 西桥柳色

西桥即贺兰桥,今名西门桥,横跨唐徕渠。清时桥两边垂柳婆娑。清人以此景取代了明代"官桥柳色",和清代时期官桥的作用发生变化有一定的关系。清代人许德溥作诗以证其景,诗云:

---

① (清)张金城修,(清)杨浣雨纂《(乾隆)宁夏府志·卷二十一》,载宁夏地方志编审委员会办公室编,贠有强、李习文主编《宁夏旧方志集成·清代编》,学苑出版社,2015,第 424 页。

渠畔龙宫枕大堤，春风夹岸柳梢齐。
羊肠白道穿云出，雁齿红桥亚水低。
沽酒清阴时系马，招凉短槛几留题。
更添蜡屐游山兴，为问平湖西复西。①

6. 南麓果园

果园的位置在今宁夏永宁县境内。能入选八景可见其规模不小，且远近闻名。清代人许德溥作诗描画了果园果子成熟时的景象。诗云：

塞城秋早果园熟，古道官桥试重寻。
低树亭童时碍马，高云磊落总悬金。
荔枝漫说来巴峡，卢橘空烦赋上林。
几处短篱开板屋，檐前风露晚香沉。②

如果说唐代诗人韦蟾"贺兰山下果园成"的诗句是虚指的话，那么许德溥的诗句则是实实在在地写贺兰山下果园成熟、枝头硕果累累的情景了。

7. 连湖渔歌

在唐徕渠西南一带，据载湖泊众多，这些湖泊之间连通，其中最大的湖泊有几十里宽。在湖中水深多鱼，湖面上渔船穿梭，仿佛一幅江南水乡的画卷。清人杨润看到这酷似家乡的景色，在诗中流露出思乡之情。诗云：

平湖如镜水清涵，山翠天光荡蔚蓝。

---

① （清）张金城修，（清）杨浣雨纂《（乾隆）宁夏府志·卷二十一》，载宁夏地方志编审委员会办公室编，负有强、李习文主编《宁夏旧方志集成·清代编》，学苑出版社，2015，第417页。
② （清）张金城修，（清）杨浣雨纂《（乾隆）宁夏府志·卷二十一》，载宁夏地方志编审委员会办公室编，负有强、李习文主编《宁夏旧方志集成·清代编》，学苑出版社，2015，第419页。

雪点低空翔鹭净，银刀映日跃鱼憨。
桃花春远团红坞，香阁秋澄出赭龛。
几听鸣榔归唱晚，浮家有客梦江南。①

图2-8 连湖渔歌

8. 高台梵刹

指高台寺，故址在今宁夏银川市兴庆区掌政镇洼路村。西夏时建寺，后为宁夏古刹汇集之处。任岳宗凭栏远眺、怀古幽思，不由感慨道：

花园细路指高台，闻说当年帝子来。
玉辇春莝留仿佛，香楼阁道剩崔嵬。

---

① （清）张金城修，（清）杨浣雨纂《（乾隆）宁夏府志·卷二十一》，载宁夏地方志编审委员会办公室编，贠有强、李习文主编《宁夏旧方志集成·清代编》，学苑出版社，2015，第427页。

上方钟磬烟霞合，晴野川原日月开。

临眺不禁怀古思，聊凭象教恣徘徊。①

第二节　中卫"八景"

明（嘉靖）《宁夏新志》录有中卫"十景"，是清中卫"十二景"的雏形，分别为"暖泉春涨""羚羊夕照""黄河晓渡""鸣沙过雁""芦沟烟雨""石空夜灯""黑山晴雪""石渠流水""红崖秋风""槽湖春波"，且配有无名氏的组诗。清代，中卫区划有变，"红崖秋风""槽湖春波""芦沟烟雨"已不复存在。黄恩锡任中卫知县后，经过实地考察，给所剩景观、景致增加了人文内涵，增补了划入中卫管辖的青铜峡、牛首山、香山景观，随后改定为中卫"十二景"，（乾隆）《中卫县志》中均有收录。

1. 青铜禹迹

在今宁夏青铜峡市峡口山。这里支流汇合在一起，非常险要。在水势稍平缓的地方，山石与河流互相映照，有时为青铜色，这便是"青铜峡"之名的由来。传说大禹治水，水流到山峡口不通，大禹以神斧劈开了石壁，使得河水通畅，所以后人在入峡北岸建禹王庙纪念。因清代青铜峡划归中卫管辖，黄恩锡增补了这一景观。清代国朝翰林院庶吉士栗尔璋诗云：

铜峡中间两壁蹲，何年禹祠建山根。

随刊八载标新迹，疏凿千秋有旧痕。

---

① （清）张金城修，（清）杨浣雨纂《（乾隆）宁夏府志·卷二十一》，载宁夏地方志编审委员会办公室编，负有强、李习文主编《宁夏旧方志集成·清代编》，学苑出版社，2015，第421页。

凭溯源流推远德，采风作述识高门。

黄河永著安澜颂，留取丰功万古存。①

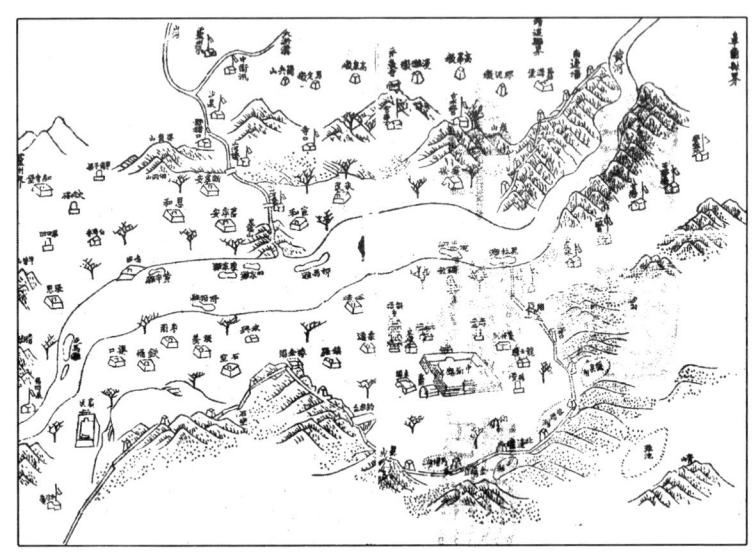

图 2-9 《中卫县境舆图》[见（乾隆）《中卫县志》]

2. 河津雁字

明代方志称之为"鸣沙过雁"，在今宁夏中宁县鸣沙镇。旧志中记载灵州有沙，用脚踩之有声，故名鸣沙。黄恩锡经过考证，发现清代鸣沙现象已经不复存在了，而在河流古渡边有大雁南飞的景象，所以改名为河津雁字。清人张淦作《河津雁字》一首。诗云：

横斜飞度（渡）塞天秋，影入水纹细细钩。

会得凌空三折意，鹅经底向世间求。②

---

① （清）黄恩锡纂修《（乾隆）中卫县志·卷十》，载宁夏地方志编审委员会办公室编，负有强、李习文主编《宁夏旧方志集成·清代编》，学苑出版社，2015，第 537~538 页。
② （清）黄恩锡纂修《（乾隆）中卫县志·卷十》，载宁夏地方志编审委员会办公室编，负有强、李习文主编《宁夏旧方志集成·清代编》，学苑出版社，2015，第 566 页。

第二章 明清宁夏"八景"与"塞北江南"

3. 香岩登览

香岩寺山是宁夏中卫市内最高的香山主峰。清代时山上树木郁郁葱葱,在山顶建有香岩寺,故名香岩寺山。古寺既是僧侣拜佛的地方,也是中卫和附近灵州、固原等地游人游玩的风景胜地。清代人宋楒在诗中再现了当时在香山古刹俯瞰河山如画的景色。诗云:

> 边城古刹势崔嵬,竟日登临未拟回。
> 俯视河山收眼界,恍疑身在雨花台。[①]

4. 星渠柳翠

星渠即七星渠,流经宁夏中卫市沙坡头区、中宁县。清中卫县候补知县罗元琦在诗里描绘了七星渠畔两岸沿途杨柳青青、翠色欲滴的宜人景色。诗云:

> 垂杨垂柳倚平湑,拂水拖烟翠浥裾。
> 梅雨乍添新涨满,踏青人上七星渠。[②]

5. 羚羊松风

羚羊寺坐落于今宁夏中卫市羚羊村。明代方志称为"羚羊夕照"一景。黄恩锡考察时,原来的所谓"夕阳流翠"已不知所在,而他在寺中休息时,寺前松树林在风起时发出柔和的声音,因此更名为"羚羊松风"。清代举人杨士美作诗云:

[①] (清)黄恩锡纂修《(乾隆)中卫县志·卷十》,载宁夏地方志编审委员会办公室编,负有强、李习文主编《宁夏旧方志集成·清代编》,学苑出版社,2015,第566页。
[②] (清)黄恩锡纂修《(乾隆)中卫县志·卷十》,载宁夏地方志编审委员会办公室编,负有强、李习文主编《宁夏旧方志集成·清代编》,学苑出版社,2015,第545页。

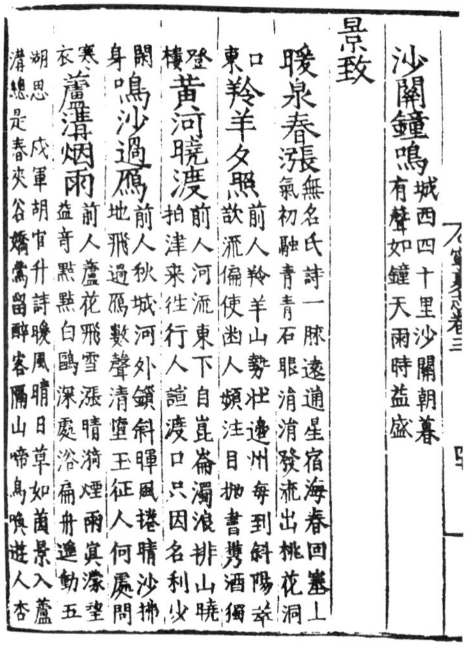

沙關鐘鳴城西四十里沙關朝暮有聲如鐘天雨時益盛

景致

暖泉春漲無名氏詩一脉遠通星宿海春回塞上氣初融青青石眼涓涓發流出桃花洞口東

羚羊夕照前人羚羊山勢壯邊州每到斜陽萃歆派偏使凿人頻注目抛書携酒獨登樓

黃河曉渡前人河流東下自崑崙濁浪排山曉拍津来往行人諠渡口只因名利少閑身

鳴沙過鴈前人秋城河外鎖斜暉風捲晴沙拂地飛過鴈數聲清塞王征人何處問寒衣

蘆溝烟雨前人蘆花飛雪漲晴漪煙雨冥濛望益奇點點白鷗深處浴扁舟邉動五湖思

戍軍胡官升詩晚風晴日草如茵景入蘆溝總是春夾谷嬌鶯留醉客隔山啼鳥喚遊人杏

图 2-10　中卫景致诗［见（嘉靖）《宁夏新志》］

羚羊旧映夕阳时，此日龙鳞别有姿。

虎啸山门嗔送客，西来意在最高枝。①

6. 官桥新水

明代地方志称为“石渠流水”一景，指美利渠自石坝入口这一段景色。美利渠流至近城三里为官桥。清人宋枚诗云：

来去年年柳浪青，一帘活水傍窗棂。

千家鼓舞趋农事，想见扶风喜雨亭。②

---

① （清）黄恩锡纂修《（乾隆）中卫县志·卷十》，载宁夏地方志编审委员会办公室编，负有强、李习文主编《宁夏旧方志集成·清代编》，学苑出版社，2015，第 571 页。

② （清）黄恩锡纂修《（乾隆）中卫县志·卷十》，载宁夏地方志编审委员会办公室编，负有强、李习文主编《宁夏旧方志集成·清代编》，学苑出版社，2015，第 567 页。

7. 牛首慈云

牛首山因其主峰文华峰和武英峰南北对峙,宛若牛首,故名。牛首山上有古刹,一直是著名的佛教圣地。清人金蔚堂诗云:

> 触石凌空布锦雯,侧峰横岭共氤氲。
> 欲知法雨频敷处,试看苍岩一段云。①

8. 黄河泛舟

明代方志称为"黄河晓渡"。黄恩锡经过考察,认为"晓渡""景殊无取"。而他见到的是黄河上扁舟荡漾、河边柳树青青的景象,因此改名。清人魏修德诗云:

> 源发昆仑日夜东,扁舟一叶荡清风。
> 河边柳色依人绿,岸上桃花照水红。
> 帆影浮空摇浪底,橹声惊雁起洲中。
> 前村隐约皆如画,缓棹回舟兴未穷。②

9. 石空灯火

石空寺俗称大佛寺。石空寺在明清时也是著名的佛教圣地,一到夜里,寺中佛灯和僧烛点亮后犹如点点星光,尤为壮观。佚名诗人诗云:

> 叠嶂玲珑竦石空,谁开兰若碧云中。
> 僧闲夜静燃灯坐,遥见青山一滴红。③

---

① (清)黄恩锡纂修《(乾隆)中卫县志·卷十》,载宁夏地方志编审委员会办公室编,员有强、李习文主编《宁夏旧方志集成·清代编》,学苑出版社,2015,第568页。
② (清)黄恩锡纂修《(乾隆)中卫县志·卷十》,载宁夏地方志编审委员会办公室编,员有强、李习文主编《宁夏旧方志集成·清代编》,学苑出版社,2015,第574页。
③ (清)黄恩锡纂修《(乾隆)中卫县志·卷十》,载宁夏地方志编审委员会办公室编,员有强、李习文主编《宁夏旧方志集成·清代编》,学苑出版社,2015,第536页。

地方志与全域旅游

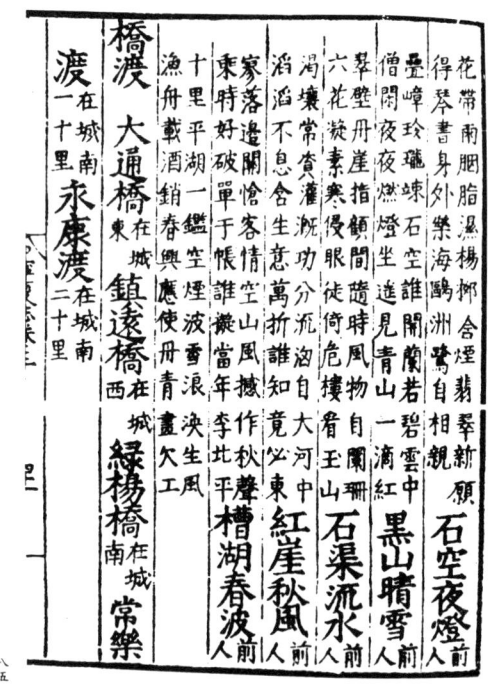

图 2-11　中卫景致诗 ［见 （嘉靖） 《宁夏新志》］

10. 暖泉春涨

黄恩锡在（乾隆）《中卫县志》中没有详细地解释其出处，从清人张淦的诗文中推断似乎是形容春暖时的泉水，可能不是特指一处。诗云：

二月东风入塞城，冻澌解处涨初生。
融融一脉桃花水，点点棠阴化雨成。①

11. 黑山晴雪

黑山，俗称北山。山上的石头皆为黑色，即便是盛夏也常常在山顶

---

① （清）黄恩锡纂修《（乾隆）中卫县志·卷十》，载宁夏地方志编审委员会办公室编，负有强、李习文主编《宁夏旧方志集成·清代编》，学苑出版社，2015，第566页。

上积雪，黑白分明。清代有佚名诗人在诗中赞美了黑山上雪景银装素裹的景象。诗云：

> 翠壁丹崖指顾间，随时风物自阑珊。
> 六花凝素寒侵眼，徙倚危楼看玉山。①

12. 炭山夜照

炭山，又名老君台山。因为山上盛产石炭，而煤层裸露在外面，导致风化后自燃不熄，特别是夜里，燃烧的炭火像"火焰山"。中卫知县黄恩锡作诗云：

> 列炬西南焰最张，千秋遗照在遐荒。
> 因风每似添宵烛，经雨何曾减夜光。
> 隔岸分明沙有路，临流炳耀离为方。
> 万家石火资余烈，雾锁炊烟十里长。②

第三节　韦州"八景"

明代庆靖王朱栴初次就藩就在韦州，因此庆靖王朱栴撰修的《宁夏志》中载有韦州"八景"及"八景"组诗，志书中实际只留有五景，分别是"蠹山叠翠""西岭秋容""白塔晨烟""东湖春涨""石关积雪"。（嘉靖）《宁夏新志》、（嘉庆）《灵州志迹》、（乾隆）《宁夏府

---

① （清）黄恩锡纂修《（乾隆）中卫县志·卷十》，载宁夏地方志编审委员会办公室编，负有强、李习文主编《宁夏旧方志集成·清代编》，学苑出版社，2015，第536页。
② （清）黄恩锡纂修《（乾隆）中卫县志·卷十》，载宁夏地方志编审委员会办公室编，负有强、李习文主编《宁夏旧方志集成·清代编》，学苑出版社，2015，第552~553页。

志》中去掉了"白塔晨烟",实际上只存四景,每景附有诗文。

1. 蠡山叠翠

蠡山,即今宁夏同心县罗山。罗山树木众多,可谓郁郁葱葱,绿树成荫。在山上有多种动物。明庆王府官员刘昉诗云:

> 蠡山雨洗高嵯峨,群峰叠翠攒青螺。
> 我来信马上山去,马上观看频吟哦。
> 平生爱此嘉山水,爱山不得住山里。
> 到家移入画轴中,挂向茅堂对书几。①

2. 西岭秋容

西岭,指宁夏同心县韦州以西的群山。因为每年秋季崇山峻岭上繁花盛开,自然景色尤为壮观,所以被收入"八景"。刘昉诗云:

> 韦州之西多峻岭,边方亦有仙佛境。
> 风送路傍花草香,云横野外山川景。
> 山色秋来最可观,夕阳返照尤宜看。
> 回家欲学王摩诘,淡墨涂抹围屏间。②

3. 东湖春涨

东湖在宁夏同心县韦州城东。每逢春夏,东湖水会随着风像海潮一样涌动。明代人穰穆诗曰:

> 百顷湖开水既潴,更添新涨景偏殊。

---

① 胡玉冰、孙瑜校注《(正统)宁夏志》,载胡玉冰主编《宁夏珍稀方志丛刊》,中国社会科学出版社,2015,第69页。
② (明)朱栴撰修,吴忠礼笺证《宁夏志笺证》,宁夏人民出版社,1996,第399页。

涛归岸口烟芜没，浪拍矶头钓艇孤。

急雨鸣芦来乘雁，颠风欹柳起群凫。

斜阳楼橹登临久，照影身疑在画图。①

4. 石关积雪

石关在今宁夏同心县境内。石关一带曾是战场。清宁夏举人王赐节（又作王赐书）在诗中描述了这里大雪过后的寂静苍凉，只有一片清冷雪光的萧条景象。诗云：

峭石嶙峋倚塞墙，风声日色总苍凉。

三边兵气消除尽，关外唯留白雪光。②

第四节 平罗"八景"

清道光四年（1824），平罗知县徐保字为宣传平罗确有"塞北江南"的风光，实地筛选确定了平罗"八景"，（道光）《平罗纪略》中只列出景观和诗文，没有对背景资料的介绍。平罗"八景"分别是"西园翰墨""北寺清泉""杰阁层阴""边墙晚照""马营远树""虎洞归云""磴口春帆""贺兰古雪"。其中"西园翰墨"指李纲堡隐士赵渭古（赵飞熊）在寓所西园中题咏所留墨宝。道光二十四年（1844），平罗知县张梯撰《续增平罗纪略》时对"八景"进行了新的审定，称

---

① 胡玉冰、孙瑜校注《（正统）宁夏志》，载胡玉冰主编《宁夏珍稀方志丛刊》，中国社会科学出版社，2015，第70页。

② （清）张金城修，（清）杨浣雨纂《（乾隆）宁夏府志·卷二十一》，载宁夏地方志编审委员会办公室编，负有强、李习文主编《宁夏旧方志集成·清代编》，学苑出版社，2015，第392页。

"西园翰墨"已废,改为"官桥烟柳";将"北寺清泉"改为"佛寺香泉";将"贺兰古雪"易为"贺兰夏雪",但地点和风景均未变。

1. 佛寺香泉

佛寺,即北武当庙(寿佛寺),位于宁夏贺兰山韭菜沟,始建于清乾隆年间(1736~1795),寺庙外树下有清泉三眼,清冽甘甜。清人蒋延录作旧"八景"《北寺清泉》诗云:

风迴溪涧响泠(泠)泠(泠),闲倚僧寮洗耳听。
不见飞来峰落翠,置身恍在冷泉亭。①

又有清人王以晋作《佛寺香泉》诗云:

近山便有白云迎,入寺凝神听磬声。
妙有甘泉供客饮,尘心涤尽道心清。②

2. 杰阁层阴

杰阁,指文昌阁,原址在今宁夏平罗古城外,建于清乾隆年间(1736~1795),后历经数次重修,成一巨阁。清人郭鸿熙作《杰阁层阴》诗曰:

槛外满渠新水暖,窗前几片白云来。
为登杰阁一凭眺,顿觉平生眼界开。③

---

① (清)徐保字、(清)张梯纂,王亚勇校注(道光)《平罗记略·续增平罗记略》,宁夏人民教育出版社,2003,第273页。
② (清)徐保字、(清)张梯纂,王亚勇校注(道光)《平罗记略·续增平罗记略》,宁夏人民教育出版社,2003,第331页。
③ (清)徐保字、(清)张梯纂,王亚勇校注(道光)《平罗记略·续增平罗记略》,宁夏人民教育出版社,2003,第336页。

第二章 明清宁夏"八景"与"塞北江南"

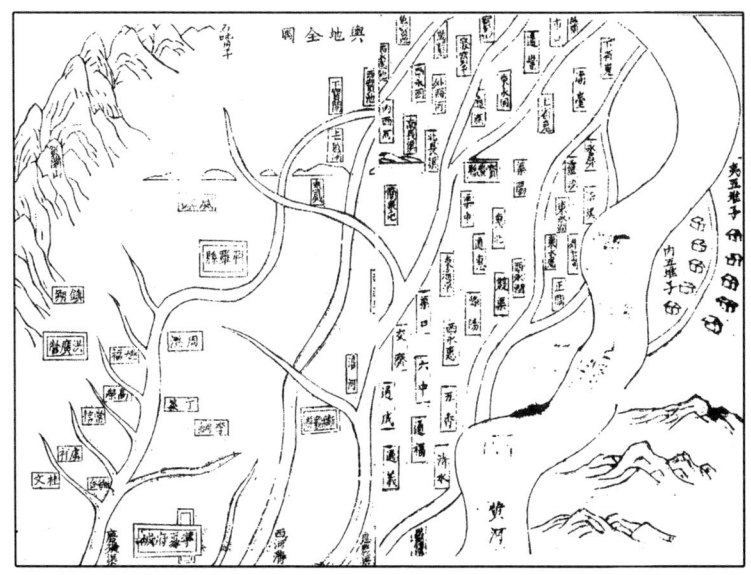

图 2-12 平罗《舆地全图》[见（道光）《平罗记略》]

3. 边墙晚照

边墙，指明代平罗城外修筑的镇远关墙、北门关墙。清时，明代边墙久废，失去了防御作用。清人郭鸿熙诗中描绘了夕阳西下、村民聚在边墙下闲话的风景：

锋镝销熔战垒空，断砖零落野花红。
村农倦倚苔垣坐，闲话桑麻夕照中。①

4. 马营远树

马营，即哨马营，在今宁夏平罗县北。哨马营为明清时的兵营，传说康熙曾在哨马营留宿。清平罗县儒学训导王以晋在《马营远树》中

---

① （清）徐保字、（清）张梯纂，王亚勇校注（道光）《平罗记略·续增平罗记略》，宁夏人民教育出版社，2003，第336页。

051

缅怀了历代将士。诗云：

> 难辨唐家与宋家，旧时壁垒委黄沙。
> 不知多少英雄血，散向长林化晚霞。①

5. 虎洞归云

因为周围山上的石英石在阳光反射下发白光，所以叫白虎洞。白虎洞洞门形似老虎口，洞内有泉水从顶部流下。因山高而洞口入云，所以称之"虎洞归云"。清人郭鸿熙作《虎洞归云》诗云：

> 虎迹已随荒草没，岭头犹见白云飞。
> 山灵着意留云住，未许云行竟不归。②

6. 磴口春帆

清代平罗（今宁夏平罗县）以北三百里的磴口是黄河上的重要津渡。清代，通过磴口装船向外运盐。故船舶很多，船帆星星点点。郭鸿熙作《磴口春帆》诗云：

> 春生磴口绿波多，为挂轻帆一叶过。
> 回忆赭湖风景好，水云乡里听渔歌。③

7. 贺兰夏雪

贺兰山因为地势高，所以四季多积雪。宁夏平罗境内的贺兰山上夏

---

① （清）徐保字、（清）张梯纂，王亚勇校注（道光）《平罗记略·续增平罗记略》，宁夏人民教育出版社，2003，第332页。
② （清）徐保字、（清）张梯纂，王亚勇校注（道光）《平罗记略·续增平罗记略》，宁夏人民教育出版社，2003，第337页。
③ （清）徐保字、（清）张梯纂，王亚勇校注（道光）《平罗记略·续增平罗记略》，宁夏人民教育出版社，2003，第337页。

雪也很常见，和明代宁夏府（今宁夏银川市）"贺兰晴雪"一景类似。王以晋作诗云：

> 白帝威生万壑间，炎天不改暮冬颜。
> 翻疑五月江城笛，吹散梅花落满山。①

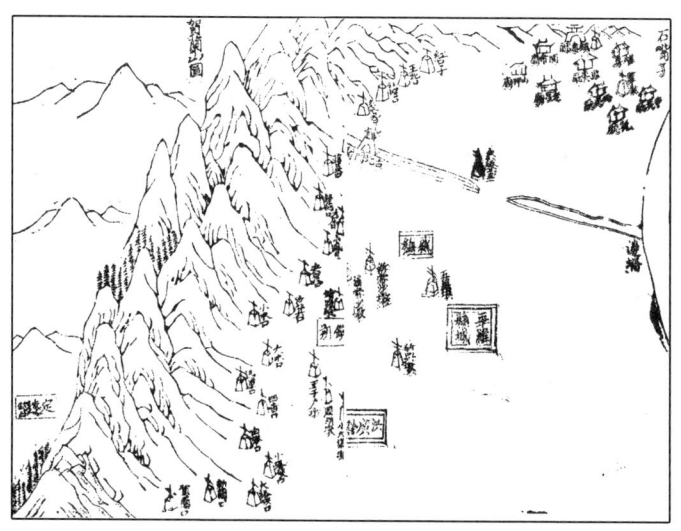

图 2-13 《贺兰山图》[见（道光）《平罗记略》]

8. 官桥烟柳

指清代平罗城南门外的太平桥两侧唐徕渠沿岸的柳树。王以晋作《官桥烟柳》诗云：

> 桥槛檐楹照水新，两行杨柳画中春。
> 莺鸣玉瑁蛙鸣鼓，早晚迎人又送人。②

---

① （清）徐保字、（清）张梯纂，王亚勇校注（道光）《平罗记略·续增平罗记略》，宁夏人民教育出版社，2003，第333页。
② （清）徐保字、（清）张梯纂，王亚勇校注（道光）《平罗记略·续增平罗记略》，宁夏人民教育出版社，2003，第331页。

第五节 固原"八景"

固原建置历史比宁夏北部更为悠久。因固原是古丝绸之路东段北道必经之地,西方文化通过这里进入中原,形成了固原厚重的文化底蕴。固原"八景"之说在明代志书中没有出现,只有清代(宣统)《新修固原直隶州志》刊印了10幅木刻风景白描图,分别题为"东山秋月""西海春波""云根雨穴""瓦亭烟岚""须弥松涛"等,对应着"十景"也配有诗文,清代固原"十景"代表了清代固原的地方文化名胜。

图2-14 《东山秋月》图 [见(宣统)《新修固原直隶州志》]

1. 东山秋月

东山,在宁夏固原城东,又名东岳山,山上建有东岳庙。山上寺院宏大。清人锡麒作《东山秋月》诗,点出了东山的地理环境。诗云:

萧关万里净无尘,秀耸东峰倚凤闉。
漫把防秋谈战事,且邀新月作诗邻。

莲花似滴平峦翠，杨柳犹怀旧苑春。

南望络盘北海剌，年年照彻远行人。①

2. 西海春波

西海，指西海子，秦汉时称为朝那湫，今为海子峡，为宁夏六盘山下的高山湖泊。春天西海子碧波荡漾，如世外仙境。清人王兆骏作《西海春波》，赞美了西海子春天的美景和分渠供水给农业的事情。

飞来万朵玉芙蓉，中汇流泉列五峰。

地据朝那通朔漠，天开灵境接崆峒。

频将秋草肥屯马，信有春雷起蛰龙。

闻道当年兵备使，分渠犹自利三农。②

图 2-15 《西海春波》图［见（宣统）《新修固原直隶州志》］

---

① （清）王学伊修，（清）锡麒纂《（宣统）新修固原直隶州志·卷十》，载宁夏地方志编审委员会办公室编，负有强、李习文主编《宁夏旧方志集成·清代编》，学苑出版社，2015，第 343~344 页。
② （清）王学伊修，（清）锡麒纂《（宣统）新修固原直隶州志·卷十》，载宁夏地方志编审委员会办公室编，负有强、李习文主编《宁夏旧方志集成·清代编》，学苑出版社，2015，第 344 页。

地方志与全域旅游

3. 云根雨穴

指古人祈雨的太白山,位于宁夏固原城东南。明万历十二年(1584),三边总督郜光先在这里建成太白庙,求神祈雨。(宣统)《新修固原直隶州志》载,寺居绝顶,山阴有三泉,水色莹碧、澄澈,遂在太白崖侧立石坊,名"云根雨穴""蹑足云根",景名由此而来。清人梁济西作《云根雨穴》诗云:

> 三峰太白望巍然,谁辟山阴百丈泉?
> 溅玉跳珠空色相,瞻蒲望杏动机先。
> 甘霖尽许占盈尺,闳泽还宜遍大千。
> 信是蛟龙为窟宅,灵通地脉助风烟。①

图 2-16 《云根雨穴》图 [见 (宣统)《新修固原直隶州志》]

---

① (清) 王学伊修,(清) 锡麒纂《(宣统) 新修固原直隶州志·卷十》,载宁夏地方志编审委员会办公室编,负有强、李习文主编《宁夏旧方志集成·清代编》,学苑出版社,2015,第 344~345 页。

第二章 明清宁夏"八景"与"塞北江南"

4. 瓦亭烟岚

六盘山腹地瓦亭在古六盘关和弹筝峡（三关口）之间，为战略要隘。清人韩国栋作《瓦亭烟岚》诗云：

> 六盘俯瞰接三关，斗大孤城万仞山。
> 不断云根横雁齿，每当雨霁拥螺鬟。
> 画图犹待倪迂写，旌旆常逢汉使还。
> 试向萧关一回首，依依杨柳水潺潺。①

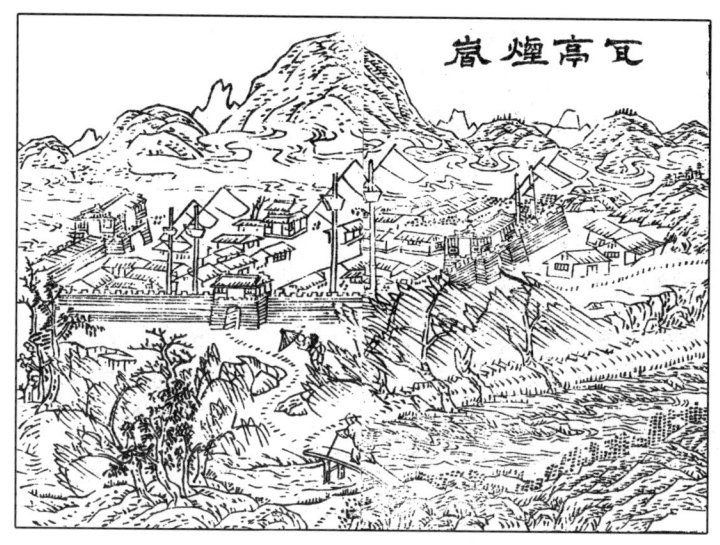

图2-17　《瓦亭烟岚》图［见（宣统）《新修固原直隶州志》]

5. 须弥松涛

须弥山，旧名逢义山。须弥山石窟远近闻名，明代吸引了四方的游人。因山上松树众多，风吹后如浪涛声声，遂以"须弥松涛"为景。清人李毓

---

① （清）王学伊修，（清）锡麒纂《（宣统）新修固原直隶州志·卷十》，载宁夏地方志编审委员会办公室，负有强、李习文主编《宁夏旧方志集成·清代编》，学苑出版社，2015，第345页。

地方志与全域旅游

骧作《须弥松涛》,描述了山上苍松众多、古刹庄严的情景。诗云:

古刹巍然近石城,苍松万树自纵横。
维摩有室搜灵偈,逢义题山问旧名。
一幅云屏开界画,半天风铎助边声。
宵深唯听龙吟曲,随在参禅百虑清。①

图 2-18 《须弥松涛》图 [见(宣统)《新修固原直隶州志》]

6. 六盘鸟道

鸟道,形容山路险峻狭窄,只有飞鸟可渡过。如果翻越六盘山,后面的人只能看见前面人的鞋底,而前面的人只能看见后人的头顶,"鸟道识奇"就是这个意思。清人金希声作《六盘鸟道》,对六盘山

---

① (清)王学伊修,(清)锡麒纂《(宣统)新修固原直隶州志·卷十》,载宁夏地方志编审委员会办公室编,贠有强、李习文主编《宁夏旧方志集成·清代编》,学苑出版社,2015,第346页。

的重要性和险峻的山势进行了描述。诗云：

虎牙龙脊自嶙峋，绝巚排空扼陇秦。
堑道崎岖通一线，征车迢递转双轮。
云封远隔蚕丛月，风劲横飞马足尘。
汉史络盘搜旧迹，东冲锁钥镇兰岷。①

图 2-19 《六盘鸟道》图［见（宣统）《新修固原直隶州志》］

7. 蓬沼听莺

蓬沼，指北海子。北海子位于今宁夏固原古城以北，古称"北鱼池"，有寺庙。冬日寒冷湖水却不结冰，四周柳树依依，因为景色宜人如仙境，所以把它与神话中的蓬莱相比，故称"蓬沼听莺"。清代刘继

---

① （清）王学伊修，（清）锡麒纂《（宣统）新修固原直隶州志·卷十》，载宁夏地方志编审委员会办公室编，负有强、李习文主编《宁夏旧方志集成·清代编》，学苑出版社，2015，第346页。

铭作《蓬沼听莺》,赞美北海子景观似小蓬莱一般。诗云:

芳塘十亩北城隈,无限岚光到眼来。
且喜青骢行款短,时闻黄鸟语低徊。
香清蔬圃饶诗味,影落莲峰入酒杯。
四面荻花三面柳,斯游合纪小蓬莱。①

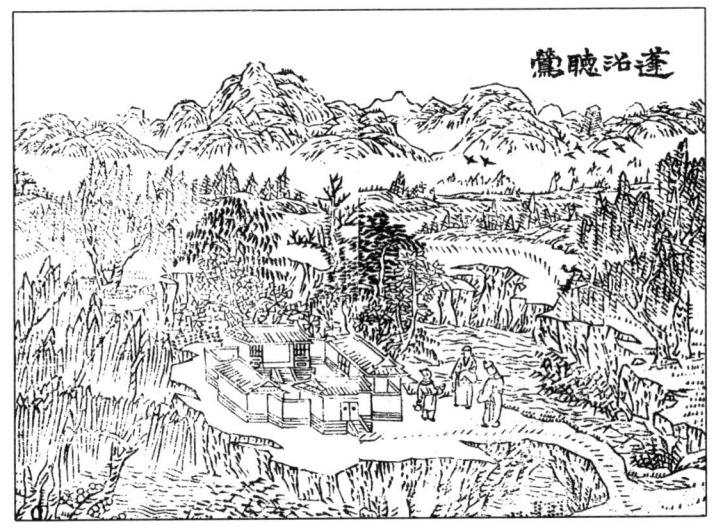

图 2-20 《蓬沼听莺》图 [见(宣统)《新修固原直隶州志》]

8. 七营驼鸣

七营,指明代杨一清屯养军马的八大营地之一。从宁夏固原城向北,沿清水河谷往北去中卫、盐池等处,必经七营。明清以来七营为运输要道,特别是清代盐运商贩的车队、马队、驼队来来往往。清代王学周作《七营驼鸣》,描绘了这一情景。诗云:

---

① (清)王学伊修,(清)锡麒纂《(宣统)新修固原直隶州志·卷十》,载宁夏地方志编审委员会办公室编,负有强、李习文主编《宁夏旧方志集成·清代编》,学苑出版社,2015,第347页。

参横月落夜迟迟，络绎鸣驼任所之。
朝饮长城环毳幕，远来瀚海识羌旗。
盐茶春暖开屯际，水草秋高出塞时。
明驿汉营今尚在，筹边何以策安危。①

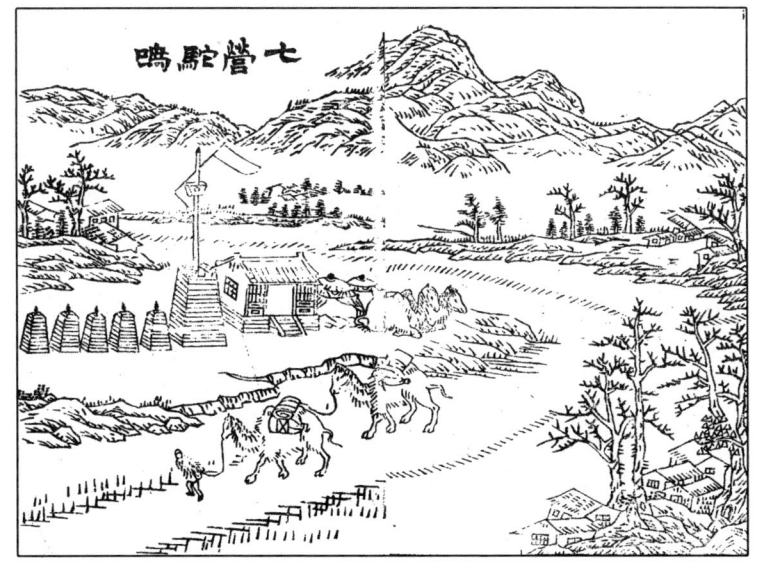

图2-21 《七营驼鸣》图［见（宣统）《新修固原直隶州志》］

9. 禹塔牧羊

禹塔，指宁夏固原东岳山上的禹王宫铁塔，建于明代，是登东岳山时的必经景观。（宣统）《新修固原直隶州志》的总纂王学伊认为这是一处"荒景"，但清代韩庆文作《禹塔牧羊》，再现了这里的山水风光。诗云：

浮图②七级峙郊原，遗迹都从劫后存。

---

① （清）王学伊修，（清）锡麒纂《（宣统）新修固原直隶州志·卷十》，载宁夏地方志编审委员会办公室编，负有强、李习文主编《宁夏旧方志集成·清代编》，学苑出版社，2015，第346~347页。
② 注：浮图今作浮屠，即佛塔。

半岭寒云横断堠，一湾流水绕孤村。
苔花莫辨明臣碣，苜蓿犹肥汉将屯。
最是池阿歌上下，鞭声遥送月黄昏。①

图 2-22 《禹塔牧羊》图 [见（宣统）《新修固原直隶州志》]

10. 营川麦浪

营川，指大营川，俗称"粮食川"，在宁夏固原城西，是产粮区。清人韩谦作《营川麦浪》诗，描绘了丰收时的热闹景象。诗云：

马髦西望尽平畴，多稼年年祝有秋。
比户胥忘锋镝险，屯田自遂稻粱谋。

---

① （清）王学伊修，（清）锡麒纂《（宣统）新修固原直隶州志·卷十》，载宁夏地方志编审委员会办公室编，负有强、李习文主编《宁夏旧方志集成·清代编》，学苑出版社，2015，第 347 页。

一犁红雨鸦锄足，万顷黄云犊背浮。

喜共边氓耕凿者，双岐百穗颂来年。①

图2-23 《营川麦浪》图［见（宣统）《新修固原直隶州志》］

第六节 广武"八景"

广武为现宁夏青铜峡市，广武"八景"在（康熙）《新修朔方广武志》中有记载。广武"八景"多与牛首山有关，组诗均由（康熙）《新修朔方广武志》的倡议编修人俞益谟创作而成。

1. 紫金晓雾

紫金山，系宁夏青铜峡牛首山，位于青铜峡市南的黄河东岸。因山上土色如金，故名。诗云：

---

① （清）王学伊修，（清）锡麒纂《（宣统）新修固原直隶州志·卷十》，载宁夏地方志编审委员会办公室编，负有强、李习文主编《宁夏旧方志集成·清代编》，学苑出版社，2015，第345页。

重峦咫尺斗牛通，碧色连天接远空。
夜月常收千叠秀，曙星摇落万峰雄。
丹岩积翠迷烟树，环岭飞云逐晓风。
欲较晦明频颎此，三农景仰意何穷。①

2. 芦沟晚霞

芦沟，指宁夏广武芦沟湖。诗云：

残角吟风晓弄奇，霞天归雁宿芦时。
边城赤帜连三塞，天际红云覆九嶷。
色照黄河波有艳，彩飞绿野幕相宜。
方期光耀随朝现，何事卤晖日影移。②

3. 地涌浮图

浮图，今作浮屠，即佛塔，指牛首山南侧的地涌塔。遇到夜间打雷降雨时，偶尔可见霞光万道。诗云：

香刹初开日半辉，凌霄古塔自巍巍。
法华谛演中原少，舍利光含化外稀。
七级清高云独立，两河倒泻水皈依。
西来共指虚空色，面面灯传照不归。③

---

① （清）高嶷修，（清）俞益谟纂《（康熙）新修朔方广武志·卷下》，载宁夏地方志编审委员会办公室编，负有强、李习文主编《宁夏旧方志集成·清代编》，学苑出版社，2015，第287~288页。
② （清）高嶷修，（清）俞益谟纂《（康熙）新修朔方广武志·卷下》，载宁夏地方志编审委员会办公室编，负有强、李习文主编《宁夏旧方志集成·清代编》，学苑出版社，2015，第288页。
③ （清）高嶷修，（清）俞益谟纂《（康熙）新修朔方广武志·卷下》，载宁夏地方志编审委员会办公室编，负有强、李习文主编《宁夏旧方志集成·清代编》，学苑出版社，2015，第288~289页。

4. 青铜锁秀

青铜峡由两山相夹,黄河流经其间。峡谷在蓝天碧水中相互映衬,呈现出青铜的颜色,故名。诗云:

> 临渊空羡几人渔,信步高楼目极初。
> 淡淡云光浮水泊,青青草色映山墟。
> 岭头苍翠千峰秀,峡内烟波一派舒。
> 月上扁舟寻钓侣,鸱夷佳趣娱闲诸。[①]

5. 花石松纹

指宁夏牛首山产的紫质黑纹石,纹路呈各种花卉形状。诗云:

> 纹石从来世岂无,奇花错落动人吁。
> 精灵不事丹青手,工巧何须待价沽。
> 鸟影传神飞落翠,霜花励节现明珠。
> 丹岩自重千金节,不羡苍溪丽楚都。[②]

6. 西天古刹

指宁夏牛首山主峰西天寺。西寺依山而建,枕山面河,殿阁众多,堪称古刹。诗云:

> 塞上西天无与齐,长空唯见白云低。

---

① (清)高嶷修,(清)俞益谟纂《(康熙)新修朔方广武志·卷下》,载宁夏地方志编审委员会办公室编,负有强、李习文主编《宁夏旧方志集成·清代编》,学苑出版社,2015,第289页。
② (清)高嶷修,(清)俞益谟纂《(康熙)新修朔方广武志·卷下》,载宁夏地方志编审委员会办公室编,负有强、李习文主编《宁夏旧方志集成·清代编》,学苑出版社,2015,第289~290页。

静中方识莲台古，闹里谁将觉路题。

结室百年三藏裕，闭关千日七情撕。

禅灯高照慈光普，暮鼓晨钟醒世迷。①

7. 阁绘万佛

指宁夏牛首山西寺的万佛阁。诗云：

丹岩翠壁倚青山，登阁须将小意攀。

幽刹人稀来野鹤，崇堂像丽自庄颜。

日沉更挂琉璃罩，风微时敲玉佩环。

聚散浮云无定着，听经龙去又飞还。②

8. 中洲朱柳

指黄河中的沙洲滩地里柳树成林。特别是红柳枝条可作马鞭，细嫩的柳条可以作成鞭绳。诗云：

二水中分异旧时，河州朱柳少人知。

虬枝偃盖宜仙岛，碧干撑天入凤池。

古木有缘皈净土，章台无分集寒鸱。

常随宝镫陪金勒，绝塞指挥万马嘶。③

---

① （清）高嶐修，（清）俞益谟纂《（康熙）新修朔方广武志·卷下》，载宁夏地方志编审委员会办公室编，负有强、李习文主编《宁夏旧方志集成·清代编》，学苑出版社，2015，第290页。

② （清）高嶐修，（清）俞益谟纂《（康熙）新修朔方广武志·卷下》，载宁夏地方志编审委员会办公室编，负有强、李习文主编《宁夏旧方志集成·清代编》，学苑出版社，2015，第290~291页。

③ （清）高嶐修，（清）俞益谟纂《（康熙）新修朔方广武志·卷下》，载宁夏地方志编审委员会办公室编，负有强、李习文主编《宁夏旧方志集成·清代编》，学苑出版社，2015，第291页。

第七节 其他"八景"

在清代，其他提到"八景"的志书有：（乾隆）《盐茶厅志备遗》中的海城"八景"为"华山叠嶂""东岗夕照""古寺疏钟""清池朗月""天都积雪""灵光散花""五泉竞冽""双涧分甘"，除了"古寺疏钟""清池朗月"为海城附近人工创景外，其他均为华山自然景观。这"八景"配有海城同知朱亨衍的组诗，可见南华山、西华山确实风光迷人，使朱亨衍情有独钟。

另外，（乾隆）《宁夏府志》中载录有灵州"名胜"，分别为"宁河胜览""晏湖远眺""牛首飞霞""龙泉喷玉""高桥春柳""滴水秋梧""青峡晓映""黄沙夕照"；（光绪）《平远县志》中平远"八景"分别为"蠡山叠翠""鸳湖澄碧""天台晚霞""砖城朝旭""官亭夜月""天桥霁雪""青沙卷浪""黑水洄波"；（民国）《盐池县志》中的盐池"八景"分别为"城头古寺""草地牧羊""黄沙龙跃""天池饮马""官树乌栖""铁柱涌泉""盐池凝雪""霁城波影"。"霁城波影"指花马池东三十里，长城南有盐场堡，北有苟池，与花马池县城东西相对。每遇天朗气清、旭日东升，湖光反射，映于城之东墙。侧目视之，则见城墙上水光接天，俨如水湖，奇景可观。[①] 盐池"八景"原有组诗，均毁于兵燹。以上三处"八景"，志书中缺少对组诗的记载。

民国《重修隆德县志》载，隆德"八景"为"盘山晓翠""美高苍松""莲池映月""石窟磨日""祝霖疏雨""晴岚山寺""龙泉滴珠""北联灵湫"，并配有组诗。

明清时方志中的"八景"，留给人们的第一印象就是宁夏真的无愧

---

① 范宗兴笺证，张树林、负有强审校《盐池旧志笺证》（修订本），宁夏人民出版社，2014，第182页。

于"塞北江南"这个别称。清乾隆、嘉庆以后,"八景"文化渐趋衰落,民国以后,方志中已很少见了。

表 2-1 宁夏各地"八景"部分存目

志　书	属　地	名　　　称
（正统）《宁夏志》	宁夏"八景"	贺兰晴雪、月湖夕照、官桥柳色、梵刹钟声、汉渠春涨、灵武秋风、黑水故城、黄沙古渡
	旧西夏"八景"	夏宫秋草、汉渠春水、贺兰晴雪、良田晚照、长塔钟声、官桥柳色、黑水故城、黄沙古渡
	韦州"八景"	蠡山叠翠、西岭秋容、白塔晨烟、东湖春涨、石关积雪
（弘治）《宁夏新志》	宁夏总镇景致	贺兰晴雪、汉渠春涨、月湖夕照、黄沙古渡、灵武秋风、黑水故城、官桥柳色、梵刹钟声
	韦州景致	蠡山叠翠、东湖春涨、西岭秋容、石关积雪
	中卫景致	暖泉春涨、羚羊夕照、黄河晓渡、鸣沙过雁、芦沟烟雨、石空夜灯、黑山晴雪、石渠流水、红崖秋风、槽湖春波
（嘉靖）《宁夏新志》	宁夏总镇景致	贺兰晴雪、汉渠春涨、月湖夕照、黄沙古渡、黑水故城、官桥柳色、灵武秋风、梵刹钟声
	韦州景致	蠡山叠翠、东湖春涨、西岭秋容、石关积雪
	中卫景致	暖泉春涨、羚羊夕照、黄河晓渡、鸣沙过雁、芦沟烟雨、石空夜灯、黑山晴雪、石渠流水、红崖秋风、槽湖春波
（康熙）《新修朔方广武志》	广武"八景"	紫金晓雾、芦沟晚霞、地涌浮图、青铜锁秀、花石松纹、西天古刹、阁绘万佛、中洲朱柳
（乾隆）《盐茶厅志备遗》	海城"八景"	华山叠嶂、东岗夕照、古寺疏钟、清池朗月、天都积雪、灵光散花、五泉竞洌、双涧分甘
（乾隆）《银川小志》	夏州"八景"	黑水故城、夏台秋草、黄沙古渡、梵刹钟声、官桥柳色、贺兰晴雪、良田晚照、汉渠春涨
	灵州"八景"	宁河胜览、晏湖远眺、牛首飞霞、龙泉喷玉、高桥春柳、滴水秋梧、青峡晓映、黄沙夕照
	韦州"四景"	蠡山叠翠、东湖春涨、西岭秋容、石关积雪
	中卫"十景"	暖泉春涨、羚羊夕照、黄河晓渡、鸣沙过雁、芦沟烟雨、石空夜灯、黑山晴雪、石渠流水、红崖秋风、槽湖春波
（乾隆）《中卫县志》	中卫"十二景"	青铜禹迹、河津雁字、香岩登览、星渠柳翠、羚羊松风、官桥新水、牛首慈云、黄河泛舟、石空灯火、暖泉春涨、黑山晴雪、炭山夜照
（乾隆）《宁夏府志》	黄中丞续题"八景"	藩府名园、承天塔影、南楼秋色、泮池魏阁、霜台清露、南塘雨霁、黑宝浮图、土塔名刹

第二章 明清宁夏"八景"与"塞北江南"

续表

志　书	属　地	名　　称
（乾隆）《宁夏府志》	朔方"八景"	山屏晚翠、河带晴光、古塔凌霄、长渠流润、西桥柳色、南麓果园、连湖渔歌、高台梵刹
	灵州名胜	宁河胜览、晏湖远眺、牛首飞霞、龙泉喷玉、高桥春柳、滴水秋梧、青峡晓映、黄沙夕照
	韦州名胜	蠡山叠翠、东湖春涨、西岭秋容、石关积雪
	中卫名胜	暖泉春涨、羚羊夕照、黄河晓渡、鸣沙过雁、芦沟烟雨、石空夜光、石渠流水、红崖秋风、黑山积雪、槽湖春波
	黄恩锡改定中卫"十二景"	青铜禹迹、河津雁字、香岩登览、星桥柳翠、羚羊松风、官桥新水、牛首慈云、黄河泛舟、石空夜灯、暖泉春涨、黑山晴雪、炭山夜照
（嘉庆）《灵州志》	灵州名胜	宁河胜览、晏湖远眺、牛首飞霞、龙泉喷玉、高桥春柳、滴水秋梧、青峡晓映、黄沙夕照
	韦州四胜	蠡山叠翠、东湖春涨、西岭秋蓉、石关积雪
（道光）《平罗纪略》	平罗"八景"	西园翰墨、北寺清泉、杰阁层阴、边墙晚照、马营远树、虎洞归云、磴口春帆、贺兰夏雪
（道光）《续修中卫县志》	中卫"十二景"	青铜禹迹、河津雁字、香岩登览、星渠柳翠、羚羊松风、官桥新水、牛首慈云、黄河泛舟、石空灯火、暖泉春涨、黑山晴雪、炭山夜照
（道光）《续增平罗记略》	平罗"八景"	佛寺香泉、杰阁层阴、边墙晚照、马营远树、虎洞归云、磴口春帆、贺兰夏雪、官桥烟柳
（光绪）《平远县志》	平远"八景"	蠡山叠翠、鸳湖澄碧、天台晚霞、砖城朝旭、官亭夜月、天桥霁雪、青沙卷浪、黑水洄波
（光绪）《海城县志》	海城"八景"	华山叠翠、龙岗夕照、古寺疏钟、清池浩月、天山积雪、灵寺散花、五泉竞洌、双涧分甘
（宣统）《新修固原直隶州志》	固原"十景"	东山秋月、西海春波、云根雨穴、瓦亭烟岚、营川麦浪、须弥松涛、六盘鸟道、七营驼鸣、禹塔牧羊、蓬沼听莺
（宣统）《新修硝河城志》	硝河城景致	风台秀耸、岑楼清幽、清波环带、山郭张屏
（民国）《化平县志》	化平名胜	观岭朝阳、陇山叠翠、泾水源清、双桥夜月、白岩映雪、炭峡浮青、暖水蒸云、龙泉涵碧
（民国）《西吉县志》	西吉"八景"	云台叠翠、古木垂阴、石城天险、虞泉映月、教陵园地、宝河月亮、芦沟清流、铁嘴鱼池
（民国）《重修隆德县志》	隆德"八景"	盘山晓翠、美高苍松、莲池映月、石窟磨日、祝霖疏雨、晴岚山寺、龙泉滴珠、北联史湫
（民国）《盐池县志》	盐池"八景"	城头古寺、草地牧羊、黄沙龙跃、天池饮马、官树乌栖、铁柱涌泉、盐池凝雪、霁城波影

069

第三章　可资开发利用的宁夏地方志资源

　　旅游业是经济产业也是文化产业，它需要一地的自然资源、人文遗迹、民俗文化、气候、交通等方面的信息。地方志被誉为"一方之全史"和"地域性百科全书"，无疑具有旅游业所需要的综合的信息资源优势。

　　目前，学术界普遍认为，宁夏修志始于宋、元时期，至明朝宁夏修志事业兴盛。自元迄清，宁夏编修的旧志有 38 种，修志的历史传统可谓代代相承。传世的宁夏旧志有 33 种，其中明代编修的有 6 种，清代编修 20 种，民国编修 7 种。[①] 1949~2020 年，新修方志众多，宁夏的新修地方志书，不但有省、市县（区）志等综合志书，而且出版了山川、行政建置、人物、社会、商贸、民俗、艺文、社会科学、文化、旅游等方面的专业志书。可以说，宁夏地方志全面地记述了宁夏的自然山川、名胜、政治、经济、物产、交通和民俗文化等综合情况。这样丰富的志书"矿藏"在宁夏发展全域旅游的规划、开发资源和学术研究等方面，具有重要的现实功能，可为宁夏全域旅游发展提供多方面的智力支撑。

第一节　旧志整理和研究

　　明代藩封宁夏的庆靖王朱栴编修的（正统）《宁夏志》为宁夏传世

[①] 胡玉冰：《宁夏旧志研究·引言》，上海古籍出版社，2018，第 2 页。

志书中最早的方志，此后明代宁夏地区修成 5 部地方志书，难能可贵的是这些地方志大多流传了下来。清代宁夏编修地方志更为兴盛，凡宁夏府、州、厅、县皆有志书，可谓无地无志。民国时期，宁夏地区纂修成 31 卷的《朔方道志》。至今，宁夏存世的各级、各类旧志，可谓一笔丰富的历史文化资源。

图 3-1　宁夏部分点校的旧志

20 世纪 80 年代，从事地方史志研究的吴忠礼、高树榆、陈明猷、牛达生等专家学者和宁夏各级地方志办公室，采取笺证、校勘的方式，出版了一批高质量的旧志整理成果。吴忠礼先生笺证、整理、研究的《宁夏志笺证》[①] 出版时，新华社发布了消息，被选为全国方志界年度十件大事之一。

同时，影印的宁夏旧志丛书也陆续出版发行，为宁夏旧志进一步开

[①] 注：明庆靖王朱栴于宣德年间（1426~1435）开始编修《宁夏志》，原刻本 1594 年毁于战火，明万历二十九年（1601）朱栴九世孙——十代庆王得到旧刻本，遂重新刊刻，并重新做序。《宁夏志》现藏于日本国立国会图书馆，为海内外孤本，吴忠礼先生对其复印本标点、分段、笺证出版《宁夏志笺证》。

发利用提供了蓝本。1968年出版的《中国方志丛书》（台湾成文出版社）"塞北地方卷"最早收入了宁夏旧志的影印本，有《朔方备乘图说》《乾隆宁夏府志》《嘉庆灵州志》《乾隆中卫县志》《光绪平远县志》《民国朔方道志》《民国豫旺县志》等。

1988年，吴忠礼先生主编的《宁夏历代方志萃编》（天津古籍出版社）精选出19种宁夏旧志加以影印，包括省志《宣德宁夏志》《弘治宁夏新志》《乾隆宁夏府志》《万历朔方新志》；市县志包括《康熙隆德县志》《康熙新修朔方广武志》《乾隆银川小志》《乾隆盐茶厅志备遗》《乾隆中卫县志》《道光平罗记略》《道光续增平罗记略》《道光续修中卫县志》《嘉庆灵州志迹》《光绪重修灵州志》《光绪平远县志》《光绪花马池志迹》和《宣统新修固原直隶州志》（附《硝河志》）；民国的地方志有《民国重修隆德县志》《民国化平县志》等。连朱栴编修的《宁夏志》也再露真容，是当时最完备的一套宁夏地方志汇编丛书。

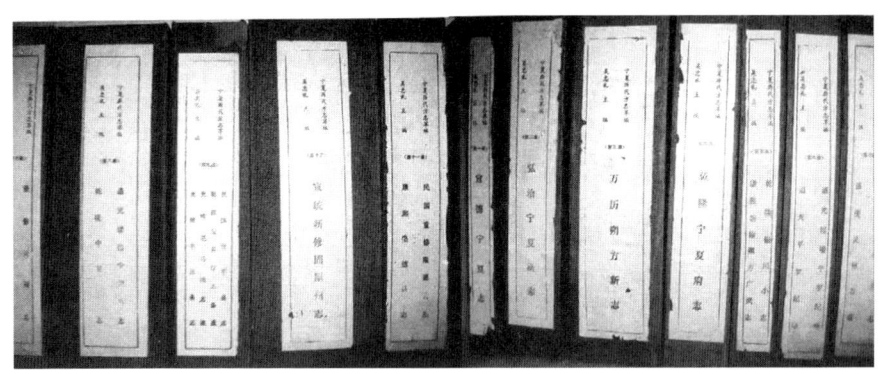

图3-2 部分《宁夏历代方志萃编》

1988年，宁夏回族自治区图书馆影印的《宁夏地方志丛刊》（宁夏人民出版社）出版，收录旧志10种，新增《光绪海城县志》与《民国豫旺县志》。

2015年年底，《宁夏旧方志集成》（学苑出版社）出版发行，收录的

第三章 可资开发利用的宁夏地方志资源

图 3-3 部分《宁夏旧方志集成》

宁夏传世旧方志 32 种及其他 1 种，分别为：明代 6 部，《弘治宁夏新志》《正统宁夏志》《万历固原州志》《万历朔方新志》《嘉靖宁夏新志》《嘉靖固原州志》；清代有 18 部，《康熙隆德县志》《康熙新修朔方广武志》《乾隆宁夏府志》《乾隆银川小志》《乾隆盐茶厅志备遗》《乾隆中卫县志》《嘉庆灵州志迹》《道光平罗记略》《道光隆德县续志》《道光续修中卫县志》《道光续增平罗记略》《光绪重修灵州志》《光绪平远县志》《光绪花马池志迹》《光绪宁灵厅志草》《光绪海城县志》《光绪新修打拉池县丞志》《宣统新修固原直隶州志》；民国省市县有 6 部，《民国朔方道志》《民国固原县志》《民国重修隆德县志》《民国化平县志》《民国盐池县志》《民国西吉县志》，其他民国专业志有 2 部，为《宁夏省人文地理图志》《宁夏资源志》；另收录民国《十年来宁夏省政述要》资料汇编 1 部。每卷在最前面均有本卷志书版本的分析研究。《宁夏旧方志集成》收录范围广泛，版本相对较全，具有很高的文献价值。

2015 年，《宁夏地方文献整理与研究》系列成果之一《宁夏珍稀方志丛刊》（胡玉冰主编，中国社会科学出版社出版）第一批出版。2018 年，《宁夏珍稀方志丛刊》（胡玉冰主编，上海古籍出版社出版）第二批出版。《宁夏珍稀方志丛刊》包括《弘治宁夏新志》《嘉靖宁夏新志》《乾隆银川小志》《光绪花马池志迹》《民国盐池县志》《正统宁夏志》《嘉庆灵州志迹》《光绪重修灵州志》《乾隆宁夏府志》《万历朔方新志》《民国朔方道志》《光绪宁灵厅志草》《光绪平远县志》等31种。《宁夏珍稀方志丛刊》对照多个旧志版本为参照本，部分成果参考了已经点校的旧志，个别成果点校版在前，影印本在后，方便利用。同时，因为宁夏行政区划的变化，收集陕西、甘肃地方志中的宁夏资料，辑录了《陕甘地方志中宁夏史料辑校》。

图3-4 部分《宁夏珍稀方志丛刊》

2017年4月，银川市地方志编纂委员会办公室整理的《乾隆银川小志（文白对照本）》（清·汪绎辰编纂）由方志出版社出版发行。全书共4册，其中影印本1册，文白对照本3册。该志在旧志校注的基础上，化繁体字为简体字，方便开发利用。这些宁夏旧志的整理和研究成果，为进一步深入挖掘旧志中的历史文化旅游资源，奠定了坚实的基础。

第二节　新编宁夏地方志

"治天下者以史为鉴，治郡国者以志为鉴"。1982年，宁夏同全国一样，兴起编纂地方志之风，盐池县、中宁县、贺兰县、固原县率先成立地方志编纂机构。同时，也成立了众多专业志办公室，如宁夏公路交通史志编纂委员会编辑部、宁夏财政志办公室、宁夏水利史志编纂委员会等。1985年7月，宁夏地方志编审委员会正式成立，下设办公室，由宁夏社会科学院代管,称宁夏社会科学院地方志编纂处,也称宁夏地方志办公室。这标志着宁夏新编地方志工作正式开展,拉开了大规模编修社会主义新方志的序幕,宁夏修志事业自此进入了新的时代。

图3-5 宁夏部分行业志

20世纪80年代,全区修志工作首次进入高潮。1986年3月,全区第一部新方志《盐池县志》公开出版。此后,80余部市县区志和厅局级专业志书先后付梓面世。2001年7月,宁夏回族自治区人民政府召开全区地方志工作动员大会,部署开展通志、续修、年鉴编修工作,标志着《宁夏通志》、宁夏二轮修志、《宁夏年鉴》三大任务正式启动。宁夏第二轮修志工作逐渐全面开展起来,进入了新的修志高潮。同时宁夏各厅局积极响应,编纂专业志书。2001年,宁夏启动《宁夏通志》系统工程,对省级行业志书采取科学分类的方法进行编纂,将首轮和第

地方志与全域旅游

二轮省级专业志进行了合并。随着《宁夏通志》的全部出版，宁夏首轮和第二轮省级专业志也全面宣告完成。

图 3-6　宁夏部分市县志书

伴随着地市县级志书和自治区级专业志书的编修工作，广大修志工作者还利用修志过程中收集的大量资料和研究成果，编辑出版了一大批地情书籍。其中《明实录宁夏资料辑录》《清实录宁夏资料辑录》《宁夏古代历史纪年》《宁夏近代历史纪年》《宁夏工商税收史长编》《二十五史中的固原》等具有一定的代表性。

1. 首轮修志

早在 1958 年，宁夏就有市县成立志书编写委员会或编写小组，先后编写了《吴忠简志》《盐池县志》《惠农县志》等市县志书。至 2000 年，宁夏市、县（区）首轮志书基本全部出版。同时，大部分专业志书也纷纷出版发行。1980～2006 年，宁夏共完成首轮市县志书 25 部，截至 2008 年，宁夏出版自治区级专业志书 70 多部，可谓成果丰硕。

第三章 可资开发利用的宁夏地方志资源

2. 第二轮修志

2001年，宁夏第二轮修志工作全面启动，全区地方志续修工作顺利开展。截至2008年5月，又完成市县志及专业志13部。截至2019年年底，编纂出版第二轮市县级志书17部，全区只有8个市、县（区）没有完成续修任务。

图 3-7 宁夏部分乡镇志

按照《宁夏回族自治区地方志事业发展实施方案（2016—2020年）》，计划2020年年底前，宁夏第二轮修志工作全面完成。

3.《宁夏通志》

2001年，《宁夏通志》工程启动，这是中华人民共和国成立后宁夏回族自治区的首部省级综合志书，是权威性的官修政书和综合性的区情资料著述。[1] 截至2017年年底，《宁夏通志》工程宣告完成。《宁夏通志》包括地理环境卷、社会科学卷、社会卷、人物卷、商贸旅游卷、交通邮电卷、建设环保卷、教育卷等25卷，共2000多万字，内容涉及宁夏的自然、社会、历史、现状等方面，堪称宁夏的"百科全书"。《宁夏通志》的完成为宁夏首轮省级志书的完成画上了完美的句号，同时因为下限是2000年，与中国地方志指导小组规定的第二轮修志下限一致，所以也标志着宁夏省级志书第二轮续修工作的完成。

同时，宁夏各级地方志工作机构大力推动行业志、部门志、基层乡镇志、家谱、村志的编修工作，出版的志书可谓遍地开花，这些志书为

---

[1] 宁夏通志编纂委员会编《宁夏通志·卷首·总序一》，方志出版社，2017，第3页。

地方志与全域旅游

图 3-8　《宁夏通志》

进一步开发研究宁夏全域旅游中的交通路线、民俗风情、特色物产、特色餐饮、景区景点建设等，提供了有力的资料支撑。

第四章　方志中的自然景观

自然景观是宁夏旅游业得以发展的重要资源，宁夏地方志详细记载了本地的自然景观资源。例如，（嘉靖）《固原州志·卷一》，专门记述六盘山、须弥山、香炉山、清水河等自然景观；（乾隆）《宁夏府志》中更是对贺兰山、牛首山、香山、沙坡头等详加记载；《宁夏通志·地理环境卷》对宁夏境内的自然资源，从生态环境、生物多样性、土地状况、矿产分布等进行了总结归纳，系统全面地反映了宁夏境内自然景观的情况；《宁夏通志·商贸旅游卷》从地文景观类资源、蚀余景观类资源、水域风光类资源、生物景观类资源等对境内自然旅游资源进行了细述。各市、县（区）志书中也通常专门设资源篇章，对本地的气候、山川、植被等进行详细记述。

宁夏位于多种地貌的交界处，境内的河流、湖泊、大漠、山地景观是宁夏的优势旅游资源。宁夏自然景观存在沙漠、湖泊、黄河、绿洲、山地等诸多景观组合。《宁夏通志·商贸旅游卷》载宁夏自然旅游资源有如下特色：宁夏自然条件的过渡性和多样性造就了旅游资源的多样性；涵盖山岳、河流、森林、草原、戈壁、沙漠、湿地、湖泊、绿洲多类型的温带生态系统。这些景观的多层次性、多样性，造就了"塞上江南·神奇宁夏"的旅游资源总体形象。[1]

---

[1] 宁夏通志编纂委员会编《宁夏通志·商贸旅游卷》，方志出版社，2010，第1099~1100页。

第一节　山地

宁夏地处我国地质地貌南北分界线北段。山地面积占宁夏总面积约21%。宁夏山脉统属于昆仑山余脉，有贺兰山、六盘山、罗山、牛首山、香山、天都山、南华山、月亮山、云雾山等。贺兰山、罗山、六盘山分别为北、中、南部最高的山。这些山脉或地势高峻，或风光秀美，或山形奇特，或有历史、文化内涵。[1] 众多山脉的植物和动物资源丰富，形成了独具特色的宁夏生态系统。

一　贺兰山

贺兰山是宁夏境内的一座名山。贺兰山一名的由来在明代潘元凯《贺兰九歌》"西有山兮郁巉屼，虏呼驳色曰贺兰"[2] 中可见。（乾隆）《宁夏府志》中亦可见一斑："在府城西六十里，番名阿兰鄯山。……山之草树，远望青碧如驳马。北人谓马之驳者曰'贺兰'，故名贺兰。"[3]

"自非五六月盛暑，巅常戴雪"[4] 的"贺兰晴雪"作为明清"八景"和宁夏"新十景"之一，更是被一直赞誉。明代王崇文赋诗盛赞贺兰山与五岳一样胜景优美，感慨道："山名旧熟史编中，胜览分明五岳同"。[5] 贺兰山北距黄河、南至胜金关，延亘五百余里，山高且"连

---

[1] 宁夏通志编纂委员会编《宁夏通志·商贸旅游卷》，方志出版社，2010，第1101页。
[2] （明）胡汝砺纂修，（明）管律重修，陈明猷校勘《嘉靖宁夏新志》，宁夏人民出版社，1982，第369页。
[3] （清）张金城修，（清）杨浣雨纂，陈明猷点校《乾隆宁夏府志》，宁夏人民出版社，1992，第86页。
[4] （清）张金城修，（清）杨浣雨纂，陈明猷点校《乾隆宁夏府志》，宁夏人民出版社，1992，第86页。
[5] （明）胡汝砺纂修，（明）管律重修，陈明猷校勘《嘉靖宁夏新志》，宁夏人民出版社，1982，第394页。

第四章 方志中的自然景观

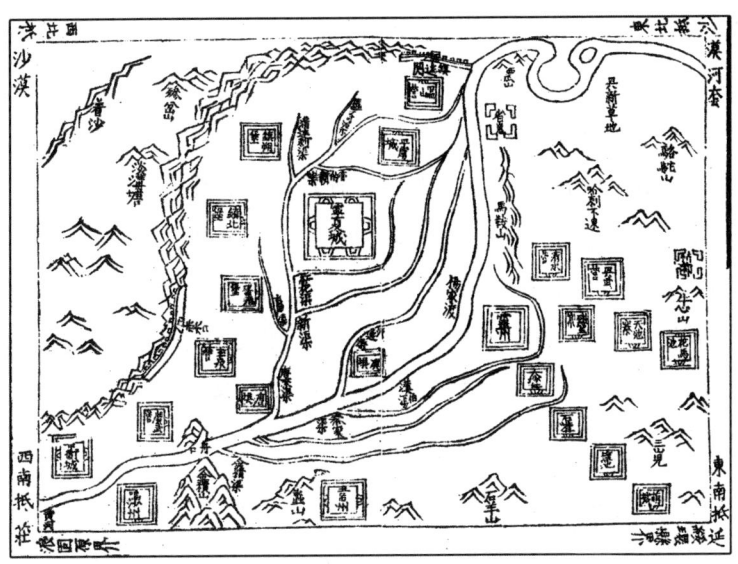

图 4-1　《宁夏境土之图》[见（嘉靖）《宁夏新志》]

峦峭耸，紫塞极天。昔人谓形如偃月，环蔽郡城，俨若屏障"。① 因为山高、寒，只要不是五六月盛暑时期，山顶都有积雪。山上泉水甘甜冷冽，色白如乳，各个溪谷皆有。山口内有众多寺院，（乾隆）《宁夏府志》认为"大抵皆西夏时旧址。元昊宫殿遗墟，断甓残甃所在多有，樵人往往于坏木中得钉长一二尺。"② 每年的六月，多有人进山上寺，热闹非凡，"轮蹄络绎，不绝于道，名曰朝山，亦藉以游览涤暑云。"③ 虽然贺兰山上少土多石，树木都生在了石缝间，但是贺兰山在明清时期林木特别茂盛。在明朝时，古人就很有环保观念，明朝弘治年间（1488~1505）政府就开始常禁樵采。自清朝建国至乾隆年间的百余

---

① （清）张金城修，（清）杨浣雨纂，陈明猷点校《乾隆宁夏府志》，宁夏人民出版社，1992，第86页。
② （清）张金城修，（清）杨浣雨纂，陈明猷点校《乾隆宁夏府志》，宁夏人民出版社，1992，第86页。
③ （清）张金城修，（清）杨浣雨纂，陈明猷点校《乾隆宁夏府志》，宁夏人民出版社，1992，第86~87页。

年,"外番宾服,郡人榱桷薪樵之用,实取材焉。"①(乾隆)《银川小志》也载其"峰峦苍翠,崖壁险削,延亘六百余里,边防倚以为固。上有寺宇百余并元昊故宫遗址"②。

属贺兰山山脉在志书中记载的支脉有,卑移山,"《汉志》在廉县西北。《五边备考》:'宁夏卫西北境,有宁罗山。其西南为龟山、松山、胥次山,与庄浪卫相接,皆有险塞可凭。'按:此皆在贺兰山后"③;笔架山,在贺兰山小滚钟口,"三峰矗立,宛如笔架。下出紫石,可为砚,俗呼'贺兰端'"④;大青山,在贺兰山后,"隆庆三年,把总哱拜出边击虏,败之于大青山"⑤;宗高谷,在贺兰山后,"唐天祐三年,灵武帅韩逊奏吐蕃营于宗高谷"⑥;占茂山,在贺兰山后,"去黄峡口三十里。乾隆二十一年,山后郡王建喇嘛寺祝厘,钦赐扁(匾)额。地本在六十里边境内,经会勘奏明,于山顶立石定界。寺内木植任喇嘛培植,界外仍听民樵采"⑦。

作为明清"八景"之一的"山屏晚翠""贺兰晴雪",旧志中有关贺兰山的古诗词尤多。在描述贺兰山的诗词中以韦蟾的《送卢藩尚书之灵武》最为有名:"贺兰山下果园成,塞北江南旧有名。水木万家朱

---

① (清)张金城修,(清)杨浣雨纂,陈明猷点校《乾隆宁夏府志》,宁夏人民出版社,1992,第87页。
② (清)汪绎辰编,银川市地方志办公室整理(乾隆)《银川小志(文白对照本)》,方志出版社,2016,第7页。
③ (清)张金城修,(清)杨浣雨纂,陈明猷点校《乾隆宁夏府志》,宁夏人民出版社,1992,第87页。
④ (清)张金城修,(清)杨浣雨纂,陈明猷点校《乾隆宁夏府志》,宁夏人民出版社,1992,第87页。
⑤ (清)张金城修,(清)杨浣雨纂,陈明猷点校《乾隆宁夏府志》,宁夏人民出版社,1992,第87页。
⑥ (清)张金城修,(清)杨浣雨纂,陈明猷点校《乾隆宁夏府志》,宁夏人民出版社,1992,第87页。
⑦ (清)张金城修,(清)杨浣雨纂,陈明猷点校《乾隆宁夏府志》,宁夏人民出版社,1992,第87页。

户暗,弓刀千骑铁衣明"。① 描绘了贺兰山下瓜果飘香的美景,并使"塞北江南"之称得以广泛传播。

图4-2 《贺兰山图》[见(乾隆)《宁夏府志》]

贺兰山作为屏障,也是古代的战场。(正统)《宁夏志》载,唐代著名诗人王维的《老将行》(737年,王维奉使出塞时作)有云:"少年十五二十时,步行夺取胡马骑。射杀阴山白额虎,肯数邺下黄须儿? 一身转战三千里,一剑曾当百万师。汉兵奋迅如霹雳,虏骑崩腾畏蒺藜。卫青不败由天幸,李广无功缘数奇。自从弃置便衰朽,世事蹉跎成白首。昔时飞雀无全目,今日垂杨生左肘。路傍(旁)时卖故侯瓜,门前学种先生柳。茫茫古木连穷巷,寥落寒山对虚牖。誓令疏勒出飞泉,不似颍川空使酒。贺兰山下阵如云,羽檄交驰日夕闻。节使三河募年少,诏书五道出将军。试拂铁衣如雪色,聊持宝剑动星文。愿得燕弓射天(大)

---

① (明)朱栴撰修,吴忠礼笺证《宁夏志笺证》,宁夏人民出版社,1996,第376页。注:《全唐诗》卷五六六"明"记作"鸣"。

图 4-3 贺兰山苏峪口国家森林公园

将,耻令越甲鸣吾君。莫嫌旧日云中守,犹堪一战树功勋。"[1] 诗中讲述了一个老将的爱国情怀,其中对贺兰山作为古代战场,阵战如云、金戈铁马的战事景象进行了描述。明代王用宾的《出塞曲》"贺兰山下羽书飞,广武营中战马肥"[2] 也证明了贺兰山下曾经是军事重地。

明代朱栴封藩宁夏为庆王时,一大批文人如陈德武、王逊等对宁夏的自然风光赋诗咏颂,在朱栴编纂的《宁夏志》中可见一斑。他们对贺兰山的景致更是大加赞叹。如冯清《贺兰山》云:"险设名山志贺兰,华夷界限势巑岏。千寻西北屏帏转,万代东南袵席安。眩目晴光天染碧,入帘清气坐生寒。乾坤有意开图画,一度乘闲一笑看。"[3] 王崇

---

[1] 胡玉冰、孙瑜校注《(正统)宁夏志》,载胡玉冰主编《宁夏珍稀方志丛刊》,中国社会科学出版社,2015,第56页。
[2] (明)胡汝砺纂修,(明)管律重修,陈明猷校勘《嘉靖宁夏新志》,宁夏人民出版社,1982,第430页。
[3] (明)胡汝砺纂修,(明)管律重修,陈明猷校勘《嘉靖宁夏新志》,宁夏人民出版社,1982,第392页。

文《贺兰山》云："山名旧熟史编中，胜览分明五岳同，遥岭蜿蜒通紫塞，秀峰斗绝倚苍穹。"①

贺兰口、苏峪口等地有古代岩画群十多处，总数逾千幅。贺兰山苏峪口建有国家森林公园。2015 年，"贺兰晴雪"入选宁夏"新十景"。

二 六盘山

六盘山，古时又称陇山、刚山、关山。地跨宁夏固原市泾源、隆德、彭阳和甘肃省邻近的县。在宁夏原州区、隆德县交会处的六盘山主峰米缸山，海拔 2942 米。泾河、红河、清水河和葫芦河等大多发源于此。明清时期，因山路险峻狭窄而入选清固原"八景"，被称为"六盘鸟道"，其腹地的战略要隘瓦亭关也为"八景"之一——"瓦亭烟岚"，2015 年六盘山的"六盘烟雨"再次入选宁夏"新十景"。六盘山主体较高，夏季高温多雨，冬季寒冷干燥，素有"春去秋来无盛夏"之说和黄土高原上的"湿岛"之称。②

（康熙）《隆德县志》认为六盘山是"山之最巨者"，志书记载隆德城在六盘山麓，"四围皆陇山之支而终南之裔也"。③ 隆德县的六盘山支脉"南二里曰龟山，又二里曰状元山，有古坟及石俑而无碑志，又一里曰峰台山，又七里曰襟山。东南二十里曰美高山，产松、竹、药草。西南三十里曰莺架山。西二里曰笔架山，一名燕家山。又一里曰旗山，又二里曰鼓山。西北十五里曰凤山。北一里曰象山。南十五里岭曰饱马。西北十五里岭曰汤羊。西二十里坡曰得胜，明马端肃公文升于此破敌云。（南）六十里祭旗坡，宋曹玮征吐蕃盖祃焉。南七十里峡曰凉殿，元太弟

---

① （明）胡汝砺纂修，（明）管律重修，陈明猷校勘《嘉靖宁夏新志》，宁夏人民出版社，1982，第 394 页。
② 宁夏通志编纂委员会编《宁夏通志·商贸旅游卷》，方志出版社，2010，第 1103 页。
③ （清）常星景修，（清）张炜纂，安正发、王文娟校注《〔康熙〕隆德县志》，载胡玉冰主编《宁夏珍稀方志丛刊》，上海古籍出版社，2018，第 26 页。

避暑处。"① 六盘山的水多，隆德县境内有"川曰好水，出六盘，西流曰武延，咸暨静宁之境。北三十里曰单树川。稍西又三十里曰马兰川，马兰之生弥望焉。南六十里曰通边川。东有河曰清流。南一里曰南源河，出美高山。西南四十里曹务河，曰底店河。西一里曰底堡河，出美高山。西北四十里曰红城河，出灵湫。又二十里曰苦水河，又三十里曰旧隆德河。北二十里曰各道河，北乱湫之流也。诸水皆南道静宁而东入渭"。②

图 4-4 六盘山区

在志书中有很多描绘六盘山的诗作，仅（康熙）《隆德县志》就收录了明都御史、参政等人创作的诗词数十首，如：

明都御史陈棐《过六盘山遇雨》："出城路如砥，过涧山若倚。微雨凌清晨，草间流弥弥。翠岭排空开，蓝舆驾山起。举头看导骑，先入烟雾里。石路转委蛇，危壁登岿巍。白云入衣袖，玉炉香烟比。下视万寻壑，茫茫海无涘。我欲寻仙灵，岩洞遥瞻企。应有遁迹人，餐霞高结轨。俯视巢许流，乘轩更脱屣。"③ 描述了微雨下的六盘山，苍翠欲滴，

---

① （清）常星景修，（清）张炜纂，安正发、王文娟校注《〔康熙〕隆德县志》，载胡玉冰主编《宁夏珍稀方志丛刊》，上海古籍出版社，2018，第26页。
② （清）常星景修，（清）张炜纂，安正发、王文娟校注《〔康熙〕隆德县志》，载胡玉冰主编《宁夏珍稀方志丛刊》，上海古籍出版社，2018，第26~27页。
③ （清）常星景修，（清）张炜纂，安正发、王文娟校注《〔康熙〕隆德县志》，载胡玉冰主编《宁夏珍稀方志丛刊》，上海古籍出版社，2018，第27页。

白云环绕的仙境。还有明都御史刘大谟《过六盘山》对六盘山鸟道险峻进行了描绘："盘盘蠟径摄衣行，似觉云从足下生。援矢漫窥高鸟近，沾衣空望故山横。坂曲九折忠犹孝，路入中原险自平。杨柳青青芳草绿，因知春色到隆城。"① 明参政胡松《六盘》："叠障层层故六盘，我行疑历万峰曼。开城北去天连海，灵武西来暑亦寒。已觉征轮空杼轴，唯余涕泪满阑干。何时一挽天河下，洗尽妖氛款百蛮。"② 明副史姚孟昱《过隆德次六盘山》："六盘山色昼常阴，溽暑行过寒亦侵。径入崎岖云外岫，烟浮缥缈望中岑。试看禾黍谁经目，更讶冰霜蚤惨心。愿今韩范重绥抚，未熄边烽免陆沉。"③ 这些诗描绘了六盘山或烟雨濛濛，或青山飘雪，或氤氲似谷，或山路险峻的景色。明邑令李若素《盘山五月雪》长诗云："凌晨东向平凉道，忽见青山头白早。为问青山何以白，飞雪一夜埋芳草。噫嘻奇哉是何时？吾乡万木正华滋。如何此地千岩白，冷吹寒雪（云）不可支。赖有敝裘堪适体，叱驭驱车一往之。寒光天际莹如素，山中一望迷山路。三千里外玉门关，杨柳春胡不度风。山之西麓弹丸县，其中风物君不见。市无蔬果少人家，衣不绣绤（指夏天所穿的葛衣）手不扇。七月秋风二麦黄，麦黄几家得上仓。八月萧萧殒霜露，苦荞糜燕几登场。医得眼疮剜却肉，多少人家厌秕糠。夏月满地披羊裘，隆冬捉肘无衣裳。忆昔曾爱山中好，今苦山中难。昔畏夏天热，今苦夏天寒。况乎人情冷兮心崄巇，又不异乎山之六盘。回首中原兮夫何说，为尔鸡肋兮强加餐。"④ 描绘了明代六盘山下五月飞雪、居民缺衣少食的困境。

---

① （清）常星景修，（清）张炜纂，安正发、王文娟校注《〔康熙〕隆德县志》，载胡玉冰主编《宁夏珍稀方志丛刊》，上海古籍出版社，2018，第27页。
② （清）常星景修，（清）张炜纂，安正发、王文娟校注《〔康熙〕隆德县志》，载胡玉冰主编《宁夏珍稀方志丛刊》，上海古籍出版社，2018，第27页。
③ （清）常星景修，（清）张炜纂，安正发、王文娟校注《〔康熙〕隆德县志》，载胡玉冰主编《宁夏珍稀方志丛刊》，上海古籍出版社，2018，第28页。
④ （清）常星景修，（清）张炜纂，安正发、王文娟校注《〔康熙〕隆德县志》，载胡玉冰主编《宁夏珍稀方志丛刊》，上海古籍出版社，2018，第28~29页。

图 4-5 六盘山西侧三关口（古名弹筝峡）

1988 年，六盘山被国务院批准为国家级自然保护区。六盘山国家森林公园是宁夏风景名胜区，主要有老龙潭、凉殿峡、秋千架、胭脂峡、野荷谷、二龙河、泾河源瀑布、老龙潭瀑布等 60 多个景点。六盘山地区还有丝绸古道、须弥山石窟、战国秦长城等人文资源。1935 年 10 月，毛泽东率中国工农红军长征时写下了著名的《清平乐·六盘山》。毛泽东在六盘山上，居高远眺，感慨万千，吟《长征谣》（后改名为《清平乐·六盘山》）："天高云淡，望断南飞雁。不到长城非好汉，屈指行程二万。六盘山上高峰，红旗漫卷西风。今日长缨在手，何时缚住苍龙？"① 现六盘山红军长征纪念馆为中央国家机关爱国主义教育基地。

---

① 1942 年 8 月 1 日，新四军的《淮海报》副刊刊登《长征谣》，后改名为《清平乐·六盘山》，《诗刊》1957 年 1 月刊发时大体修改成现在的版本。1963 年 12 月，人民文学出版社出版的《毛主席诗词》一书，最终形成我们现在看到的版本。参见曾珺编著《毛泽东书信背后的故事》，浙江人民出版社，2015，第 257~258 页。

第四章 方志中的自然景观

图4-6 六盘山小南川景区

三 牛首山

牛首山位于宁夏青铜峡市西南,系罗山余脉,是古代丝绸之路必经之地,也是历史上的军事要塞。明代,牛首山开始修筑佛教、道教寺庙,到当代牛首山古佛台寺庙群规模已颇为壮观。因为牛首山山峰秀美,云霞变幻美丽,山形突兀,上有古刹,时现祥霞,[1] 所以是清灵州"八景"之"牛首飞霞"。清代宁夏总兵萧如薰称"望牛首之胜,苍翠嵯峨为真如妙境"。[2] 在(乾隆)《宁夏府志》中称其(或局部)为紫金山。牛首山峰峦耸峙,岩壑苍秀,东面灵州,西枕大河。上有梵宫,相传以为"小西天"。[3]

---

[1] (清)杨芳灿监修,(清)郭楷纂修,张建华、苏昀校注《嘉庆灵州志迹校注》,宁夏人民出版社,1996,第39页。
[2] (清)黄恩锡纂修,范学灵、冯万和、谭学荣校注《乾隆中卫县志校注》,宁夏人民出版社,1998,第345页。
[3] (清)黄恩锡纂修,范学灵、冯万和、谭学荣校注《乾隆中卫县志校注》,宁夏人民出版社,1998,第8页。

四　须弥山

须弥山曾名逢义山。明（嘉靖）《固原州志》记载，固原市须弥山"上有古寺，松柏桃李郁然，即古石门关遗址"。① 旧时须弥山上松树苍翠，"须弥松涛"即为清固原"八景"之一。今日须弥山已没有了松涛盛景，但自然风光仍旧秀美，山体具有"丹霞地貌"的特征，特别是山上的石窟，吸引了络绎不绝的游客。须弥山石窟是我国最早开凿的十大石窟之一，位于宁夏固原市原州区西北寺口子河北麓的山峰上，始建于北魏，兴盛于唐代。须弥山石窟在西魏、北周、隋唐时期都陆续开凿过，后又不断修葺。明正统八年（1443）山上建寺，明英宗朱祁镇赐名圆光寺。现有石窟132窟，315尊大小石刻造像，系列清楚，且时代连续性紧密，成为古代原州规模最大的一处佛寺禅院，是研究北魏至隋唐佛教艺术、民族信仰、历史地理的艺术宝库。其开凿规模、造像风格、艺术成就可与大同云冈、洛阳龙门等大型石窟媲美。② 其中，唐代石窟数最多，一般4~5米见方。须弥山还有唐、宋、西夏、金和明代的题记、碑刻。

五　蠡山

蠡山，"以其峰如蠡也，故谓之蠡山焉"，③ 今称罗山，在宁夏吴忠市同心县北部，林木资源丰富，是宁夏三大天然林区之一。因为罗山"四旁皆平地，屹然独立，（山）上多奇花异卉、良药珍禽。贺兰对峙于前，黄河奔放其下"，④ 所以被称为"平远第一名胜"。"蠡山叠

---

① （明）杨经纂辑，（明）刘敏宽纂次，牛达生、牛春生校勘《嘉靖固原州志·万历固原州志》，宁夏人民出版社，1985，第12页。
② 宁夏通志编纂委员会编《宁夏通志·商贸旅游卷》，方志出版社，2010，第1120页。
③ （明）朱梅撰修，吴忠礼笺证《宁夏志笺证》，宁夏人民出版社，1996，第47页。
④ （清）陈日新纂修，胡玉冰校注《〔光绪〕平远县志》，载胡玉冰主编《宁夏珍稀方志丛刊》，上海古籍出版社，2018，第346页。

翠"是韦州"八景"、韦州"名胜"、平远"八景"之一。左长史刘牧写诗赞叹"蠡山雨洗高嵯峨，群峰叠翠攒青蠡"。① 蠡山上有显圣祠，用于祈雨，有"雨旸祷之辄应"② 之说。山东麓有明庆靖王朱栴及其后裔陵墓。（乾隆）《宁夏府志》中也载"大蠡山，在韦州堡西二十五里，层峦叠嶂，苍翠如染。初无名，明庆府长史刘昉以其峰如蠡，故名。四旁皆平地，屹然独立，上多奇木，异卉、良药。山北有祠，雨旸辄祷之。明庆王诸陵墓皆在焉，旧尚有宫殿，今皆废。小蠡山，在大蠡山之南，其脉相联。旧志：'在韦州西二十里，亦曰螺山。套虏入寇，常驻牧于此'。"③（光绪）《平远县志》还载，传说宋时有人在此悟道，有两只虎随其一起成仙。

图 4-7 罗山

---

① （清）张金城修，（清）杨浣雨纂，陈明猷点校《乾隆宁夏府志》，宁夏人民出版社，1992，第821页。
② （明）朱栴撰修，吴忠礼笺证《宁夏志笺证》，宁夏人民出版社，1996，第47页。
③ （清）张金城修，（清）杨浣雨纂，陈明猷点校《乾隆宁夏府志》，宁夏人民出版社，1992，第92~93页。

六　南华山

南华山，又名莲花山，位于宁夏海原县，因"相传山似莲花，故得名焉"。[1] 因山高气爽，春秋时节落雨变成霜雪，所以又称之为"雪山"。乾隆年间（1736～1795），海城同知朱亨衍认定的海城"八景"中，关于南华山的就占五景，分别为"华山叠翠""龙岗夕照""灵寺散花""五泉竞冽""双涧分甘"，可见它们在海原县南华山景观中的重要地位。其后海城知县朱美燮、杨金庚及训导陈廷珍，都有海城"八景"的诗流传，这些诗从不同角度对南华山进行了咏颂和称赞。南华山因草木茂盛，层峦叠翠，自古以来还是放牧牲畜的天然草场，曾是国家军马场。马营河、杨明河、李俊河发源于此。

七　娑罗模山

娑罗模山，今称"柳木高山"，明代也称"灵武山"，位于今宁夏青铜峡市境内，"在（宁夏）府南一百里，近贺兰山灵武口。有水涌出，流入玉泉地，玉泉营以此得名。"[2] "水自地涌出，旧有龙王祠，祷旱多应。"[3]（正统）《宁夏志》中，《宁夏莎（娑）罗模龙王碑记》载其《梦记》，（乾隆）《银川小志》"山川"中对娑罗模山亦有记载：

> 余以搜出，军次峡口，遇天大雪苦寒，心为人忧。夜梦山林谒于神祠，不知何神，问之守者。对曰："此为莎（娑）罗模龙神祠也。"殿阁门庑，金碧灿（粲）然。典礼者导予登自东阶，见服霞帔若后妃者南面而坐。旁侍二女，前列一几，上置牛首，

---

[1] （清）朱亨衍总纂，刘华点校《乾隆盐茶厅志》，宁夏人民出版社，2007，第35页。
[2] （清）张金城修，（清）杨浣雨纂，陈明猷点校《乾隆宁夏府志》，宁夏人民出版社，1992，第87页。
[3] （明）胡汝砺纂修，（明）管律重修，陈明猷校勘《嘉靖宁夏新志》，宁夏人民出版社，1982，第13页。

拜茵织成山川五彩状。子（予）欲拜际，见衣玄衣、执圭若王者，令人答予拜。及去，予始就拜茵，有一青衣答拜，皆褒拜乃止。予欲退际，则霞帔者起坐仇酒饮。予以辞，寻自饮已。复仇酒授予，知辞不获，竟饮而寤，实改元春正月二十五夜也。明日问之，地耆对曰："去此西不三舍信，有所谓莎（娑）罗模山焉，下有三泉涌出地中，雷鸣电迅，莹绿澄清，其深巨测，而为莎（娑）罗模、析答剌模、失哈剌模三龙王之蛰窟。于祷旱涝，雨旸辄应，一方赖之。昔有其祠，毁于元季，今存瓦砾而已。"与予梦符，乃嗟异。……因遣官致祭于往，雪寒如昨，即竣事，则阴霾四开，太阳宣精。① 遂新其栋宇，岁举祭事。永乐二年冬十月二十八日，命金陵王逊撰《娑罗模龙王祠记》，② 刻于碑上。

这段记录说明了《娑罗模龙王祠记》的出处，可作为柳木高山旅游宣传的故事内容。

八　峡口山

古时名为青铜峡，"在城西南一百四十里处。两山相夹，黄河经其间，上列古塔甚多"。③ 明代齐之鸾《峡口吟》云："生犀饮河欲北渡，海月忽来首东顾。冯夷举手挥神鞭，铁角半摧河上路。至今夜行水泣声，罔象欹歔鬼奸露。土人作渠灌稻田，玄灵委顺不敢怒。"④ 峡口山还是著名的古战场。宋代张舜民《峡口山》云："青铜峡里韦州路，十

---

① （明）朱栴撰修，吴忠礼笺证《宁夏志笺证》，宁夏人民出版社，1996，第349页。
② （清）汪绎辰编，银川市地方志办公室整理（乾隆）《银川小志（文白对照本）》，方志出版社，2016，第14页。
③ （清）汪绎辰编，银川市地方志办公室整理（乾隆）《银川小志（文白对照本）》，方志出版社，2016，第15页。
④ （清）汪绎辰编，银川市地方志办公室整理（乾隆）《银川小志（文白对照本）》，方志出版社，2016，第15页。

去从军九不回。白骨似沙沙似雪，凭君莫上望乡台。"① 反映了发生在峡口山的惨烈战事。

图4-8 宁夏火石寨国家森林公园

九 其他山脉

（乾隆）《宁夏府志》记录的灵州山脉：

（1）马鞍山，在州东北五十里，形似马鞍。

（2）磁窑山，在州东六十里，为陶冶之所，出石炭。成化九年，抚臣马文升议筑磁窑堡于此，以接灵州边界。

（3）打狼山，在州东南，《明一统志》"狼山"即此。套虏由韦州入犯镇远、平凉道。

（4）三山，在韦州堡东一百里，三峰列峙。

---

① （清）汪绎辰编，银川市地方志办公室整理（乾隆）《银川小志（文白对照本）》，方志出版社，2016，第15页。

（5）樗子山，在三山南。溪涧险恶，豺虎所居，人迹罕到。

（6）金积山，在州西南一百余里。产文石，山土色如金。北崖石板下，水滴如雨，祷旱有应。

（7）黑鹰山，在韦州堡南一百五十里，近琥八山。

（8）长乐山，在州南。《元和志》（《元和郡县图志》）："回乐县有长乐山。旧名达乐山，又曰铎落山，以山下有铎落泉，故名。旧吐谷浑所居。"《寰宇记》（《太平寰宇记》）引《十道记》云："山近安乐川。"

（9）琥八山，在韦州堡南八十里。"琥八"，方言，犹华言"色斑驳杂"也。

（10）打剌坡山，在韦州堡南四十里。

（11）平山，在州东八十里。

（12）罗庞山，在州西。乾道六年，夏相任得敬胁其主仁孝欲分夏国，仁孝分西南路及灵州之罗庞岭与之，即此。

（13）欢喜岭，在州东。明成化中，虏入州东永隆墩，诸戍官军追败之于此。[①]

（乾隆）《宁夏府志》记录的中卫山脉：

（1）石空寺山，在县东八十里，石空堡西北。石壁峭立，中空如陶穴，宏敞可坐数百人。内因石镂成佛像，梵宇皆倚山结构。每夜僧燃灯，远望如星悬天际。

（2）黑山（清"八景"之"黑山晴雪"），在县东三十里，石色皆黑，盛夏积雪不消。旧志云："沙岭从西来，绵亘起伏，拱卫若屏，至卫东北三十里，结为石山，名黑山。又三十里，至胜金关，与黄河会。河自兰、靖穿崖触石，激射而下，至卫西四十里始落平川，绕城而东折。而北抵胜金关，山则石峰突兀，槎枒错出；水则洪波泺（弥）漫，

[①] （清）张金城修，（清）杨浣雨纂，陈明猷点校《乾隆宁夏府志》，宁夏人民出版社，1992，第92~93页。

图 4-9　固原彭阳河谷

施（旋）折相向。两势紧逼，中通一线，斯则中卫之形胜也。"

（3）羚羊山，即永康山。其近山有羚羊角、羚羊殿、羚羊夹各渠，多因山得名。又有羚羊寺。

（4）香山，县之南山总名，周环五百余里。山巅高十里，旧建香岩寺。其地可耕牧，民多随水而居。然田皆高亢，雨旸时若乃有收，岁旱偏灾，赈恤之事多于他所。

（5）米钵山，在县南七十里。因有米钵寺，故名。

（6）天景山，在宣和堡东，或称天成山。《广舆记》有天都山，殆即此。

（7）回军山，又名尖峰山，在广武堡西北三十五里。相传在昔西征军士，遇大雪迷道，唯见此山一峰独青，望之而行，四日乃还，故名。

（8）分守岭，在广武堡北二十里，为朔县、中卫交界。

（9）青铜峡，在广武堡北。两山对峙，河水经焉，中有禹王庙，又有古塔一百八座，不知所始，或云昔人压胜之具。有新月、白电、美女弹筝诸峰。复壁森峭，奔流湍驶。泛舟其间，虽盛夏六月，寒神凄骨，亦塞上一伟观云。

（10）磨盘山，即牛首山西南之支，以形似故名。其山土色赤，中产花石，紫质黑文（纹）。

图 4-10　宁夏火石寨云台山

（11）羊头山，在广武西南三十里。长城经其下。

（12）大泉山，在白马滩南，西连平山，东接牛首。

（13）聚宝山，山足有白马寺。在县东南一百五十里。

（14）丰台山，在古水南，与雪山、冷山相接。山势高耸，草木颇蕃，产青羊。

（15）麦垛山，在镇罗堡之北三十里，以形似故名。其山顶平，旧有营址。相传昔曾驻兵于此。

（16）泉眼山，在宁安堡西三十里，为七星渠口。相传山下有泉七眼，若列星，故以名渠云。

（17）平山，在鸣沙州（现作鸣沙洲）红柳沟迤北，为土人孳牧之地。

（18）大洪沟，在宁安堡西南七十里，产石炭。

（19）简尖山，在香山之南，其东南接长流水、胭脂川。灵州界山，上有墩，为古水营汛界。

（20）高泉山，在香山七眼井东南。相传山顶旧有泉，因名。

（21）冷山与雪山，俱在大河之南。

（22）炭山，在县西南三十里，夜有火光。

（23）沙山，在县西五十里。《元志》："应理州西据沙山。"因沙所积，故名。

（24）大沙子山，在县西北七十里，在旧应理州西南。俗呼"扒里扒沙"。迤西近平番、凉州诸界。

（25）砚瓦石井，在枣园、石空之北。产石纯黑色，可为砚。

（26）启剌八山，在县大河之西北。

（27）观音山，在县北五十里，有观音洞，故名。北即边界。[①]

第二节　水域

宁夏水网纵横，尽得黄河之利。志书之中水系多有专章，如《宁夏通志·商贸旅游卷》中对黄河、清水河等进行了记录。志书中更是将水力资源与开发利用相结合，如六盘山地区"其水多湍流峻急，而

[①] （清）张金城修，（清）杨浣雨纂，陈明猷点校《乾隆宁夏府志》，宁夏人民出版社，1992，第95~97页。

靡衍溢漂没之患。盖水始出山，无附益迸归之势故也。民多食大麦及莜、豆诸粗种。又风劲地寒，弗宜溉，而地之平衍，可受水者亦无多。兼此数者，故渠之政弗讲焉。然民引渠转轮为磨，下及静宁，随在有之。"① 韦州有富泉，在"大蠡山南，引以灌田"。② 宁夏主要的水系有黄河和出自六盘山的泾水源头、湖泊等。

宁夏位于黄河上游，区内黄河水系中，流域面积大于 100 平方公里的河流有 98 条，大于 500 平方公里的河流有 28 条，大于 1000 平方公里的河流有 15 条，大于 1 万平方公里的河流只有黄河与清水河两条。③ 黄河的主要支流是清水河、苦水河、葫芦河、泾河等，这几条河都分布于黄河右岸。

一 黄河

黄河发源于青海省巴颜喀拉山北麓，流经宁夏等九省（区），是中国第二大河。自古黄河富宁夏，黄河自中卫入宁夏，因为在宁夏境内坡度较小，所以水势平缓，引水方便，浇灌了美丽的宁夏平原，旧志中对于黄河的记述颇多。在（乾隆）《宁夏府志》中记载：黄河（宁夏府段）"在府东三十里。自中卫来，出青铜峡，为宁朔县地，唐、汉各渠口比列焉。又北经宁夏县界，又东北入平罗县界。"④（乾隆）《宁夏府志》中还收录了乾隆以前旧志的记载："河自兰、会北流，两岸层崖峭壁，河狭而水势湍急，商市庄、宁山木而下者，日行可二百里。宁夏宫室廨署榱楔之用，多取材焉。经中卫入峡口，洒为唐、汉各渠，溉田数

---

① （清）常星景修，（清）张炜纂，安正发、王文娟校注《〔康熙〕隆德县志》，载胡玉冰主编《宁夏珍稀方志丛刊》，上海古籍出版社，2018，第 34 页。
② （清）汪绎辰编，张钟和、许怀然校注（乾隆）《银川小志》，宁夏人民出版社，2000，第 24 页。
③ 宁夏通志编纂委员会编《宁夏通志·商贸旅游卷》，方志出版社，2010，第 1106 页。
④ （清）张金城修，（清）杨浣雨纂，陈明猷点校《乾隆宁夏府志》，宁夏人民出版社，1992，第 88 页。

万顷。"[1] 黄河（灵州段）"在州西。《水经》云：'河水又北，迳临戎县故城西。又北，有支渠东出，谓之铜口。东迳沃野故城南。'铜口即今峡口山，州之秦、汉渠口亦在焉。"[2] 黄河（中卫段）"在县南十里。自靖远来，至县西落平壤，绕城而东北流，至广武。开美利（渠）等一十八渠，溉田八千余顷。入青铜峡、灵州界。"[3] （乾隆）《银川小志》记载同（乾隆）《宁夏府志》相似：黄河"发源星宿海，伏流千里，至积石（今甘肃积石山县大河家镇关门村）而再出。远不具载，自兰、会北流"。[4] 黄河"两崖皆崇崖峭壁"，[5] 河道"狭而水势遄驶"，[6] 智慧的劳动人民充分利用了这一点，利用其湍急的流水，将物资"府之宫室、廨署栋柱、椁楔类资用，经中卫县入峡口。"[7] 黄河"经府东北，过新秦，出龙门，由延绥南注，至华阴而东入河南境，因有河套之地"[8]。从以上记载可以看出，黄河为宁夏灌溉农田、河运做出了巨大贡献。

明清时期，"河带晴光""黄河晓渡""黄河泛舟"都属宁夏"八景"。旧志艺文篇中有关黄河的诗句很多。歌咏黄河水汹涌澎湃的诗句有：《贺兰九歌》"黄河西来几千里，浊浪如山日夕起。昼夜不舍向东流，

---

[1] （清）张金城修，（清）杨浣雨纂，陈明猷点校《乾隆宁夏府志》，宁夏人民出版社，1992，第88页。

[2] （清）张金城修，（清）杨浣雨纂，陈明猷点校《乾隆宁夏府志》，宁夏人民出版社，1992，第93页。

[3] （清）张金城修，（清）杨浣雨纂，陈明猷点校《乾隆宁夏府志》，宁夏人民出版社，1992，第97页。

[4] （清）汪绎辰编，张钟和、许怀然校注（乾隆）《银川小志》，宁夏人民出版社，2000，第19页。

[5] （清）汪绎辰编，张钟和、许怀然校注（乾隆）《银川小志》，宁夏人民出版社，2000，第19页。

[6] （清）汪绎辰编，张钟和、许怀然校注（乾隆）《银川小志》，宁夏人民出版社，2000，第19页。

[7] （清）汪绎辰编，张钟和、许怀然校注（乾隆）《银川小志》，宁夏人民出版社，2000，第19页。

[8] （清）汪绎辰编，张钟和、许怀然校注（乾隆）《银川小志》，宁夏人民出版社，2000，第19页。

第四章 方志中的自然景观

图4-11 黄河（摄于中卫沙坡头）

滚滚滔滔不暂止"①；《观黄河》"西来天堑隅遐荒，雪练横拖若沸汤"②；《大河春浪》"河流险阔赫连都，雪练无穷若画图。雨溢晴波洪渺㳽，风摇细浪远模糊"③；等等。描写黄河灌溉的有《汉渠春涨》："神河浩浩来天际，别络分流号汉渠。万顷腴田凭灌溉，千家禾黍足耕锄。三春雪水桃花泛，二月和风柳眼舒。"④（正统）《宁夏志》也提到了黄河的著名渡口黄沙古渡，见诗《黄沙古渡》："黄沙漠漠浩无垠，古渡年来客问津，万里边夷朝帝阙，一方冠盖接咸秦。风生滩渚波光渺，雨过汀洲草色新。西望河源天际阔，浊（浊）流滚滚自昆仑。"⑤

黄河两岸平原得黄河灌溉之利，加上充足的日照，是国家重要的商品粮基地之一。所以有"天下黄河富宁夏"之说和"塞上江

---

① 范宗兴签注《弘治宁夏新志：签注本》，宁夏人民出版社，2010，第281页。
② （明）胡汝砺纂修，（明）管律重修，陈明猷校勘《嘉靖宁夏新志》，宁夏人民出版社，1982，第363页。
③ （明）胡汝砺纂修，（明）管律重修，陈明猷校勘《嘉靖宁夏新志》，宁夏人民出版社，1982，第364页。
④ 范宗兴签注《弘治宁夏新志：签注本》，宁夏人民出版社，2010，第295页。
⑤ （明）朱栴撰修，吴忠礼笺证《宁夏志笺证》，宁夏人民出版社，1996，第380页。

南"之称。沿黄河有中卫沙坡头、青铜峡一百零八塔、金水园、黄河大峡谷、黄河坛等景（区）。①

二 清水河

清水河，古称"西洛水""高平水""葫芦河"等，发源于六盘山下，主流由南向北流经固原、中卫两市，于中宁县泉眼山进入黄河，为固原市注入黄河最大的支流。（乾隆）《银川小志》中记载清水河"鸣沙州南，距府二百五十里……河流甚狭，自平凉界来，西注于黄河"。②清水河流域内盐、碱高的水泉和溪流很多。

图 4-12　彭阳茹河

---

① 宁夏通志编纂委员会编《宁夏通志·商贸旅游卷》，方志出版社，2010，第 1106 页。
② （清）汪绎辰编，银川市地方志办公室整理（乾隆）《银川小志（文白对照本）》，方志出版社，2016，第 17 页。

三 葫芦河

葫芦河，古称"瓦亭水""陇水""苦水河"等，位于六盘山西，发源于宁夏西吉县月亮山，流经西吉县、原州区、隆德县、静宁县和庄浪县，在天水西部汇入渭河。葫芦河是黄河的二级支流、渭河的一级支流，属渭河流域大支干流，流长120公里。葫芦河东侧主要支流有马莲河、什字河、好水河等，水质好，水量丰富，泥沙含量较少。

四 西华山观音湫

西华山，古时称"天都山"，在今宁夏海原县境内，为（乾隆）《盐茶厅志备遗》中的海城"八景"之"天都积雪"。《海原县志》载：天都山石窟依山势筑台凿窟而雕造，半腰有一眼泉水，水质甘甜，四季不涸。泉水古称"观音湫"，后人名"龙王池"。原建有龙王祠，所以称龙王池泉水。观音湫"水澄澈如鉴，不涸不溢，天旱祷之，霖雨即澍"。[1]

五 老龙潭

老龙潭位于宁夏固原市泾源县，古称"泾河脑"，发源于六盘山的泾水源头。六盘山地区是宁夏地表水资源最丰富的地区。"南岸石崖有泉一道，由悬空生成，石岘内流出，注射中潭，名'玉皇湫'。山水清奇，木石幽秀，为化平之一胜。"[2] 老龙潭因"魏徵梦斩泾河龙君"而得名。泾河流经宁夏、甘肃、陕西三省（区），于陕西注入渭河。成语"泾渭分明"也是因为老龙潭流出的泾水清澈而得。

---

[1] （清）朱亨衍总纂，刘华点校《乾隆盐茶厅志》，宁夏人民出版社，2007，第77页。
[2] （民国）张逢泰纂，李志杰等标点注释《标点注释：（民国）化平县志》，宁夏人民出版社，1992，第26页。

图 4-13 老龙潭

六 北联池

北联池在宁夏隆德县，俗称"北联灵湫"，古称"北乱池"。据（嘉靖）《固原州志》载《重修北乱池龙神庙碑记》记录，因为北乱池池水"深许不可测，久涝不溢，久旱不竭"[1]，古人认为"其下有龙神居焉"[2]。所以"历代加封享祀，庙食兹土，其来远矣"，[3] "旱魃，祷雨辄应"。[4] 在北山建有北石窟寺，是重要的祭祀地之一。祠庙在池北，供祀神祇多位。现在庙宇已不复存在，只有池水尚存。在北联池附近有流传伏羲诞生的神话。"北联灵湫"为民国隆德"八景"之一。

---

[1] （明）杨经纂辑，（明）刘敏宽纂次，牛达生、牛春生校勘《嘉靖固原州志·万历固原州志》，宁夏人民出版社，1985，第106页。

[2] （明）杨经纂辑，（明）刘敏宽纂次，牛达生、牛春生校勘《嘉靖固原州志·万历固原州志》，宁夏人民出版社，1985，第106页。

[3] （明）杨经纂辑，（明）刘敏宽纂次，牛达生、牛春生校勘《嘉靖固原州志·万历固原州志》，宁夏人民出版社，1985，第106页。

[4] （明）杨经纂辑，（明）刘敏宽纂次，牛达生、牛春生校勘《嘉靖固原州志·万历固原州志》，宁夏人民出版社，1985，第13页。

七 沙湖

沙湖，位于宁夏石嘴山市和平罗之间。（乾隆）《银川小志》载："沙湖，在（银川）城东二十里。"[①] 沙湖是宁夏最大的淡水湖，原名鱼湖，当地人又称元宝湖，位于平罗县西大滩，湖水面积约1300公顷，最深处达4米。[②] 沙湖水色淡蓝，东部浅水区芦苇摇曳、蒲草茂盛、鸟鱼众多，有沙湖鸟类观测站。南岸为沙丘地，山水相连。沙湖景区为中华人民共和国成立后，20世纪80年代开发，1994年被确定为全国35个王牌景点之一。2015年，"沙湖苇舟"入选宁夏"新十景"。2018年，被中国黄河旅游大会评为"中国黄河50景"之一。

图4-14 沙湖

[①] （清）汪绎辰编，银川市地方志办公室整理（乾隆）《银川小志（文白对照本）》，方志出版社，2016，第17页。

[②] 宁夏通志编纂委员会编《宁夏通志·商贸旅游卷》，方志出版社，2010，第1107页。

八 七十二连湖

七十二连湖是银川平原黄河西岸星罗棋布、众多断续相连湖泊的统称，分布在银川、青铜峡、平罗、惠农等市县。因低洼积水，也可能是黄河故道连接而形成。[1] 20世纪50年代后多为农田。

九 党家岔堰塞湖

党家岔堰塞湖位于宁夏西吉县震湖乡党家岔村，是宁夏最大的地震堰塞湖，长3.11公里。1978年建成防震、防洪及排水渠道工程。[2]

十 其他

（乾隆）《银川小志》中记载的水域还有：

（1）黑水河，城东九十里。番名哈喇（剌）兀速，西流注黄河。

（2）快活林，府城西四十里。丰水草，宜孳牧。

（3）高台寺湖，在城东十五里。

（4）三塔湖，在城东北三十里。

（5）巽湖，城东南三十五里。

（6）观音湖，城北九十三里，贺兰山大水口下。

（7）月湖，城北三十五里，以形名。

（8）长湖，城南十五里。泛舟出蒲湾，淳泓浩晶，湖光澄碧，山色送青，游览有余思焉。

（9）暖泉，在城西北八十里。[3]

---

[1] 宁夏通志编纂委员会编《宁夏通志·商贸旅游卷》，方志出版社，2010，第1108页。
[2] 宁夏通志编纂委员会编《宁夏通志·商贸旅游卷》，方志出版社，2010，第1108页。
[3] （清）汪绎辰编，银川市地方志办公室整理（乾隆）《银川小志（文白对照本）》，方志出版社，2016，第17页。

第四章　方志中的自然景观

图 4-15　银川鸣翠湖国家湿地公园

（乾隆）《宁夏府志》中记载的灵州水域有：

（1）蒲草湖，在州南二十里。

（2）安乐川，在州南稍东一百八十里。《寰宇记》（《太平寰宇记》）："川近安乐山。"

（3）天麻川，在州东北。

（4）东湖，在韦州东一里。

（5）鸳鸯湖，在东湖北三里。

（6）草场湖，在州南三十里。

（7）滚泉，在金积山东。水自地涌出，高丈许，其沸如汤。

（8）滴水，在滚泉南北崖上。一石坂突出下瞰，水自石坂乱滴如雨。

（9）暖泉，在旧宁夏北三十里，盐池西南三十里。明万历四十一年，总制黄嘉善檄操守卢文善拓其基，建亭凿池，为行边暂憩之所。元回乐县有温泉，即此。

（10）富泉，在蠡山之南，引以溉田。

（11）旱海，在州东南。宋张泊曰："自威州抵灵州，有旱海七百里。斥卤枯洿，无溪涧川谷。"张舜民曰："今旱海坪即旱海。在清远军北。"赵珣曰："盐、夏、清远军并系沙碛，俗谓之旱海。自环州出青冈川，本灵州大路，自北过美利砦，渐入平夏，经旱海中，至耀德、清边镇，入灵州。"

（12）沙窝井，在惠安堡北五里许。味清而甘美，居民万家及四方往来人畜，咸利赖之。虽旱不竭。

（13）羊坊井，在惠安堡北五里。①

图4-16　彭阳茹河中的睡莲

（乾隆）《宁夏府志》中记载的中卫水域有：

（1）山河，在鸣沙州南，距县二百五十里，所谓葫芦河是也。河流甚狭，自平凉界来，西注黄河。一名高平水。

（2）南河，在宁安堡南一里，其流清，即旧志讹为清水河者。至

---

① （清）张金城修，（清）杨浣雨纂，陈明猷点校《乾隆宁夏府志》，宁夏人民出版社，1992，第93~94页。

张恩堡蒋家崖入河。《中卫志》改名"南河"。

（3）长流水，在县西七十里。源出鸢沙坡下，东南流至冰沟峡入河。其地为兰、凉驿路。

（4）（一）碗泉，在县西一百一十里。仅盈一碗，取之不竭，因名。

（5）石井水，在县西一百六十里，干塘子之南又十余里。干塘为口外戈必（壁）地，汲饮唯恃此水。军需供支浩瀚时，铺民往往人担驴驮以给。

（6）营盘水，通凉州庄浪驿路。居人凿井而饮。北山下，泉味甘。

（7）瑜井，在广武营荫子山。水色白而味甘冽，迥异他井，泉眼莫测深浅，以竿探之失手，竿如矢上。

（8）沙梁泉，在镇罗堡北。自沙涌出，流里余入地。

（9）石硼水，在香山教佛台南。水出上石硼，又合石缝滴水下流，四时涓涓不息。

（10）高泉水，在永康堡东南五十里。

（11）七眼井，在香山南，相传泉眼有七。

（12）红石崖水，在香山寺口。四时不竭，可灌田园。

（13）宽口井，在天景山下。夏秋雨后，可潴浇附近田禾。

（14）魏锁井，在耍崖西南，日可饮羊数千。

（15）红泉，在香山北。

（16）红柳沟，在鸣沙州东南五里。源出灵州螺山下，流入河。跨沟建环洞，为飞槽，渡七星渠，水浇白马滩。

（17）石瓮水，在大涝坝。水自山崖流注，其下石池若瓮，所注水四时不竭。

（18）杨柳泉，在青铜峡。其地石径险窄，今设汛防。

（19）艾泉，在沙坡下。泉三眼，自沙中涌出，合为池。相传旧为蕃王园。其中一泉水畔产艾颇佳，人称"九叶艾"，故名。

（20）裴家川，在县西南，接靖远县北境。《五边考》"其地有腴田

地方志与全域旅游

万顷，军民岁以寇患，不得田作。明隆庆时，督臣王之诰于宁夏旧堡、河口等边，悉驻将领，遏寇出入要路。又筑东西隘口，自是裴家川为内地，军民赖之。"

图 4-17　宝湖

（21）洛阳川，在县西二十五里。

（22）马槽湖，在县东三十里，东南流入大河。

（23）龙潭泉，在县西二十里。其水夏则潴蓄，冬不凝冰，一名暖泉。祷雨有应。

（24）野马水，在县北二十里。

（25）蒲塘，在县北四十里。塘中产蒲，亦注于河。[①]

[①]（清）张金城修，（清）杨浣雨纂，陈明猷点校《乾隆宁夏府志》，宁夏人民出版社，1992，第 97~100 页。

第四章 方志中的自然景观

第三节 沙漠

宁夏中北部被沙漠包围，西部有腾格里沙漠、北部有乌兰布和沙漠、东部有毛乌素沙漠，著名的有平吉堡沙地、鱼湖沙地、河东沙区、横城大处湖沙带、灵武磁窑堡沙带、哈巴湖沙带等。

旧志中有关沙漠的记载较少。（乾隆）《宁夏府志》载，沙山"在县（中卫）西五十里，《元志》'应理州西据沙山'。因沙所积，故名。"① 大沙子山在中卫"县西北七十里，在旧应理州西南，俗呼'扒里扒沙'。迤西近平番、凉州诸界"。②（正统）《宁夏志》有关沙漠的诗句"黄沙漠漠浩无垠，古渡年来客问津……风生滩渚波光渺，雨过汀洲草色新。西望河源天际阔，浊（浊）流滚滚自昆仑。"③ 描绘了黄沙浩浩的旧渡口，无人问津的荒凉景象。

图4－18　沙坡头

宁夏中部和北部部分地段由于多年受风沙影响被流沙覆盖，也形成了部分景观。如青铜峡峡口的金沙湾和一些地段的原生态沙生

---

① （清）张金城修，（清）杨浣雨纂，陈明猷点校《乾隆宁夏府志》，宁夏人民出版社，1992，第97页。
② （清）张金城修，（清）杨浣雨纂，陈明猷点校《乾隆宁夏府志》，宁夏人民出版社，1992，第97页。
③ （明）朱栴撰修，吴忠礼笺证《宁夏志笺证》，宁夏人民出版社，1996，第380页。

植物地。①

（乾隆）《银川小志》中有关沙坡头的记载同（乾隆）《宁夏府志》一样简单，即沙山在中卫"西五十里，因沙积，故名"。② 沙坡头是古丝绸之路的重要通道，由腾格里沙漠南缘在中卫受到黄河阻挡形成，最高约50米。沙丘之间偶有洼地或湖泊，包兰铁路从这里穿过。沙坡头自然保护区为保护铁路而开展的采用麦草方格、立式沙障和种植沙生植物等方法的防风治沙工作，取得了优异成果。现在的沙坡头地区已被改造成沙漠绿洲。这里沙和黄河相结合，集大漠、绿洲、黄河、峡谷、荒漠、草原、艾泉、沙山植物园于一体，别具风格，为国家级自然保护区和宁夏的旅游胜地。③ 沙坡头以鸣沙著称，由来已久。沙坡头景观"沙坡鸣钟"入选宁夏"新十景"。

---

① 宁夏通志编纂委员会编《宁夏通志·商贸旅游卷》，方志出版社，2010，第1105页。
② （清）汪绎辰编，张钟和、许怀然校注（乾隆）《银川小志》，宁夏人民出版社，2000，第25页。
③ 宁夏通志编纂委员会编《宁夏通志·商贸旅游卷》，方志出版社，2010，第1105页。

第五章　方志中的人文景观

"古来方志半人物"①，地方志素来重视人物记载。宁夏虽经历史变迁、朝代更迭，可人文景观依旧不在少数。宁夏人文景观除了在历代旧志人物篇记载，宁夏各市、县（区）志，也都设专篇（章）进行收录。2015年，宁夏通志编纂委员会编纂的《宁夏通志·人物卷》全面收录了历朝历代的宁夏名人事迹，这些人文事迹可为宁夏旅游提供资料支持，以带动提升当地旅游文化中的人文精神。《宁夏通志·商贸旅游卷》中认为宁夏人文旅游资源特点有：在宁夏的十五大旅游景观系列中，古长城与丝绸之路系列、古人类遗址景观系列等较为突出；多时代长城共聚、西夏遗存皆构成独占性旅游资源；文化、生态旅游资源丰厚；多元文化以及黄河、沙坡头、沙湖、六盘山、贺兰山等造就的多样性生态旅游，为发展自然、文化生态旅游提供了丰富而独特的旅游资源。②

第一节　人文资源

宁夏地区历史悠久，中原农耕文化与北方草原文化在这里不断碰撞

---

① 沈松平：《新方志编纂学》，浙江大学出版社，2014，第138页。
② 宁夏通志编纂委员会编《宁夏通志·商贸旅游卷》，方志出版社，2010，第1099~1100页。

与交融。[1] 因为宁夏地理位置的重要性，自古涉足宁夏的历代帝王史不断章，诸如秦始皇巡视开发北地郡、汉武帝六次出萧关、唐太宗李世民在宁夏灵州会盟、成吉思汗抵达六盘山攻打西夏、康熙帝来宁巡视边防等。像（乾隆）《宁夏府志》中记载的宁夏人民"强梗尚气，重然诺，敢战斗""工骑射"[2] 一样，宁夏出了很多大将，历史上武将建功立业于宁夏的众多。许多文化名人也为宁夏留下了文化财产、培养了大批人才。文人墨客纷纷诗咏宁夏，流传下来的边塞诗中有许多与宁夏有关。如岑参的《行军九日思长安故园》《胡笳歌送颜真卿使赴河陇》，王维的《使至塞上》，王昌龄的《塞下曲》，高适的《送刘评事充朔方判官 赋得征马嘶》，张籍的《送李骑曹灵州归觐》，李昌符的《登临洮望萧关》，李益的《盐州过胡儿饮马泉》《暮过回乐烽》《夜上受降城闻笛》，卢汝弼的《和李秀才边庭四时怨》，曹松的《塞上》，等等。[3]

历史上的宁夏名人为宁夏地区的经济、社会、文化等发展做出了重大贡献，特别是近现代史的爱国志士、革命先烈，更值得缅怀。

《宁夏通志·人物卷》共收录古今人物8919名。其中古代人物1047名，中华民国人物161名，当代人物7711名。[4] 这些宁夏地方志中的名人轶事，极大地丰富了宁夏旅游业的历史文化内涵和人文精神。

一　商周秦汉时期

早在《诗经》和《汉乐府》中，就曾出现以诗辞咏宁夏。《诗经》中的《出车》反映了西周时期，统帅南仲奉周宣王之命出征，北伐居住在宁夏境内的猃狁部落，并凯旋的史实。

---

[1] 宁夏通志编纂委员会编《宁夏通志·人物卷·概述》，方志出版社，2015，第11页。
[2] （清）张金城修，（清）杨浣雨纂，陈明猷点校《乾隆宁夏府志》，宁夏人民出版社，1992，第107页。
[3] 李文华：《话说宁夏》，宁夏人民出版社，2008，第41页。
[4] 宁夏通志编纂委员会编《宁夏通志·人物卷·概述》，方志出版社，2015，第12页。

第五章 方志中的人文景观

秦始皇统一六国后，把全国分为36个郡，并到各郡巡视，首次出巡就选中包括今宁夏在内的北地郡。通过巡视，秦始皇看到了北地郡的重要性，派蒙恬镇守漠北。为了巩固北方的边防，蒙恬率军民重修长城并将原来秦国、赵国等国的旧长城修筑连接。同时，蒙恬徙民屯戍，巩固和开发北部边疆；重兵设防，并实行军屯，使得宁夏地区第一次得到开发。[1] 这些开发政策，使宁夏出了如乌氏倮（秦北地郡乌氏县，今宁夏固原市人）等著名商人。乌氏倮通过用马、牛、羊互换珍异物品及丝绸，成为秦时的大牧主、大商人。秦始皇还特别给他"比封君"的待遇。

西汉初年，北部地区的匈奴民族不断大举南犯。汉武帝继位后，十分重视宁夏在对匈奴作战中的战略地位，派大将霍去病从陇西、北地出击匈奴。霍去病在对匈奴作战取得决定性胜利后，从北地郡划出地区设安定郡，郡治设在高平（今宁夏固原市原州区），在宁夏境内推行畜牧业，以畜养军马为主。公元前112年至前88年，汉武帝开始巡视各郡，首巡即到了今六盘山脉。其后，汉武帝又前后共六次巡视安定郡。汉武帝北巡后即加强了北地防务和地方行政建置。

东汉时今固原原州区梁氏一族，因梁统率领河西的诸郡太守和数万军士与光武帝会师今固原城，其贡献突出，被东汉政府重用。梁统之孙梁商为东汉朝廷中权势最重的大臣。梁氏一门"前后七封侯，三皇后，六贵人，二大将军，夫人、女食邑称君者七人，尚公主者三人，其余卿、将、尹、校五十七人"[2]。梁竦（梁统之子），也是才华横溢，著有著名的《七序》，东汉著名史学家、文学家班固给予《七序》极高的评价。北地灵州（今宁夏吴忠市境内）人傅燮，其傅氏家族为北地望族。当时境内以羌人为首的斗争，成为东汉心腹之患。傅燮任职后，抚恤羌人，广开屯田，使人民能够安居乐业。东汉名将皇甫规（今宁夏彭阳

---

[1] 宁夏通志编纂委员会编《宁夏通志·人物卷·概述》，方志出版社，2015，第2页。
[2] 宁夏通志编纂委员会编《宁夏通志·人物卷》，方志出版社，2015，第13页。

县人），文武兼备。皇甫规威信极高，对士兵爱护，对贪官严惩，举荐良将，一生教授门徒众多。东汉时宁夏出了个书法大家梁鹄（今宁夏固原人），据史书载曹操常挂其书法作品在帐中。

二 两晋南北朝时期

西晋时著名文学家、医学家皇甫谧是宁夏彭阳人。皇甫谧一生著有《帝王世纪》《年历》《高士传》《逸士传》《列女传》等著作。因身体患疾，他研究医理，致力于针灸研究，其所著《针灸甲乙经》，是学习针灸的必读之书，也奠定了中国针灸医学的基础。他为左思的《三都赋》作序，引起传抄，使得"洛阳纸贵"。

傅玄是傅燮之孙，晋朝著名学者，著有《傅子》。他不仅在文、史方面造诣甚深，而且精于音律，他一生不仅创作了大量的歌曲，而且留下了很多有关古代舞乐的文字记载，称得上是晋代最著名的音乐家之一。他撰写的文章中，记述了古代一些乐器的形制和源流，是研究中国古代乐器流传演变的珍贵资料。他考证了琴的来源，在《琴赋》序言中记载了历代名琴，傅玄作的《琵琶赋》是最早记载琵琶的文献资料。他撰的《筝赋》也是研究古筝形制、源流的重要文献资料。他还注重记载一些名歌手和演奏家。傅玄撰写的《西都赋》展示了西晋都城内演出舞乐的盛况。

南北朝期间，北魏地理学家郦道元，曾到宁夏实地考察。北魏太武帝太平真君五年（444），都督将军刁雍任薄骨律镇（今宁夏吴忠市境内）镇将。任期内，他再次开发宁夏，大兴水利修复古渠，使宁夏引黄灌区的有效灌溉面积在 30 万亩左右，[①] 并在农田水利灌溉方法上，总结出节水灌溉经验，使宁夏境内农业连年丰收，人民得以丰衣足食。

---

① 张维慎：《论北魏时期刁雍在薄骨律镇的水利建设与屯田》，《宁夏大学学报》（人文社会科学版）2006 年第 3 期，第 66 页。

他还建议利用黄河航道来运送粮食，减少了运输成本，减轻了百姓负担。

南北朝时，李贤、李远、李穆兄弟三人都曾为将军，李贤妻吴辉因抚养皇子有功，宇文泰赐姓"宇文氏"。1983年，在宁夏固原县南郊乡深沟村李贤、吴辉夫妇墓出土大量陪葬品，其中鎏金银壶最为珍贵，这些出土文物为研究这一时期与中亚文化的交流提供了重要的线索。

三 隋唐时期

隋朝时，宁夏吴忠人虞庆则、宁夏固原人梁彦光分别为著名将领和官吏。虞庆则多次平叛，出使突厥说服突厥投降。梁彦光在任刺史时惩治豪强，设立乡学。

唐朝，有两位皇帝亲临宁夏。唐贞观二十年（646），唐太宗视察固原瓦亭的军马场后亲赴灵州招抚，会盟臣服的回纥、拔野古、仆骨、多览葛、阿跌、斛薛等十三姓和铁勒诸部等千余人，各部族首领宣誓尊唐太宗为"天可汗"，并进献奇珍异宝。这次会盟使得隋、唐数年的边患问题基本解决，宁夏进入一个相对稳定的时期。唐太宗李世民在宁夏留下了著名的五言诗句，原诗刻于灵州一块石碑上，因年代久远，石碑残破，现仅存"雪耻酬百王，除凶报千古"[①]。安史之乱后，唐太子李亨北上灵武，在灵武城宣誓称帝，继承皇位，即唐肃宗。即位后的李亨升灵武郡为灵州大都督府，并进行一系列的人事任命及筹措粮食、物资等政策。李亨命朔方节度使郭子仪为兵部尚书兼灵州大都督府长史，后郭子仪率朔方军5万人回防灵州，对唐肃宗平叛回京起到了重要的作用，郭子仪也被封为汾阳王。

郭子仪的神将仆固怀恩、韩游瑰，得力助手浑瑊也在安史之乱中屡立大功。仆固怀恩随朔方节度使郭子仪在河北参加平叛战斗，其所率部队是郭部战斗力中最强的一支。唐德宗逃往奉天（今陕西省乾县），在

---

① （明）朱栴撰修，吴忠礼笺证《宁夏志笺证》，宁夏人民出版社，1996，第382页。

危急关头，韩游瓌以很少的兵力同叛军展开殊死血战，保卫了奉天孤城，挽救了危局。浑瑊先世属铁勒族（古称"丁零""高车""敕勒"）浑部，世为唐将，因平叛立大功，官至宰相。唐朝还有很多武将建功塞上宁夏。如身材矮小的史敬奉武艺十分高强，与时任凤翔将野诗良辅、泾原将郝玼三人是吐蕃军的克星。还有李靖、薛万彻、王孝杰、郭元振、李怀光等都在宁夏立下了赫赫战功。

唐代宁夏第一任灵州道大总管是李道宗，唐高祖堂侄，二次出任灵州大都督。娄师德在宁夏的屯垦方面做出了巨大贡献，在治理水利、屯田方面成绩突出，为朝廷节省开支，为巩固边防提供了物质保障。唐宁夏人梁肃任右补阙、翰林学士期间，重视选拔人才，举荐并佐助韩愈、欧阳詹、李观、李绛、崔群等一代名士登第，时称"龙虎榜"。[①] 其著有《梁补阙集》二十卷。东汉名将皇甫规、魏晋名医皇甫谧后裔皇甫枚，创作了《三水小牍》（上下卷）小说集，小说反映了当时的社会现实生活。

唐代留下很多描写宁夏的诗歌，特别以边塞诗人留下的为多，这些诗歌在宁夏地方志的艺文卷中多有记载。王维《老将行》中"贺兰山下阵如云，羽檄交驰日夕闻"[②] 一句，最能体现贺兰山下的战争场面。白居易的《城盐州》曰："城盐州，盐州未城天子忧。德宗按图自定计，非关将略与庙谋。"[③] 诗中记录了唐贞元年间（785－804），唐朝仅用20天就筑成盐州的史实，即今宁夏盐池县。"如今边将非无策，心笑韩公筑城壁。相看养寇为身谋，各握强兵固恩泽。愿分今日边将恩，褒赠韩公封子孙。"[④] 说明了盐池在抵御吐蕃中的作用非常重要，表达了白居易对边塞安全的担心。

[①] 宁夏通志编纂委员会编《宁夏通志·人物卷》，方志出版社，2015，第47页。
[②] （明）朱栴撰修，吴忠礼笺证《宁夏志笺证》，宁夏人民出版社，1996，第367页。
[③] （清）杨芳灿监修，（清）郭楷纂修，张建华、苏昀校注《嘉庆灵州志迹校注》，宁夏人民出版社，1996，第231～232页。
[④] （清）杨芳灿监修，（清）郭楷纂修，张建华、苏昀校注《嘉庆灵州志迹校注》，宁夏人民出版社，1996，第232页。

四 宋元时期

1038年，党项人李元昊建西夏。随后，李元昊效仿中原制度建立官制，同时扩展疆域，加强农牧业生产。西夏时期，出了斡道冲、梁德养、骨勒茂才等一批西夏学者。斡道冲祖籍宁夏灵州，编著了《解义》《周易卜筮断》；梁德养校勘《音同》，校订西夏文同义词词典《义同》，编辑《新集锦合词》；骨勒茂才编撰了双语字典《番汉合时掌中珠》。

宋代，宁夏也涌现了很多名将。北宋名将周美（今宁夏吴忠人）前后与西夏军队进行了十余次战斗，屡立战功。曲珍（今宁夏隆德人）、飞将军向宝（今宁夏固原人）、郭成（今宁夏西吉人）、曲端（今宁夏固原人）、刘锜、吴璘、吴瑜等，他们在与夏、金对阵中英勇奋战、坚守城池，有的战死疆场，有的遭冤致死。曲珍在战场勇猛，能百步射穿铜钱，宋神宗将其比作薛仁贵。南宋时宋"南渡十将"之一刘锜（今宁夏隆德县人）为儒将，在抵御西夏和金的战争中，屡立战功，是著名的抗战派将领。刘锜抗金保顺昌，金兀术得知顺昌失利，亲率十万军增援。刘锜设计挫金兵锐气，后又取得了柘皋大捷。南宋还有抗金世家吴家军，为抗金做出了贡献。

元太祖成吉思汗前后数次对西夏用兵，均未攻下西夏的兴庆府（今宁夏银川市）。1227年，成吉思汗抵达六盘山再次攻打西夏。七月，西夏李睍献城后被杀，夏灭。至今六盘山凉山峡里尚存有成吉思汗行宫的遗址。元世祖忽必烈、元宪宗蒙哥也曾驻留六盘山。安西王忙哥剌更在六盘山下的开城建立王相府。

元代水利专家郭守敬对宁夏地方河渠开发贡献很大。元中书左丞张文谦到西夏中兴等路（今宁夏银川市）任职时，河渠副使郭守敬与其同行。郭守敬实地考察宁夏古渠，提出修复方案，用了不到两年时间，整治唐徕、汉延等大小干支渠70余条，他在渠道上建立水坝、水闸以调节水量，经此改造，宁夏河渠可灌溉良田大大增加。他还在宁夏开通了中兴路至东胜（今宁夏银川市一带至今内蒙古自治区托克托县）之间的黄河航运。郭守敬为宁夏的水利、航运事业做出了重大的贡献。

五 明代封藩时期

明代宁夏为北方边疆的"九边重镇"之一。明朝皇帝朱元璋，藩封第十六子朱栴于宁夏。庆靖王朱栴到宁后，实地考察，主持编修了《宁夏志》，这是宁夏地区历史上传世志书中成书最早的志书，有很高的学术价值。在朱栴的带动下，宁夏明代为民国以前修志的最盛时期，不但编修省府志，各市县也积极响应。如宁夏巡抚王珣不但抓防务，到任后就关注宁夏地方志，聘请胡汝砺主笔，纂修完成了（弘治）《宁夏新志》，保存了大量明代前期宁夏经济、文化和教育等珍贵资料。[1] 主笔（弘治）《宁夏新志》的胡汝砺，家族四世皆为名人，胡雄、胡琏、胡侍均以文学闻名于塞上。胡雄为著名中医大夫。胡琏为秀才，著有《槐堂礼俗》《耕隐集》。胡汝砺除纂修（弘治）《宁夏新志》，还著有《竹岩集》。胡侍著有《蒙溪集》《墅谈》《清凉经》《真珠船》等。宁夏人管律曾两次编修宁夏志书，分别参与（弘治）《宁夏新志》和主持编修（嘉靖）《宁夏新志》。（嘉靖）《宁夏新志》具有鲜明的地方特色，对明代经济的记述比较详尽，较全面地反映了宁夏马政、水利、集贸、园林、科技等情况。宁夏巡抚罗凤翱在宁任职期间，为官勤勉，多有建树，他巡视宁夏边防、兴修水利、充盈粮仓、编地方志，并亲自收集资料撰写（万历）《朔方志》（已佚），计4卷10篇。

庆王府自行刻书，也为后世留下珍贵的明雕版图书。朱栴在银川建造王府，开发乐园，所以在明代，银川园林绿化好比江南，仅著名园林就有丽景园、金波湖、小春园等。朱栴和统军将领、巡抚总督等官员、

---

[1] 宁夏通志编纂委员会编《宁夏通志·人物卷》，方志出版社，2015，第124页。

幕僚和流寓宁夏的文人创作了大量的诗作，特别是吟诵宁夏的景观诗，在朱栴的重视推动下，涌现了如朱栴的《月湖夕照》和明安塞郡王朱秩炅的《渔村夕照》等大量诗词，记录、挖掘宁夏平原的美景风物。宁夏现存的（正统）《宁夏志》、（弘治）《宁夏新志》、（嘉靖）《宁夏新志》等明代地方志中，都有收录这些诗作。可以说，在朱栴的带动下，明代宁夏的诗歌创作进入了一个比较活跃的时期。

明代宁夏成为"九边重镇"，政府在固原设三边总督，也造就了一大批安边名将，如项忠、马文升、杨一清、王琼、张泰等。明朝三边总制杨一清平叛宁夏安化王兵变，使宁夏社会安定。而宁夏首任总兵官何福在镇守宁夏期间，引红花渠水入城改良了水土，并在军政修举、边防建设和盐政、马牧、驿传、卫学等方面做出了重要贡献，为明代开发宁夏的第一人。[1]宁夏总兵官张泰镇守宁夏期间，在宁夏建设"兵车厂"，并设计制作了先进的武器设备来武装军队，如旋风炮、战车的使用和创制等。宁夏人徐琦为明代宁夏第一进士、外交官。徐琦出使安国（越南），使两国重修旧好。他还呼吁儒学科举制度，使边疆地区大兴儒学，对边疆人才培养、边疆地区的巩固起到了重要的作用。

六　清政府时期

清代，清政府在宁夏设立满洲八旗将军府，派驻八旗兵，宁夏的战略地位有增无减。1693年，康熙皇帝第三次亲征噶尔丹部时抵达宁夏镇城（今宁夏银川市）。康熙在宁期间，部署对噶尔丹作战，检阅绿营军队、巡视边防，离宁前亲笔题词，史称《康熙碑训》。清代康熙皇帝所作的《横城堡渡黄河》，曰"历尽边山再渡河，沙平岸阔水无波。汤

---

[1] 宁夏通志编纂委员会编《宁夏通志·人物卷》，方志出版社，2015，第112页。

汤南去涝疏筑，唯此分渠利赖多"，[1] 赞扬了宁夏得天独厚的水利优势。

清初，西北地区大局初定，尚不稳定。清代著名将领孟乔芳、王辅臣、赵良栋、董福祥等都曾在宁夏带兵，还涌现了诸如刘芳名、陈福、马宝等平叛将领。宁夏总兵刘芳名在镇守宁夏的十余年间，平定叛乱，恢复发展宁夏农业生产，宁夏地区的人口开始上升。宁夏总兵陈福为国尽忠，率部队收复花马池、平远城。

清初康熙十二年（1673），赵良栋被任命为宁夏提督。他平定"三藩之乱"时立下大功，被清廷破格提拔为云贵总督、加兵部尚书衔。在赵良栋病故后，乾隆皇帝追加其为一等伯爵位且享受世袭。

清末，董福祥组织乡人反抗清政府，后被湘军刘松山收编，其部队后被刘松山改编为"董字三营"，是"甘军"的前身。光绪二十一年（1895），董福祥被清政府任命为甘肃提督。董福祥曾带领子弟兵西征新疆，成为左宗棠带领的西征军先锋部队的前锋，在收复新疆中屡立战功。八国联军进攻北京前后，他带领着甘军抵抗侵略军，坚守保卫京都。光绪二十六年（1900），清政府和八国联军议和，董福祥被撤职，所率甘军全部被解散。董福祥返回宁夏固原苏家堡，后定居金积堡"董府"。随董福祥南征北战的甘军将领很多被清政府重用。

清代还有为宁夏水利事业做出贡献的王全臣、通智、钮廷彩值得一提。他们在宁兴修的水利工程，不但对宁夏水利和工商业的恢复发展有较大贡献，而且对宁夏地区农业经济的发展与解决贫困人口的生计，都起到了很大的推动作用。

七　革命先烈血洒宁夏

宁夏是中国共产党开展革命活动较早的地区之一，抗日战争时期陕

---

[1] 唐骥、杨继国、布鲁南、何克俭：《宁夏古诗选注》，宁夏人民出版社，1987，第202页。

甘宁边区的要地之一，许多重大革命活动、重要战役和重大事件都发生在这里。特别是中共宁夏特别支部、宁夏工委的建立，共产党人在宁夏开展的兵运和学运活动，红军长征和西征，盐池县等4个县级革命政权的建立，宁夏工委组建并领导武装力量——回汉支队的战斗历程，以及宁夏地下党组织领导各族人民为推翻国民党和地方军阀马鸿逵的统治而进行的艰苦卓绝的斗争，都是宁夏共运史的重要内容。中国共产党著名领导人毛泽东、周恩来、朱德、张闻天、王稼祥、彭德怀、贺龙、任弼时、刘伯承、邓小平、左权、聂荣臻、叶剑英、杨尚昆等，以及国际友人埃德加·斯诺、马海德等，都曾在宁夏留下光辉的足迹。毛泽东率领中国工农红军长征经过宁夏，在翻越六盘山时写了著名的《清平乐·六盘山》，传颂至今。

1926年夏，佟麟阁、孙良诚、吉鸿昌等部到宁夏，开始进行革命宣传。新思想的传播、新文化的传播，使宁夏开始形成一支有觉悟的知识分子队伍，为中共宁夏党组织的创建和革命运动的兴起，做了必要的思想准备。由于马氏集团在宁夏长期推行反共政策，从1926年9月中国共产党在宁夏建立的第一个中共宁夏特别支部，到1949年9月23日宁夏获得解放，宁夏地方党组织曾13次建立，8次遭敌人破坏。崔景岳、孟长有、马文良、陈良璧、何于成、李天才、孙寿名、祁鼎丞等革命英烈为革命事业被国民党残忍杀害。杜润芝、曹动之、张月英、王兆璜、赵正明、马云清等人在白色恐怖下，抛头颅、洒热血，在白色恐怖下坚定信仰，开展党的工作，为革命事业贡献力量。尽管党组织多次遭到破坏，但革命斗争从未停止。陈良璧在抗击日本侵略者的战斗中壮烈殉国。赫光领导中国工农红军第二十四军，创建了华北第一个红色政权——河北阜平县苏维埃政权。韩练成将军在莱芜战役中配合解放军获得辉煌战绩。同时还有宁夏现代教育的奠基人李秉彝、英雄马和福等为宁夏的革命事业做出了重要贡献。

八　新中国人才涌现

新中国成立后，宁夏涌现出一大批精神楷模和专家学者。还有从祖国各地来宁支援、在宁夏建设中起到重要作用的知青和党的十一届三中全会以来，在改革开放的新长征中，涌现的在时代潮流中不断奋进的众多精英。这些可歌可泣的英雄模范为宁夏地区的经济、文化、社会生活等各项事业发展做出了积极的贡献。

第二节　人文遗迹

宁夏境内人文遗迹有：灵武水洞沟旧石器时代遗址、隆德页河子新石器时代遗址、海原菜园新石器时代遗址、固原开城元安西王行宫遗址、灵武磁窑堡西夏古窑址、泾源果家山汉代遗址、贺兰山东麓西夏遗址等古遗址；保存完整的战国秦长城、明长城等古长城；贺兰山、卫宁北山、中卫香山、牛首山、灵武东山等地区分布的宁夏古岩画；银川老城、省嵬城、西安州城、海城城址、灵武城址、横城、黄铎堡古城、北嘴城址、花马池城址、张家场城址、韦州古城、下马关城址、将台城址等古城址；西夏陵、明王陵、匈奴墓、北周李贤墓、北魏墓、隋唐墓地、春秋战国墓葬群、张家场汉墓群、窨子梁唐墓、涝池宋墓等古墓群及大型墓葬；须弥山石窟、扫竹岭石窟、石寺山石窟、禅佛寺石窟、石窟寺石窟、无量山石窟、石空寺石窟、石窟湾石窟、尖山石窟等石窟遗址；银川玉皇阁、银川钟鼓楼、银川南薰门楼、平罗玉皇阁、平罗钟鼓楼、中卫新鼓楼、固原文渊阁、豫旺钟鼓楼等古阁楼；承天寺、海宝塔寺、中卫高庙、马鞍山甘露寺、寿佛寺、牛首山寺庙群等古寺庙。宁夏也是红色革命遗址的纪念地，有陕甘宁省豫海县回民自治政府成立大会旧址、六盘山红军"长征纪念亭"、将台堡红军长征会师纪念碑、盐池革命历史纪念馆、银川三烈士纪念碑等。① 众多人文遗迹构成了宁夏丰富的人文旅游资源。

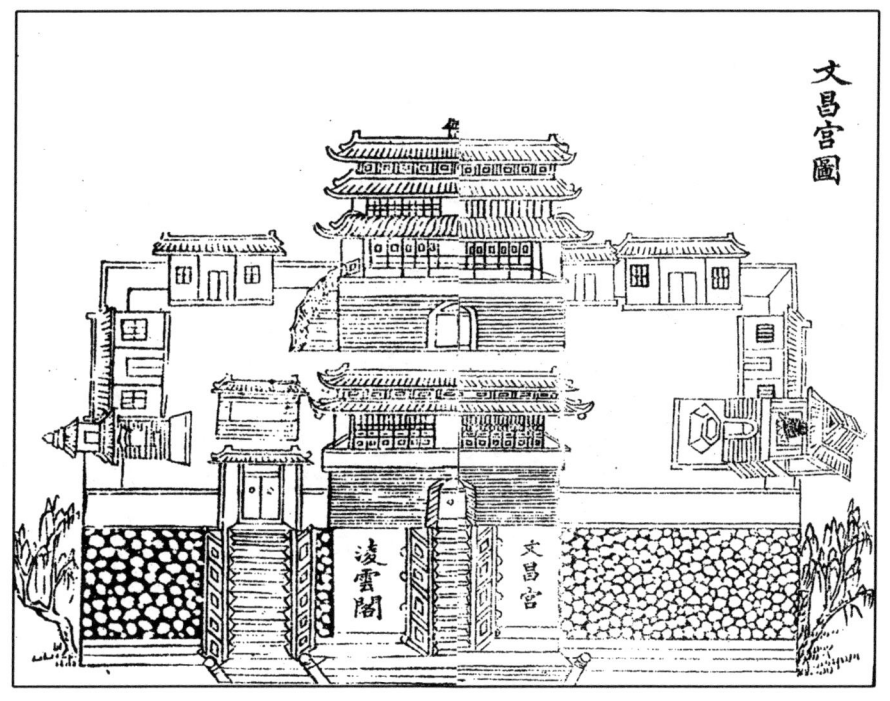

图5-1 《文昌宫图》[见（宣统）《新修固原直隶州志》]

全面记载宁夏历史人文遗迹的地方志，为宣传和推介宁夏全域旅游提供了丰富的线索。《宁夏通志·建设环保卷》《宁夏通志·商贸旅游卷》和各市、县（区）志书中基本都专设篇章，对宁夏古城堡、古长城、古园林、古塔、石窟、古陵墓、岩画、古寺庙等进行了记录，为宁夏全域旅游中历史文化的重要组成部分。

---

① 根据《宁夏通志·商贸旅游卷》中旅游篇旅游资源章统计。

图 5-2 须弥山石窟

一 古代遗迹

宁夏现存大量古代留存下来的文化遗迹并被宁夏地方志所记载。如，在（弘治）《宁夏新志》"明广武营建置沿革"的"鸣沙州城"中记载了关于鸣沙州城"鸣沙"的来历："旧说灵州有沙，践之有声，故曰鸣沙。"[1] 在（道光）《续修中卫县志》中也有记载："人马行经此沙随路有声，异于余沙，故号鸣沙。"[2] "旧"字说明"鸣沙"之名应早于弘治年间（1488~1505）出现。这些地方志中的记载为研究、开发古代遗迹，挖掘其历史文化内涵，提供了重要的线索。

---

[1] 范宗兴签注《弘治宁夏新志：签注本》，宁夏人民出版社，2010，第175页。
[2] （清）黄恩锡编纂，（清）郑元吉修纂，宁夏中卫县县志编纂委员会点注《标点注释：中卫县志》，宁夏人民出版社，1990，第27页。

第五章　方志中的人文景观

图 5-3　宁夏境内战国秦长城

1. 宁夏长城

宁夏六盘山地区自古以来就是西北边防战略要地，素有"屏蔽陕晋，控扼河陇"之称，为历代兵家必争之地。自战国时，今固原地区筑长城始，秦、汉、明不断修缮，所以长城在宁夏有诸多遗迹。宁夏境内计有长达1000多公里的战国秦长城、隋长城和明长城等。保存比较完整的主要有战国秦长城和明西长城、北长城、东长城等。（嘉靖）《固原州志》卷一古迹中，记载了古遗迹立马城和秦长城等，"秦长城，在州西北二十五里［点校者牛达生先生认为：（万历）《固原州志》中记为十里，经实地考察正确］有遗址"[1] 为研究秦长城位置提供了线索。战国秦长城内侧有墩台、城障和城址，具有传递军情、驻兵、储存粮食等功能。筑城方法采用在平地上由外墙取土，自然形成沟壑，相对地增加了墙体高度。战国秦长城由甘肃静宁县进入宁夏西吉县，途经原州区、彭阳县等地，保存较好的有彭阳的长城塬等段，能看出

---

[1] （明）杨经纂辑，（明）刘敏宽纂次，牛达生、牛春生校勘《嘉靖固原州志·万历固原州志》，宁夏人民出版社，1985，第15页。

轮廓。（乾隆）《宁夏府志》载：隋开皇五年（585），政府命"司农少卿崔仲方发丁男三万于朔方、灵武，筑长城"，"东距黄河，西到（至）绥州，南至勃山岭，绵历七百里。六年春，复令仲方发丁男十余万人修长城"。[①] 明代宁夏也修筑长城御边，现存有明北长城、明东长城。明时修筑长城的将领王琼写有长城诗《九日登长城关楼》："危楼百尺跨长城，雉堞秋高气肃清。绝塞平川开堑垒，排空斥堠扬旗旌。已闻胡出河南境，不用兵屯细柳营。极喜御戎全上策，倚栏长啸晚烟横。"[②] 诗中反映了修筑长城后，敌军无奈撤退的故事，描绘了高耸雄伟的长城关。明旧北长城和明北长城都筑于明嘉靖年间（1522~1566），东西走向，西起贺兰山，向东经石嘴山市至黄河。长城关，位于今宁夏盐池县城北门，建有关楼，关楼上有"深沟高垒""朔方天堑""北门锁钥""防胡大堑"等字。

图 5-4　青铜峡西长城

2. 宁夏岩画

岩画主要分布在贺兰山、卫宁北山、中卫香山、牛首山、灵武东山一带，已发现上万幅。宁夏岩画时间上溯新石器时代晚期，下延宋、元，为

---

① （清）张金城修，（清）杨浣雨纂，陈明猷点校《乾隆宁夏府志》，宁夏人民出版社，1992，第115页。
② （明）胡汝砺纂修，（明）管律重修，陈明猷校勘《嘉靖宁夏新志》，宁夏人民出版社，1982，第404页。

活动在贺兰山东麓的游牧民族所作。主要岩画点有贺兰山的贺兰口岩画、石嘴山的黑石峁岩画、平罗的归德沟岩画、青铜峡的广武岩画、中卫的大麦地岩画、惠农的麦汝井岩画、青铜峡的牛首山东区岩画、中宁的黄羊湾岩画、贺兰山东麓的大西峰沟岩画、平罗的白芨沟彩绘岩画等。① 宁夏岩画构图自然,具有很强的写实性。岩画描绘的内容众多,反映了狩猎、飞禽、走兽、放牧以及乘骑等社会生活,是研究古代宁夏自然环境、动植物、古代民族构成、民风民俗、狩猎、战争等历史文化的重要线索。其中"太阳神""人面""西夏文字及手印"等岩画最为著名。平罗县贺兰山东麓的彩绘岩画有 100 多个单体形象,内容有人物、骑马放牧、符号等。彩绘岩画的发现,为研究和了解宁夏古代游牧民族迁徙等提供了重要资料。

图 5-5　宁夏岩画（人面像群）

3. 水洞沟文化遗址

1920 年发现的旧石器时代晚期的古人类文化遗址——水洞沟文

---

① 宁夏通志编纂委员会编《宁夏通志·商贸旅游卷》,方志出版社,2010,第 1111 页。

化遗址，距今约3万年，是中华人民共和国成立以来正式经过发掘的三处旧石器时代晚期文化遗址之一，也是迄今为止我国黄河上游地区经过正式发掘的、唯一的一处旧石器时代遗址。① 在水洞沟遗址发现了旧石器时代的骨器、石器、人类使用火的遗迹等。水洞沟旅游区是全国重点文物保护单位，国家5A级旅游景区，景区内还包括明代军事立体防御体系区——兵沟，"水洞兵沟"为宁夏"新十景"之一。

4. 承天寺塔

俗称"西塔"，因寺得名。"梵刹钟声"为明代宁夏"八景"之一。据（嘉靖）《宁夏新志》"寺观"中记载：李元昊死后，没藏氏"承天顾命、册制临轩"，② 为保年幼的李谅祚，"保圣寿以无疆，俾宗祧而延永"，③ 于西夏毅宗天祐垂圣元年（1050），"大崇精舍（经堂佛舍），中立浮图（今作浮屠，即佛塔）"，建起这座宏伟的承天寺院。④（弘治）《宁夏新志》也载"夏谅祚所建。洪武

图5-6 兵沟藏兵洞

---

① 宁夏通志编纂委员会编《宁夏通志·商贸旅游卷》，方志出版社，2010，第1109页。
② （明）胡汝砺纂修，（明）管律重修，陈明猷校勘《嘉靖宁夏新志》，宁夏人民出版社，1982，第153页。
③ （明）胡汝砺纂修，（明）管律重修，陈明猷校勘《嘉靖宁夏新志》，宁夏人民出版社，1982，第153页。
④ 牛达生：《承天寺与承天寺塔》，《宁夏史志》2010年第1期，第39页。

第五章　方志中的人文景观

图 5-7　承天寺塔

初，一塔独存。庆靖王重修之，增创殿宇。怀王增昆卢阁"。① 这说明承天寺殿宇明代为庆靖王朱栴所重修。又据（民国）《朔方道志》记载"西夏天庆三年谅祚修塔，影倒垂"。清乾隆年间"地震倾圮，嘉庆年重修，影不复倒"。② 在塔上远眺，向西可见贺兰山。自古以来，此地是佛家修身的地方，也是文人墨客吟诗作对之处。承天寺塔也是宁夏目前唯一记载修建年代的西夏古塔。

5. 横城古渡

横城古渡，位于宁夏灵武市临河镇横城堡附近。明正德二年（1507）由杨一清负责修筑横城堡，以黄土夯筑，外围包裹青砖，南门附瓮城，现已被辟为西夏影视城。渡口因横城堡而得名，是宁夏卫与河东灵州、盐池的水上交通要津。横城渡口，历代一直沿用，曾是西夏古渡一大要津。明清时，宁夏地区共有 16 处官渡，横城渡口为其中之一。③ 明朝时，横城为灵州边防重地。至清朝，横城仍然驻军设防，是当时非常重要的水旱码头。清代康熙帝访宁夏留下了诗作《横城堡渡黄河》。清代时横城渡口是宁夏与包头货物运输的集散地。

---

① 范宗兴签注《弘治宁夏新志：签注本》，宁夏人民出版社，2010，第 42 页。
② （民国）马福祥、（民国）陈必淮主修，（民国）王之臣等纂修（民国）《朔方道志·卷三》，天津华泰印书馆代印，1927，第 17 页。
③ 宁夏通志编纂委员会编《宁夏通志·商贸旅游卷》，方志出版社，2010，第 1115 页。

地方志与全域旅游

图 5-8　黄沙古渡

6. 北周李贤墓

此墓位于宁夏固原市原州区，是北周时期原州刺史李贤夫妇合葬墓。墓室虽被盗掘，但结构基本完好。墓室有壁画 44 幅，有证明墓主人身份的"北周柱国将军河西公墓铭"和"魏故李氏郡君之铭"墓志石。出土文物有鎏金银壶、突钉玻璃碗、金戒指、带鞘剑、玉璜、玉佩和彩绘陶俑 200 余件。特别是鎏金银壶，造型优美，是留传至今的古代波斯萨珊王朝的文物珍品。[①]

7. 灵武高庙

灵武高庙位于宁夏灵武市，也称"真武观"，明末称"上帝庙"。高庙在清代由于战乱遭到破坏，后于民国时期重新修复。1969 年，庙宇被拆毁，1993 年原址复修。高庙是一座群楼叠阁式高台建筑物，布局得当，

[①]　宁夏通志编纂委员会编《宁夏通志·商贸旅游卷》，方志出版社，2010，第 1118 页。

配置均衡。整个建筑群占地面积2000多平方米，庙体通高30米。① 高庙上层为观音殿，过甬道通正殿，两侧各有两座二层独立庙宇，分别为钟楼、文昌庙、鼓楼、武昌庙，下面甬道两侧为石碑文。正殿是整个群体中建筑规模最大的庙宇，二层与观音殿相通，内有名人诗文和书画。

8. 马鞍山甘露寺

甘露寺位于宁夏灵武市的马鞍山上，始建年代不详。清初重建马鞍山甘露庵，民国时期重修后更名为甘露寺。建筑由上殿、中殿、下殿和陪殿四部分组成，寺庙东部有多宝塔1座，高约7米，整个甘露寺占地约3500平方米。② 甘露寺在周围群众中颇有影响，中华人民共和国成立前每年举办两次大型庙会（农历四月初八、七月十五），有数万人参加。

9. 牛首山寺庙群

明清时，牛首山建成规模宏大的寺庙群。（乾隆）《中卫县志》载：

图5-9 牛首山寺庙群

---

① 宁夏通志编纂委员会编《宁夏通志·商贸旅游卷》，方志出版社，2010，第1123页。
② 宁夏通志编纂委员会编《宁夏通志·商贸旅游卷》，方志出版社，2010，第1124页。

牛首山"山麓有地涌塔。每岁西僧、蒙古皆来朝，殆佛地也"①。（康熙）《新修朔方广武志》中李贽的《重修牛首山寺碑记》载：牛首山寺为朔方之名刹，世传为"小西天"，存有《大乘经》。寺庙由老君台、三圣宫、清凉寺、古佛寺、无量殿、龙王庙、金牛池、极乐寺、滴水寺、睡佛殿、万佛阁、净土寺、观音殿等庙宇组成，是宁夏境内建筑规模最大的古寺庙群。②

10. 石空大佛寺

大佛寺位于宁夏中宁县双龙山南麓，为宁夏重点文物保护单位。《甘肃新通志》认为大佛寺开凿于唐代。（嘉靖）《宁夏新志》记录元代时，窟外石空寺有重修。明代对石空大佛寺进行了维修扩建。明清时，大佛寺成为卫宁一带的佛教圣地。（乾隆）《中卫县志》记载："寺在山半为两院，其东院山门内，重楼倚山"，西院有"真武阁"③并有新建佛殿。大佛寺坐北面南，由上、中、下三寺组成，面积2.5平方公里，寺内的88尊彩塑被确定为国家二级、三级文物。当中的大坐

图5-10　石空大佛寺

---

① （清）黄恩锡纂修，范学灵、冯万和、谭学荣校注《乾隆中卫县志校注》，宁夏人民出版社，1998，第215页。
② 宁夏通志编纂委员会编《宁夏通志·商贸旅游卷》，方志出版社，2010，第1124页。
③ （清）黄恩锡纂修，范学灵、冯万和、谭学荣校注《乾隆中卫县志校注》，宁夏人民出版社，1998，第216页。

佛高达5米，为石胎泥塑，是典型的盛唐风格。[1] 因夜间，石空大佛寺"佛灯僧烛，炳若列星"[2]，所以"石空夜灯"为明清中卫"十二景"之一。

图5-11 银川海宝塔

11. 海宝塔

俗称"北塔"，是宁夏境内现存的古塔中始建年代最早的古塔。（弘治）《宁夏新志》、（乾隆）《宁夏府志》都对其有所记述。（弘治）《宁夏新志》云：黑宝塔（即海宝塔）在"演武场北"[3]。清《重修宁夏卫海宝塔碑记》："旧有海宝塔挺然插天，岁远年湮，而咸莫知所自始。唯相传赫连勃勃曾为重修，遂有讹为'赫宝塔'者。"[4]（民国）《朔方道志》也载"莫知所始，相传为赫连勃勃重修，故又呼为赫宝塔"。[5] 地方志的记载为研究海宝塔的创建年代、来历提供了线索。

据（乾隆）《宁夏府志》记载，重修后海宝塔"其塔凡九层，连天

---

[1] 宁夏通志编纂委员会编《宁夏通志·商贸旅游卷》，方志出版社，2010，第1124页。
[2] （清）黄恩锡纂修，范学灵、冯万和、谭学荣校注《乾隆中卫县志校注》，宁夏人民出版社，1998，第216页。
[3] 范宗兴签注《弘治宁夏新志：签注本》，宁夏人民出版社，2010，第43页。
[4] （清）张金城修，（清）杨浣雨纂，陈明猷点校《乾隆宁夏府志》，宁夏人民出版社，1992，第786页。
[5] （民国）马福祥、（民国）陈必淮主修，（民国）王之臣等纂修（民国）《朔方道志·卷三》，天津华泰印书馆代印，1927，第16页。

盘共计一十一层。高一十一丈，顶高三丈五尺。"① 清康熙、乾隆年间，海宝塔因地震毁坏。现存塔重建于乾隆四十三年（1778）。海宝塔造型独特，每层四面有券门，均向外突出，构成鲜明的十二角型，这在我国古塔中十分罕见。"古塔凌霄"是清宁夏"八景"之一。

12. 拜寺口双塔

拜寺口双塔位于宁夏贺兰县拜寺口，为八角形十三层密檐式砖塔，建于西夏，元、明时期有重修。两塔相距100余米，沟口因曾建有寺院而得名。双塔从第2层以上均有影塑画或佛像及装饰图案，是价值很高的艺术珍品。② 拜寺口双塔与南边滚钟口内青羊溜山巅的西夏"卫国殿"镇木关沟内的"元昊避暑宫"遗址，遥遥相望。（万历）《朔方新志》卷首《宁夏镇北路图》中，绘有拜寺口双塔作为重要的地物标志，

图 5-12　拜寺口双塔

---

① （清）张金城修，（清）杨浣雨纂，陈明猷点校《乾隆宁夏府志》，宁夏人民出版社，1992，第786页。
② 宁夏通志编纂委员会编《宁夏通志·商贸旅游卷》，方志出版社，2010，第1126页。

这也是对双塔的最早文献记载，说明双塔在明代以前已经存在。[①] 双塔里曾发现西夏文题记、元代银币等，出土的《吉祥遍至口和本续》为世界上最早的木活字印刷印本。

13. 一百零八塔

一百零八塔位于宁夏青铜峡市，塔群随山势凿石分阶而建，由上而下逐层降低，按1、3、3、5、5、7、9、11……的奇数排列成十二行，构成总体平面呈三角形的大型实心喇嘛塔群，总计一百零八座，始建年代为西夏，明清和当代曾数次维修。[②]（乾隆）《宁夏府志》记载：在黄河岸左，有古塔一百零八座。明代李贤撰修的《一统志》曰："峡口山……两山相夹，黄河流经其中，一名青铜峡。上有古塔一百零八座。"[③]（弘治）《宁夏新志》中的描述为"峡口山内，以塔数名"。[④] "白塔晨烟"为明韦州"八景"之一，有诗云："白塔去州六十里，清晨长视炊烟起。太平久不见烽烟，客行道路如流水。"[⑤]

图 5-13　青铜峡一百零八塔

---

① 许成、吴峰云：《宁夏古塔》，宁夏人民出版社，1988，第27页。
② 宁夏通志编纂委员会编《宁夏通志·商贸旅游卷》，方志出版社，2010，第1126页。
③ 许成、吴峰云：《宁夏古塔》，宁夏人民出版社，1988，第31页。
④ 范宗兴签注《弘治宁夏新志：签注本》，宁夏人民出版社，2010，第43页。
⑤ 范宗兴签注《弘治宁夏新志：签注本》，宁夏人民出版社，2010，第289页。

14. 华严宝塔

华严宝塔，俗称"华寺塔"，原建于华严寺内。据（道光）《续修中卫县志》载，华严寺"有砖塔，在城东南十里，俗呼'砖塔儿寺'。"① 康熙年间（1662～1722），宁夏发生地震后，原塔倒塌。乾隆二年（1737）重新修建。华严塔为密檐八角楼阁式砖塔。

15. 宏佛塔

宏佛塔位于宁夏贺兰县，始建于西夏，明清曾修葺。塔为八角形空心复合式砖塔，下部为密檐式，上部为覆钵喇嘛式。1990年拆卸维修时，发现大批西夏珍贵文物，被国内考古、文物界评为当年全国十大考古新发现之一。② （嘉靖）《宁夏新志》载："三塔湖，在城（今银川）东北三十里。"③ 文中三塔湖距银川的方向、距离，与宏佛塔的位置相合。可见明代以前宏佛塔一带有湖泊，于此曾建三塔，宏佛塔可能即其中之一。④

图 5-14 宏佛塔

16. 董府

董府位于宁夏吴忠市利通区金积镇，是清末抗击八国联军的著名将领董福祥（1840～1908）所建，是宁夏规模最大、保存最完整的清代

---

① （清）黄恩锡编纂，（清）郑元吉修纂，宁夏中卫县县志编纂委员会点校《标点注释：中卫县志》，宁夏人民出版社，1990，第89页。
② 宁夏通志编纂委员会编《宁夏通志·商贸旅游卷》，方志出版社，2010，第1126页。
③ （明）胡汝砺纂修，（明）管律重修，陈明猷校勘《嘉靖宁夏新志》，宁夏人民出版社，1982，第14页。
④ 许成、吴峰云：《宁夏古塔》，宁夏人民出版社，1988，第34页。

官员府邸。董府由内城、外寨、廓城、护城河四部分组成，主体建筑呈东西中轴线，南北对称布局，是有代表性的明清四合院式建筑。董府的建筑以书画、楹联、碑、棂格、匾等装饰，充分运用了雕刻、彩绘等手法，具有重要的文化、艺术、历史和建筑学价值。[1] 2006年，董府被评为第六批全国重点文物保护单位。

图5-15 《关帝立马灵泉祠》[见（宣统）《新修固原直隶州志》]

17. 鸣沙永寿塔

鸣沙永寿塔坐落在宁夏中宁县鸣沙镇西黄河古道东岸，是一座八角形楼阁式砖塔，原鸣沙州安庆寺内主体建筑。（嘉靖）《宁夏新志》记载了安庆寺修建年代可能为西夏时期："安庆寺，寺内浮屠，相传建于谅祚之时者"。[2] 明嘉靖四十年（1561），鸣沙永寿塔因地震而倒

---

[1] 宁夏通志编纂委员会编《宁夏通志·商贸旅游卷》，方志出版社，2010，第1129~1130页。
[2] （明）胡汝砺纂修，（明）管律重修，陈明猷校勘《嘉靖宁夏新志》，宁夏人民出版社，1982，第236页。

塌，万历八年（1580）修建竣工。康熙年间（1662~1722），又因地震使永寿塔毁损。现塔为1985年维修，塔高11层。

18. 银川钟鼓楼

钟鼓楼位于宁夏银川市兴庆区解放东街，又称"四鼓楼""十字鼓楼"。据（民国）《朔方道志》载，"四鼓楼……清宁夏府赵宜暄创始，光绪三十四年（1908）绅商捐资，贡生张锡保监修。民国6年（1917），夏县知事余鼎铭重修"。①该志书详细记载了钟鼓楼的修建情况。宁夏第一个中共党组织——中共宁夏特别支部曾在银川钟鼓楼办公，现楼上建有中共党史陈列室。

二 西夏遗迹

西夏时期以兴庆府（今宁夏银川市）为中心，在城西北部大兴土木，修建殿宇。此后189年间，西夏先后多次对兴庆府进行大规模的土木建设，在城内扩建殿宇，修建花园、避暑苑、佛寺。宁夏旧志中不乏对西夏的描述。（嘉靖）《宁夏新志》中《西夏漫兴》一诗描写西夏："水光山色满沙洲，举目关河一古丘。玉露凋成红叶景，金风吹老碧梧秋。"②（弘治）《宁夏新志》中的《古冢谣》，更是有感而发："贺兰山下古冢稠，高下有如浮水沤。道逢古老向我告，云是昔时王与侯。"③ 宁夏现存的唯一有记载年代的西夏古塔——承天寺塔，俗称"西塔"。"承天塔影"为黄中丞续题宁夏"八景"之一，承天塔有塔影倒垂的奇特景观。承天寺南廊僧房南墙上，有塔影倒垂其上，因塔在北边，而房子在塔的南面，不是日光所能回射的，可谓"理本难穷，说

---

① （民国）马福祥、（民国）陈必淮主修，（民国）王之臣等纂修（民国）《朔方道志·卷五》，天津华泰印书馆代印，1927，第8页。
② （明）胡汝砺纂修，（明）管律重修，陈明猷校勘《嘉靖宁夏新志》，宁夏人民出版社，1982，第379页。
③ 范宗兴签注《弘治宁夏新志：签注本》，宁夏人民出版社，2010，第284页。

第五章　方志中的人文景观

亦非一"，① 后塔影又在东廊，"更又莫可测也"。② 杭泰在《承天寺塔倒影说》中云："承天寺，宁郡古刹也，有浮图焉，高十三级……每六月六日，游者杂沓。"③ 由此可见，清代时承天寺塔也是游玩的一个胜景。

图 5-16　重铸西夏铁牛

明代宁夏地方志记载，贺兰山小滚钟口为西夏时的风景名胜地。西夏时期靠近宁夏银川市的贺兰山里建成了大型园林群、陵园。不但在此留下了一座"人形城"，而且至今仍然遗存有贺兰山离宫遗址、西夏陵等古迹。关于贺兰山西夏离宫有（乾隆）《宁夏府志》记载，"元昊故

---

① （清）张金城修，（清）杨浣雨纂，陈明猷点校《乾隆宁夏府志》，宁夏人民出版社，1992，第 101 页。
② （明）胡汝砺纂修，（明）管律重修，陈明猷校勘《嘉靖宁夏新志》，宁夏人民出版社，1982，第 151 页。
③ （清）张金城修，（清）杨浣雨纂，陈明猷点校《乾隆宁夏府志》，宁夏人民出版社，1992，第 679~680 页。

地方志与全域旅游

宫,在贺兰山之东,有遗址"①,还记录了振武门内,有元昊避暑宫,强调明洪武初遗址尚存,后改为清宁观。"广武西大佛寺口,亦有元昊避暑宫"。②西夏殿宇遗址自贺兰山南向北数十里,有滚钟口、拜寺沟、贺兰口、西峰口等多处。贺兰山拜寺口内,海拔约2000米处有一大型遗址,城墙夯土筑城,屋舍呈梯形布局排列其上,据考可能都是西夏避暑宫遗址。此外,贺兰山中镇木关沟口内的"上下花园"遗址等,其建筑布局形式和地面遗物均与贺兰口内遗址类似,相传为西夏人游猎宴乐之处。③

图5-17 西夏陵

西夏陵,位于宁夏银川市贺兰山东麓中段,西傍贺兰山,东面平坦开阔。西夏陵规模宏伟,陵区面积约50平方公里,分布着9座主陵、208座陪葬墓,祖庙遗址一处,窑址数十座。9座主陵沿袭有唐宋传统

---

① (清)张金城修,(清)杨浣雨纂,陈明猷点校《乾隆宁夏府志》,宁夏人民出版社,1992,第116页。
② (清)张金城修,(清)杨浣雨纂,陈明猷点校《乾隆宁夏府志》,宁夏人民出版社,1992,第116页。
③ 许成:《建设大银川:文物古迹的保护规划与开发利用》,《宁夏社会科学》2003年第5期,第90页。

的昭穆葬法，每座陵自成一座完整的建筑群体，分别由阙台、亭、月城、内城及角台组成，其建筑特点充分显现了西夏人的生活习俗和文化特点。[①] 20世纪70年代以来，政府挖掘清理了一些陪葬墓和建筑遗址，出土了鎏金铜牛、石狗、西夏文残碑、唐宋货币等一大批较为珍贵的西夏文物。西夏陵现为国家重点风景名胜区。2015年"神秘西夏"被选为宁夏"新十景"之一。

三 宁夏园林

宁夏平原大小河渠成网，湖沼湿地遍布，为建造园林提供了得天独厚的条件。

秦汉时期，银川就修建了许多"苑囿园池"。[②] 南北朝时期，赫连勃勃占据宁夏，兴建离宫，同时将其作为当时西北地区的驻兵屯粮要地。此后在宁夏修建园林者众多。西夏时期，城内城外大兴土木扩建殿宇，修建花园和避暑苑。

明代时，宁夏园林最具规模。明代宁夏为九边重镇之一，庆靖王朱㮵藩封到宁，对今银川进行大规模的修复扩建后，建有丽景园、金波湖、小春园、静得园、寓乐园、凝和园等五十多处景观，其中金波湖、丽景园等为规模较大的古园林。古城内外基本上实现了园林化，即形成城在园中、园在城中，城在林中、林在城中的园林景色，[③] 配之以城外的七十二连湖，形成了城在湖中的山水园林风光。

1. 庆王府花园

指明庆靖王朱㮵的王府，位于今宁夏银川市中山南街。随着明初边防建设和军屯事业的发展，庆王府的规模也日益扩大，内有王宫、东宫、西宫、承运殿、后殿等宫殿。王府花园毁于明末兵变。

---

① 宁夏通志编纂委员会编《宁夏通志·商贸旅游卷》，方志出版社，2010，第1117页。
② 吴忠礼：《银川古园林探源》（上），《共产党人》2006年第9期，第46页。
③ 吴忠礼：《银川古园林探源》（上），《共产党人》2006年第9期，第47页。

2. 永春园

为明安塞王府、巩昌王府花园，园内建湖，湖中筑岛，岛上布置假山亭庐，园中有延宾轩。

3. 西园

《镇守西园小会》诗称西园为"市城数亩小蓬莱"，[1] 因园中种植牡丹花而闻名。（嘉靖）《宁夏新志》中收录了数首赏西园牡丹的诗句，如明都御史张勋《赏镇守西园牡丹》诗曰：

> 拥出雕栏二尺饶，娇红嫩白照金袍。
> 薰风细细香偏别，仙苑沉沉价自高。[2]

4. 梅所

因为将内地的梅花移植宁夏成功，故名"梅所"。园内梅花点点，引得不少文人写诗称赞。承广的《梅所》诗说明了其名由来，云：

> 客以梅为所，移梅取次栽。
> 花枝向南发，山色自西来。[3]

5. 丽景园

丽景园是明代庆王的私家园林。（正统）《宁夏志》载"丽景园，居城东北"[4]，由多个小园组合成一个大园林，园内有溪水、湖泊。园

---

[1] （明）胡汝砺纂修，（明）管律重修，陈明猷校勘《嘉靖宁夏新志》，宁夏人民出版社，1982，第391页。
[2] （明）胡汝砺纂修，（明）管律重修，陈明猷校勘《嘉靖宁夏新志》，宁夏人民出版社，1982，第395页。
[3] （明）胡汝砺纂修，（明）管律重修，陈明猷校勘《嘉靖宁夏新志》，宁夏人民出版社，1982，第368页。
[4] （明）朱栴撰修，吴忠礼笺证《宁夏志笺证》，宁夏人民出版社，1996，第189页。

第五章　方志中的人文景观

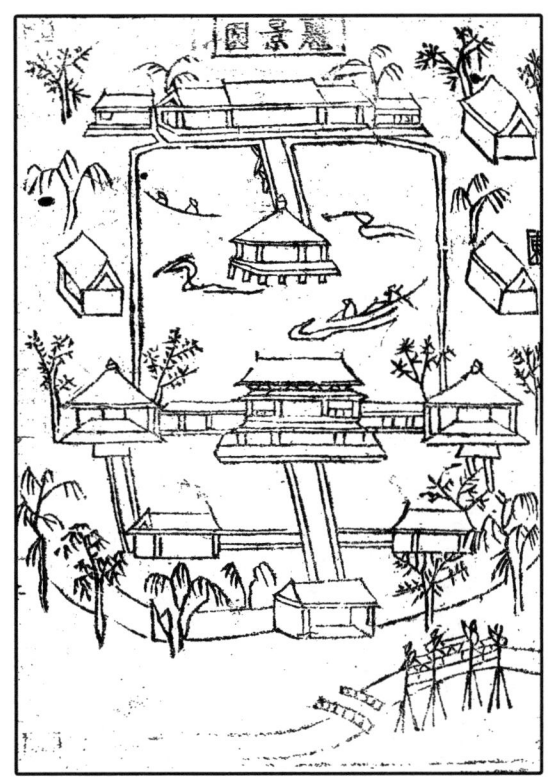

图 5-18　《丽景园》图［见（万历）《朔方新志》］

内林木茂盛处建有庆王的避暑宫，宫内建有望春楼、芳林宫、群芳馆等。此园规模宏大，建筑精美，园中有园，园内园外有湖，步步为景，景景个别。① 安塞王朱秩炅游丽景园后感慨："东郊长夏草初薰，霁景偏宜曙色分。官树倚天张翠葆，好花傍槛闪红云。"② 可见丽景园当时胜景。庆靖王朱栴还写有《端午宴集丽景园诗序》，描绘了丽景园端午节的盛况。《丽景园冬日》诗盛赞"人间世外由来别，塞北江南自昔传"。③

---

① 吴忠礼：《银川古园林探源》（下），《共产党人》2006 年第 10 期，第 44 页。
② （明）胡汝砺纂修，（明）管律重修，陈明猷校勘《嘉靖宁夏新志》，宁夏人民出版社，1982，第 363 页。
③ （明）胡汝砺纂修，（明）管律重修，陈明猷校勘《嘉靖宁夏新志》，宁夏人民出版社，1982，第 359 页。

145

6. 金波湖

金波湖，又称"东湖"，位于明代丽景园北门青阳门外。据（乾隆）《宁夏府志》载："垂柳沿岸，青阴（荫）蔽日，中有荷芰，画舫荡漾，为北方盛观。"[①] 金波湖有临湖亭、鸳鸯亭、宜秋楼等建筑。庆靖王朱栴撰写《登宜秋楼》："亭皋木落水空流，陇首云飞又早秋。白草西风沙塞下，不堪吟倚夕阳楼。楼头怅望久踌躇，目送征鸿向南去。黄沙漫漫日将倾，总是江南客愁处。"[②] 抒发了其浓浓的思乡之情。（嘉靖）《宁夏新志》中所绘《金波湖》图垂柳依依，小舟荡漾，水草丰茂，景色迷人。

图 5-19　《金波湖》图［见（嘉靖）《宁夏新志》］

---

① （清）张金城修，（清）杨浣雨纂，陈明猷点校《乾隆宁夏府志》，宁夏人民出版社，1992，第117页。
② （明）胡汝砺纂修，（明）管律重修，陈明猷校勘《嘉靖宁夏新志》，宁夏人民出版社，1982，第357~358页。

7. 南塘

南塘，又名"南池"，位于今宁夏银川市红花渠，旧时与"七十二连湖"相通。明嘉靖年间（1522～1566），南塘由都御史杨守礼指挥方兴因势修浚，明万历年间（1573～1619）因为兵变而毁，万历三十三年（1605）巡抚黄嘉善重修。在（乾隆）《宁夏府志》中记载，南塘因为风景秀丽，而成为民众汇集游玩的地方，"植柳千株，缭以短墙，注以河流，周方百亩，菰蒲萍藻，鸥鹭凫鱼，杂然于中。泛以楼船，人目之如'西湖'"。① 清朝，南塘被收录为宁夏"八景"中的一景，即"南塘雨霁"。（嘉靖）《宁夏新志》中所绘《南塘》图里，可谓亭台楼榭、绿柳成荫，一幅江南水乡之画卷。

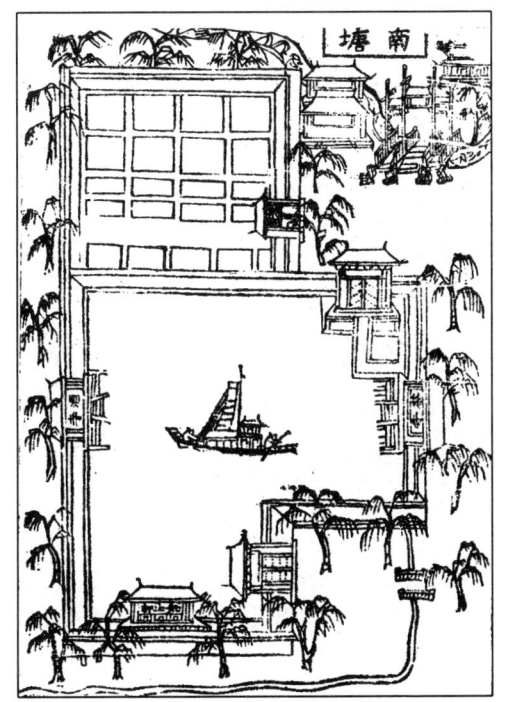

图 5-20　《南塘》图 [见（嘉靖）《宁夏新志》]

---

① （清）张金城修，（清）杨浣雨纂，陈明猷点校《乾隆宁夏府志》，宁夏人民出版社，1992，第117页。

8. 乐游园

（乾隆）《宁夏府志》记载，乐游园位于光化门（小南门）外西南。乐游园建筑规模较小，园内建有来清楼、荷香柳影亭、山光水色亭等，园内整体看虽小但相对精致。

9. 小春园

（乾隆）《宁夏府志》记载，小春园在明代丽景园南面。园内建有清趣斋、清赏轩、眺远亭、芍药亭、牡丹亭等处。小春园以种植的花卉而闻名，使其成为一座名副其实的都市花园。①

图 5-21 《小春园》图 [见（万历）《朔方新志》]

10. 盛实园

（乾隆）《宁夏府志》中记载，盛实园位于明德胜门外东。盛实园

---

① 吴忠礼：《银川古园林探源》（下），《共产党人》2006 年第 10 期，第 45 页。

建于唐徕古渠两岸，是一座以水为主调的大型园林。盛实园内的主要特色为古柳。

11. 快活林

快活林，位于贺兰山下，是一座大型的天然林场，水草丰茂，可畜牧。林中有大小湖泊，呈现出湖光山色、湖水相连的景色。

明代的上述园林，至万历年间（1573～1619），有不少毁于战火。这些园林群楼台亭榭、湖光波影和繁花翠树相映，景致优美胜似江南，吸引了众多明代文人、仕官写下了赞美诗赋和文章。明代旧志中保留了许多明代的官僚和文人写的相关诗文。

清朝中期，宁夏府城规模变大，也相对繁荣，是当时西北的大都会，因为景色优美，湖泊众多，被称为"小南京"，其间再次盛行建造园林。但清乾隆年间（1736～1795）因为地震等自然灾害，许多园林被毁坏。到清代后期，由于宁夏地区经济凋敝，加之多次遭受战乱破坏，宁夏的园林几乎败落殆尽。

中华民国时期，宁夏园林有东、西花园和中山公园。东花园为清朝宁夏护军使马福祥的祠堂；西花园为宁夏副都统常连的私人别墅；1929年11月，为了纪念孙中山先生，在明朝"马营"废墟上辟建了中山公园。[1]（嘉靖）《宁夏新志》上的《宁夏城图》和（民国）《朔方道志》上的《朔方道城建置图》可以看到马营所在位置。经战争摧残，银川除政治、经济、文化受损外，园林也元气大伤。中华人民共和国成立初期，有一句流传甚广的俗语，是用来形容银川城市景观的，"一条马路，两层楼，一个警察看两头，四面八方没啥看，公园只有两只猴"。[2]

---

[1] 黄多荣：《试论银川园林建设如何体现古都风貌》，载中国古都学会、银川古都学会编《中国古都研究》（第九辑），三秦出版社，1994，第252页。

[2] 黄多荣：《试论银川园林建设如何体现古都风貌》，载中国古都学会、银川古都学会编《中国古都研究》（第九辑），三秦出版社，1994，第253页。

地方志与全域旅游

　　中华人民共和国成立后,宁夏园林有了翻天覆地的变化。银川市不但整修了中山公园、滚钟口风景区,使其以崭新的面貌迎接游人,而且兴建了唐徕公园、西夏公园、宁园、解放公园、丽子园、丽景园、凝翠园、凤凰园、南薰园、东花园、四季园、玫瑰园等众多开放式园林,同时建设的湖泊湿地公园有鸣翠湖湿地公园、宝湖公园、阅海公园、海宝公园等,提出了建设园林城市的目标。

图 5－22　银川中山公园文昌阁

　　《银川市志》《银川城区志》较为详细地记录了银川园林建设的情况,如 1949 年后对中山公园逐年投资修建,使其变成了综合性公园。中山公园还建起了烈士纪念亭、朔方亭、花房、动物园等,使其不仅有岳飞诗碑、明清古城墙、明代大钟等文物遗存，而且楼榭亭阁掩映在绿树花丛中，加之湖水如镜，宛如一幅"塞上江南"的画卷。唐徕公园内种植数十种花草树木，有亭、榭、廊、桥等建筑。西夏公园采取传统的山水园模式，以水景为中心，建筑雕梁画栋，为一仿古式园区。宁园地处闹市，因居城区中部，也称"街心公园"，整体布局仿江南园林风格，园中"龙池"环以亭、廊、殿、阁等建筑。

四　红色旅游资源

宁夏为红军长征途经的战略要地。红军先翻越六盘山，后在将台堡会师三大主力，建立的县级革命政权为宁夏革命的发展奠定了广泛的群众基础。红军的西征打破了敌人对陕甘革命根据地的包围和进攻，开辟了新的革命根据地，使陕甘宁革命根据地连成一片。红军长征和西征团结了广大人民群众，把宁夏革命斗争推向一个新的阶段。中共很多著名领导人和红军三大主力部队主要将领以及国际友人等，都在宁夏留下了足迹。这些在宁夏地方志中多有记载，并且有些留下了有纪念意义的历史遗迹。

1. 六盘山红军长征纪念亭

纪念亭于1985年修建，位于宁夏固原市隆德县境内的六盘山上，主要为纪念1935年8月红二十五军翻越六盘山，到达陕北革命根据地和1935年10月毛泽东率领中央红军翻越六盘山而建。时任中共中央总书记胡耀邦题"长征纪念亭"匾额。毛泽东《清平乐·六盘山》词的手迹在亭中石碑正面镌刻。背面镌刻宁夏回族自治区党委、人民政府1986年10月撰写的碑文。[1]

---

[1]　宁夏通志编纂委员会编《宁夏通志·商贸旅游卷》，方志出版社，2010，第1128页。

地方志与全域旅游

图 5-23 中国工农红军长征将台堡会师纪念碑

2. 将台堡红军长征会师革命旧址

该址位于宁夏固原市西吉县的将台堡镇。1936年10月22日，长征的红一、二、四方面军先后在将台堡胜利会师。参加会师的红军部队和群众在将台堡东侧广场举行了规模盛大的联欢会。10月24日，时任红一军团政治部副主任邓小平，在将台堡传达了瓦窑堡会议精神，并作了统一战线等报告。1996年10月，在纪念红军主力会师暨纪念红军长征胜利60周年之际，建成将台堡红军长征会师纪念碑。碑的正面镌刻着时任中共中央总书记江泽民题写的"中国工农红军长征将台堡会师纪念碑"大字。背面是中共宁夏西吉县委、西吉县人民政府撰写的碑文。

3. 盐池县革命烈士纪念园

盐池是陕甘宁革命根据地的重要组成部分，留下了很多革命烈士的热血。1952年，为了纪念抗日战争和解放战争中死去的盐池籍烈士，盐池县政府在盐池县建烈士陵园和纪念塔、纪念馆。1978年重修了纪

第五章　方志中的人文景观

图 5-24　盐池解放纪念碑（摄于盐池县革命烈士纪念园）

念塔，纪念塔正面镌刻毛泽东同志手书体"革命烈士永垂不朽"八个大字。1986年，革命烈士纪念馆重建，一楼为烈士生平事迹和画像，二楼为革命文物陈列厅。盐池县革命烈士纪念园是展示盐池县革命历史的综合性纪念馆，现主要由革命烈士纪念馆、苏维埃纪念馆、中国滩羊馆、盐池解放纪念碑、解放广场、红军陵等几部分构成。

第六章　方志中的社会景观

　　民间习俗、民间文化活动、民间文化艺术等社会景观在宁夏的新旧志书中多有记载，明代及以后志书中多专设《风俗》篇对四时节气礼俗、婚礼、冠礼、葬礼、祭礼等民俗、民间活动进行描述，而旧志中的碑刻、诗词赋反映了民间文化的传承。中华人民共和国成立后，随着全国修志热潮的兴起，市县（区）等综合性志书设社会篇或民俗篇，对宁夏的各地风俗进行了详尽的记录。《宁夏风物志》《宁夏·银川风物志》《宁夏·固原风物志》、各地文化志等专业志，《宁夏通志·社会卷》《宁夏通志·文化卷》《宁夏通志·艺文卷》等卷本从不同角度，对宁夏各民族的生产民俗、礼仪民俗、民间文化活动等进行了详细收录。

　　宁夏一直是各民族融合交往和共同生活的重要地区。各民族在这里共同创造了多元的文化，使得宁夏风俗"五方之风气各殊"。[1]

　　据（乾隆）《宁夏府志》载，宁夏乾隆以前志书记录宁夏人勇敢、喜欢诗书，"强梗尚气，重然诺，敢战斗（金史夏国赞）。杂五方，尚诗书词翰（朔方旧志）。重耕牧，闲礼义（朔方旧志）"。[2] 灵州人以耕

---

[1] 范宗兴笺证《盐池旧志笺证》，黑龙江人民出版社，2005，第38页。
[2] （清）张金城修，（清）杨浣雨纂，陈明猷点校《乾隆宁夏府志》，宁夏人民出版社，1992，第107页。

牧为主，善骑射，"尚耕牧，工骑射，信巫鬼（旧志）"[1]，并随着中原移民迁入而"富强日倍，礼义日新（新志）。后卫务耕牧，习射猎（旧志）"。[2] 中卫人则"性勇干（敢），以耕猎为事，孳畜为生（旧志）"。[3]（乾隆）《中卫县志》同（乾隆）《宁夏府志》一样，认为中卫人不但以耕猎为主，更重视文化学习，"今考中俗，朴厚强力，士业《诗》《书》，能取科第，有衣冠文物之风。贫则躬自耕凿，逐末者少。儒童肄业，唯春冬居馆，夏秋大半从父兄治田，皆耕读相兼云"。[4]（康熙）《新修朔方广武志》记载，广武（今宁夏吴忠青铜峡市境内）民风淳朴"兵不骄，民不诈，士气彬雅而耻竞讼。重耕牧，尚质朴，信然诺，有古道存焉"。[5]（康熙）《隆德县志》记录，隆德人多"士佩刀而读，农荷戈而耕"。[6] "民止农作，不习商贾之事"。[7]（乾隆）《盐茶厅志备遗》则记录，海城（今宁夏海原县）"民生其间，诚朴健劲者多……敦重信义"。"汉民耕牧为生，畏法守分"，"回民兼善治生，故殷实者多"。[8]（光绪）《平远县志》载，镇戎（今宁夏同心县）"汉回杂处，风气刚劲，民性淳良……民性健劲，汉回分教，而性情无甚差等。耕殖而外多

---

[1] （清）张金城修，（清）杨浣雨纂，陈明猷点校《乾隆宁夏府志》，宁夏人民出版社，1992，第107页。

[2] （清）张金城修，（清）杨浣雨纂，陈明猷点校《乾隆宁夏府志》，宁夏人民出版社，1992，第107页。

[3] （清）张金城修，（清）杨浣雨纂，陈明猷点校《乾隆宁夏府志》，宁夏人民出版社，1992，第108页。

[4] （清）黄恩锡纂修，范学灵、冯万和、谭学荣校注《乾隆中卫县志校注》，宁夏人民出版社，1998，第27~28页。

[5] （清）高巍修，（清）俞益谟纂《（康熙）新修朔方广武志·卷上》，载宁夏地方志编审委员会办公室编，负有强、李习文主编《宁夏旧方志集成·清代编》，学苑出版社，2015，第223页。

[6] （清）常星景等纂辑，王玉勤、苏维童点校（康熙）《隆德县志·序》，内部印刷，1987，第4页。

[7] （清）常星景等纂辑，王玉勤、苏维童点校（康熙）《隆德县志》，内部印刷，1987，第38页。

[8] （清）朱亨衍总纂，刘华点校《乾隆盐茶厅志》，宁夏人民出版社，2007，第107页。

务畜牧（《镇戎新通志》）"。① （民国）《固原县志》认为，固原人刚毅朴实，"民性刚毅、朴而不华"，"凝固涩滞，端庄负（质）重"。② （民国）《化平县志》记录，化平（今宁夏泾源县）汉民"古风尚俭，性情朴拙。重农轻商，故殷实甚鲜"。③ 民国盐池县县长陈布瀛在《盐池县志》中认为，盐池也是汉回杂居，与同心一样"风气刚劲，民性淳良"。④ 从上述志书记载不难看出，宁夏历史上的人口因迁徙而频繁流动，使各种风俗相互交融，形成丰富多彩的不同民俗风貌，再加上各民族相互影响，使得宁夏民俗更具浓郁的地方特色。⑤

第一节　民间习俗

民俗是一个地区人民群众的风俗习惯和文化传统。宁夏灵武水洞沟旧石器遗址证明，远古时期这里的居民就已经能制造石器用在生产和生活中，已经能钻燧取火、建造房屋，可以用动物毛皮和骨头等制作服饰，同时也逐渐从狩猎变为饲养一些动物为家畜供食用，这些具有特色的地方习俗，展示了宁夏远古民俗的风貌。海原菜园新石器遗址和墓葬的发掘，则是新石器时代宁夏南部地区"马家窑文化"和"齐家文化"社会习俗的反映。⑥特别是宁夏贺兰山岩画中游艺习俗图像的发现，为我们真实地记录了古代游牧民族的生活习俗和社会活动场面。⑦

---

① （民国）马福祥、（民国）陈必淮主修，（民国）王之臣等纂修（民国）《朔方道志·卷三》，天津华泰印书馆代印，1927，第1页。
② 宁夏固原县志办公室整理《民国固原县志》（上），宁夏人民出版社，1992，第205页。
③ （民国）张逢泰纂，李志杰等标点注释《标点注释：（民国）化平县志》，宁夏人民出版社，1992，第31页。
④ 范宗兴笺证《盐池旧志笺证》，黑龙江人民出版社，2005，第217页。
⑤ 宁夏通志编纂委员会编《宁夏通志·社会卷》，方志出版社，2010，第229页。
⑥ 宁夏通志编纂委员会编《宁夏通志·社会卷·概述》，方志出版社，2010，第6页。
⑦ 宁夏通志编纂委员会编《宁夏通志·社会卷》，方志出版社，2010，第229页。

宁夏作为一个多民族杂居的地区，各民族在共同的生活中，相互影响和不断交融，有些逐渐形成了共同的生产和生活等习俗。

一　生活民俗

（一）服饰

旧志中有关服饰的记录相对较少，很少专门设章节，只在旧志中散见于风俗篇。新修志书《宁夏通志·社会卷》中专设一节较为详尽地记录了宁夏清代以来服饰的变迁。

宁夏的服饰习俗崇尚朴实、实用。[1]（乾隆）《宁夏府志》中记载的服饰特点有些在民国以前延续，如："衣布褐，冬羊裘。近世中家以上，多袭纨绮矣，女服尤竞鲜饰。"[2] 山区富裕者则"妇人椎结布帨，首衹裯（裯）绔，中裙襜袿""男子冬夏披羊裘，间著疏布短衣"。[3]

清代和民国年间，宁夏富裕者多穿质量好的面料制作的蓝色、黑色长袍马褂。普通百姓多穿粗布做成的衣服，所用面料以宁夏产的羊皮和内地粗布为多。百姓一般只在逢年过节或有喜庆之事时才做新衣。男子一般穿对襟袄、衫，老年男子多穿大襟袄、衫，老少皆穿大裆裤，裤腰打折，布带系之，裤脚扎口。女子老少皆穿大襟袄、衫与大裆裤。冬季棉衣多装填羊毛、驼毛，还有毡袄、毡裤，白板羊皮袄（也叫"老羊皮袄"）、皮裤等。[4] 老年男子多穿不挂面子的老羊皮袄和皮筒子（短皮袄）。山区贫户多"毡袄羊皮掩其身体，间有衣粗布者。棉衣则夏改成单衣，单衣至冬又补成棉袄。"[5] 可谓一身羊裘冬夏装。中华人民共和

---

[1] 宁夏通志编纂委员会编《宁夏通志·社会卷》，方志出版社，2010，第231页。
[2] （清）张金城修，（清）杨浣雨纂，陈明猷点校《乾隆宁夏府志》，宁夏人民出版社，1992，第108页。
[3] （清）常星景修，（清）张炜纂，安正发、王文娟校注《〔康熙〕隆德县志》，载胡玉冰主编《宁夏珍稀方志丛刊》，上海古籍出版社，2018，第38页。
[4] 宁夏通志编纂委员会编《宁夏通志·社会卷》，方志出版社，2010，第231页。
[5] 宁夏固原县志办公室整理《民国固原县志》（上），宁夏人民出版社，1992，第206页。

图6-1 二毛皮背心

国成立后,传统服饰逐渐减少,至20世纪80年代开始,各式服饰、皮鞋等品种繁多。宁夏特色二毛皮所制作的棉袄、背心、围巾等,已经成为来宁夏旅游必购的特色商品。

（二）饮食

宁夏卫宁平原以北各市县,农作物以小麦、小米（谷）、水稻等为主,而同心、盐池及南部山区则以小麦、荞麦、莜麦、土豆等为主,加之回汉杂居,因此,饮食习俗的地方特色较为明显。[1]（乾隆）《宁夏府志》记载,宁夏清代主要"食主稻、稷,间以麦。贫者饭粟。中人之家,恒以一釜并炊稻、稷：稻奉尊老,稷食卑贱"[2]。

---

[1] 宁夏通志编纂委员会编《宁夏通志·社会卷》,方志出版社,2010,第235页。
[2] （清）张金城修,（清）杨浣雨纂,陈明猷点校《乾隆宁夏府志》,宁夏人民出版社,1992,第108页。

第六章　方志中的社会景观

图6-2　宁夏美食大赛作品

宁夏各地均有具有地方特色的风味食品，如手抓羊肉、烩羊杂、软米糕、麻腐包子、羊奶干饭、黄米馓饭、剁荞面、米面碗坨子、浆水面等。中华人民共和国成立前，多以面食为主，宁夏川区主食一般为小麦面粉和大米；山区则一般为黄米（糜子米）、荞麦面和小麦面，并辅以其他杂粮如玉米、高粱、大麦、青稞、豆类、山芋等。宁夏以北方菜为主，喜咸辣。百姓冬季一般以炒土豆、炒莲花菜、腌制酸白菜等为主，少有肉食。据（民国）《固原县志·风俗》记载，富裕者可以食"清油（即胡麻油）、麦面，隔三间五肉食一次"[1]。普通百姓则"食黄米、荞面、麦面，一半月肉食一次"[2]。贫苦人家只能吃"莜面、荞面、糜谷蒸馍杂干粮。终岁辛苦，不知膏粱是何物"[3]。中华人民共和国成立后，

---

[1]　宁夏固原县志办公室整理《民国固原县志》（上），宁夏人民出版社，1992，第205页。
[2]　宁夏固原县志办公室整理《民国固原县志》（上），宁夏人民出版社，1992，第205页。
[3]　宁夏固原县志办公室整理《民国固原县志》（上），宁夏人民出版社，1992，第206页。

主食中杂粮渐少。20世纪80年代以后，传统的调和饭、黏饭等饭菜混做的吃法逐渐被淘汰。肉、蛋、菜等副食在人们的饮食构成中所占比重越来越大。21世纪，随着生活条件的提高，为防止营养过剩，曾经的杂粮又开始受到青睐。宁夏盐池的荞麦在中国国际粮油产品交易会上荣获荞麦粉金奖。宁夏杂粮深受广大消费者的认可。

宁夏很多民族喜饮烈性白酒，宴席中酒是必备。中卫古有"温池城"的赞誉，适于酿造美酒，盛产烧酒。中卫城特有的地质结构孕育出天然优质的泉水资源。（乾隆）《中卫县志》记载有"酿泉：中卫酒，为甘省著名。其酿酒，唯县城内各井之水作酒，味清冽"①。在（乾隆）《中卫县志·艺文》中有《绵蓬酒》诗一首，反映了中卫酒的优质，"山村酬酢饶风味，酒酿

图 6-3 宝塔馒头

绵蓬满瓮春。已过阻饥今乐岁，开樽同醉太平人"②。中卫也是宁夏唯一有历史记载的酒乡。光绪年间（1875~1908），刘家烧坊创办的"义隆源"商号一天可以酿造白酒150公斤左右，先后在天津、包头、兰州、平凉等地设有货栈。

过去城镇筵席以四碟八碗为标准，后来通行冷盘、热炒、全鸡、炸鱼，

---

① （清）黄恩锡纂修，范学灵、冯万和、谭学荣校注《乾隆中卫县志校注》，宁夏人民出版社，1998，第15页。
② （清）黄恩锡纂修，范学灵、冯万和、谭学荣校注《乾隆中卫县志校注》，宁夏人民出版社，1998，第405页。

第六章 方志中的社会景观

图6-4 灯笼酥

图6-5 烤花卷

一般每桌在14个大菜以上。上菜讲究谐音吉祥，如宁夏特产发菜，谐音"发财"。中华人民共和国成立前，宁夏城镇盛行行菜、佐菜，农村多无行菜，凉菜之后上佐菜。贫寒之家上四样酒菜，然后吃长面，称为"四菜吃面"。改革开放以来，农村亦兴起行菜，花色不逊城镇。① 现宁夏筵席以牛、羊、海鲜制成的菜肴为主。

宁夏传统面食有烙饼、摊馍、白面锅盔、油香、馓子、糖糕、凉皮、羊盘肠、麻花、糖麻叶等。油香、馓子是宁夏人民待客过节的传统风味食品。手擀面食种类较多，如羊肉臊子面、青拌面、浆水面、麻食面、牛肉炸酱面、寸节面、生汆面、羊排小揪面等。最有特色的是长面，民谣曰："擀长面，切成线，下在锅里团团转，挑在筷子银丝链，碗里开一朵白牡丹"。② 宁夏山区盛产荞麦、燕麦和莜面，制作的荞面搅

---

① 宁夏通志编纂委员会编《宁夏通志·社会卷》，方志出版社，2010，第240页。
② 宁夏通志编纂委员会编《宁夏通志·民族宗教卷》，方志出版社，2016，第74页。

161

团、莜面鱼鱼、燕面揉揉都很有特色。

宁夏特色菜肴有手抓羊肉、烩小吃、蒜仔烧黄河鲶鱼、沙湖大鱼头、剁椒羊脑、烤羊背、贺兰山菇炖大雁、蒸羊羔肉、羊杂碎等。地区特色为：北有烩羊杂碎，南有山区的牛羊肉泡馍。① 烩羊杂碎是将羊头肉、肠、肝、肚、肺，加入葱、姜、蒜、红辣椒、味精、红油等，再配以香菜和其他少量蔬菜。羊肉泡馍一种用牛羊肉泡，另一种用羊杂碎泡，均是把锅盔馍掰成（或切成）指头大小块状，放在碗底，上面抓放一定数量的肉片或杂碎丝条，用煮肉汤反复浸泡几次，再放入葱、姜、辣椒、油、盐、香菜和味精。② 烩小吃是用预先制作好的丸子、夹板（鸡蛋皮夹肉馅摊成大饼再切为菱形方块）等食品加上金针菇、木耳、枸杞和三鲜汤（牛肉、羊肉、鸡肉汁）烩制而成。③

图 6-6　盘丝饼

"油炸的馓子者，盖碗儿茶，引来了花儿的唱家。"宁夏的盖碗茶种类较多，有普通的红糖砖茶盖碗、白糖青茶盖碗和冰糖窝窝茶盖碗等，较名贵的是"八宝茶"盖碗。八宝盖碗茶除茶叶外，加以白糖（或冰糖）、枸杞、红枣、核桃仁、桂圆肉、芝麻、葡萄干、苹果片等。许多老人饮茶成瘾，故有"宁可一日无油盐，不可一日无茶饭"

---

① 宁夏通志编纂委员会编《宁夏通志·民族宗教卷》，方志出版社，2016，第75页。
② 宁夏通志编纂委员会编《宁夏通志·民族宗教卷》，方志出版社，2016，第75页。
③ 李乃扬等编纂《宁夏风物志》，宁夏人民出版社，1985，第125页。

第六章　方志中的社会景观

图6-7　香馕羊排

之说[①]。在吴忠等地，近年来还兴起了吃"早茶"的文化，即牛肉拉面、八宝茶佐以小菜。吃完热气腾腾的拉面后，边聊边喝着八宝茶，吴忠早茶文化的形成虽不过仅仅二三十年的光景，却已深入人们的日常生活，甚至波及周边地区。吴忠人把本该作为快餐的兰州拉面改造成了一碗面、一壶茶就能消磨一个上午的惬意生活。

在宁夏的特色饮食中，值得一提的是宁夏的盐池县。其以盛产羊肉闻名，特别是羊羔肉和羯羊肉，因其食用当地山上的中草药，肉质鲜美，没有腥膻的味道，当地人调侃：盐池的羊，吃的是中草药，尿的是"太太口服液"，拉的是"六味地黄丸"。手抓羊肉是最常见的吃法，将新鲜的羊骨头和羊肉剁成大块，加佐料煮熟

图6-8　宁夏多宝茶

后用手抓着蘸料汁吃，蘸料多为醋、辣椒、蒜调之。剁荞面，当地流传的顺口溜说，"刀剁面，一根线，下到锅里莲花转，捞到碗里赛牡丹"。[②]

[①]　宁夏通志编纂委员会编《宁夏通志·社会卷》，方志出版社，2010，第241页。
[②]　宁夏通志编纂委员会编《宁夏通志·社会卷》，方志出版社，2010，第240页。

软米糕，将糜子泡软磨粉，再蒸成糕。吃时用胡麻油煎后蘸糖或蜂蜜，或者在糕内包糖煎后吃。最有特色的是将麻籽磨碎，制成馅，包入糕内油煎，其味甚佳，称为"麻腐角角"。羊奶子泡干饭，每年农历四月下旬至八月中旬，山羊羔断奶期间，人们便将挤来的羊奶烧开，再兑入适量开水或米汤，并加盐，泡入黄米干饭里。此为农家夏季的主要饭食。羊奶还可以炼制成奶皮子，油香甜美。①

图 6-9　六盘红牛腩

图 6-10　宁夏八宝茶配料

---

① 宁夏通志编纂委员会编《宁夏通志·社会卷》，方志出版社，2010，第 240~241 页。

第六章　方志中的社会景观

图6-11　盐池羊群

(三)居住

宁夏人民以定居为主,川区和山区的居住习俗在历史上曾有着明显的不同,特别是南部山区的窑洞,其长期存在并逐步走向消失的过程,是宁夏南部山区经济社会发展的见证。[1]

(乾隆)《宁夏府志》载,清代宁夏民居为"居室唯公署、宦族覆瓦,民家皆板屋,覆以土,犹秦风之遗。中堂供先祖,或悬佛像"[2]。其中,中堂供祖先一直传承。

宁夏北部地区传统的居民住宅,富户多为自建的坐北向南的土木结构的平房四合院。厢房正间设炉灶,两侧均有土炕,炕内有通道直通烟

---

[1] 宁夏通志编纂委员会编《宁夏通志·社会卷》,方志出版社,2010,第243页。
[2] (清)张金城修,(清)杨浣雨纂,陈明猷点校《乾隆宁夏府志》,宁夏人民出版社,1992,第108页。

地方志与全域旅游

囱，冬日可用柴草填入炕洞，引火燃烧，使炕面发热，用以取暖。① 炕上设桌用于吃饭。一般火炕前砌炉用于做饭烧水取暖，多用羊马粪为燃料。乡村农民多在后院建磨房和草料房，或东或西建有猪圈、厕所。②

图6-12 宁夏南部山区窑洞

普通百姓和贫穷人家多用土坯（一般是在麦收后趁地潮湿时，用石磙将地压碾后，挖成20多厘米宽、30多厘米长的土坯，俗称垡垃）砌墙。③ 一般以大家庭同居为荣。回族居宅与汉族不同之处主要是，面向南的屋子里炕打在西边、套间在东边。④

中华人民共和国成立前，固原等南部山区贫穷者多住箍窑（在地势较平坦的川、塬、台等地形上，利用地面空间，用土坯和黄草泥垒砌的窑洞⑤）、崖窑（先选择向阳山坡，在依山靠崖的地方削铲出一个山

---

① 宁夏通志编纂委员会编《宁夏通志·社会卷》，方志出版社，2010，第243页。
② 宁夏通志编纂委员会编《宁夏通志·社会卷》，方志出版社，2010，第243页。
③ 宁夏通志编纂委员会编《宁夏通志·社会卷》，方志出版社，2010，第244页。
④ 宁夏通志编纂委员会编《宁夏通志·社会卷》，方志出版社，2010，第245~246页。
⑤ 宁夏通志编纂委员会编《宁夏通志·社会卷》，方志出版社，2010，第246页。

第六章　方志中的社会景观

图 6-13　当代民居

体断面，然后掘窑洞①）。民国时期，兴筑堡子以防匪盗。因为贫富差距大，在居住条件上亦可见一斑。据（民国）《固原县志》记载，富裕的人"居瓦舍深堂，宽房大院。堂屋起造则五檩四搭椽，或四檩三搭椽。……若五间则两暗三明，五基六兽。院地铺砖，门窗雕镂。一进两院，中建过厅。"② 贫穷的人则只能"居土窑……或家徒四壁，人畜统居一处"。③

中华人民共和国成立前，汉族建住宅，由风水先生选择"吉地"，确定坐向，方才破土动工。1949 年以后，带有封建迷信色彩的内容已有所改变。④ 从 20 世纪 70 年代开始，随着住房条件改善，居民住宅砖木结构起脊瓦房增多。90 年代以来，城乡居住条件发生重大变化，城乡建房热方兴未艾。⑤ 21 世纪，宁夏居住条件与前不可同日而语，高层住

---

① 宁夏通志编纂委员会编《宁夏通志·社会卷》，方志出版社，2010，第 247 页。
② 宁夏固原县志办公室整理《民国固原县志》（上），宁夏人民出版社，1992，第 205 页。
③ 宁夏固原县志办公室整理《民国固原县志》（上），宁夏人民出版社，1992，第 205~206 页。
④ 宁夏通志编纂委员会编《宁夏通志·民族宗教卷》，方志出版社，2016，第 91 页。
⑤ 宁夏通志编纂委员会编《宁夏通志·社会卷》，方志出版社，2010，第 245 页。

图 6-14　羊皮筏子

图 6-15　骆驼队

宅拔地而起，众多经济适用房、统建房的建设，极大地改善了城乡居民的居住环境。

（四）其他民俗

民国以前，出行一般都是徒步或骑骡子、驴或乘轿。黄河两岸以羊皮筏子为主要渡河工具。羊皮筏子为古老的运输工具，旧时为黄河上游渡河的主要交通手段，是把牛羊宰杀后，将整张皮充气后捆绑制成。进入20世纪50年代末，宁夏开始普及自行车，90年代至今，火车、长途客运、城市公交、出租车、私家车、飞机、共享单车等成为出行的主要交通工具。

二 仪礼民俗

宁夏旧志中记载了仪礼民俗,包括婚嫁、丧礼、祭祀、节庆等,尤其是很详细地记载了婚嫁、丧礼的过程和节日习俗。新志中也非常重视这部分的记录,设婚嫁民俗、丧葬民俗、喜庆民俗、节日风俗等专门的章节,记录了宁夏独具特色的礼仪风俗。

(一)婚嫁

宁夏在民国以前婚嫁注重仪式和礼节。(乾隆)《宁夏府志》载,一般汉族家庭"媒妁既通,必取男女年庚,对合无忌克乃定",[1] 中华人民共和国成立前,婚嫁多以"父母之命、媒妁之言"而定,多为包办婚姻,甚至还有买卖婚姻。旧时汉族选择婚姻时要先看男女属相是否相和。男女相克属相如:"鼠羊相交一段休,只为白马怕青牛;虎蛇婚配如刀切,兔入龙口两相愁;金鸡玉犬窝里斗,猪与猴儿不惜头"。[2] 认为最佳合婚属相是:"蛇鸡牛,虎马狗,龙鼠猴,猪羊兔"。[3] 这些风俗有迷信之处,但也有些习俗值得称赞,如(民国)《化平县志·风俗》载:"男不论聘财,女不论妆奁,唯视门户相当","聘金酌送,鲜有争者"。[4]

银川市一般由男方请媒人提亲,女方同意后请阴阳先生合男女生辰,合适后,经订婚、迎娶、过红事等过程。平罗婚姻习俗在宁夏石嘴山市具有代表性。联姻大体经过议婚、订婚、嫁娶等过程。在结婚的前一天,女方家就设宴待客,曰招待"添箱"客;是晚,女子住在亲友

---

[1] (清)张金城修,(清)杨浣雨纂,陈明猷点校《乾隆宁夏府志》,宁夏人民出版社,1992,第110页。
[2] 宁夏通志编纂委员会编《宁夏通志·社会卷》,方志出版社,2010,第255页。
[3] 宁夏通志编纂委员会编《宁夏通志·社会卷》,方志出版社,2010,第255页。
[4] (民国)张逢泰纂,李志杰等标点注释《标点注释:(民国)化平县志》,宁夏人民出版社,1992,第31页。

家,曰"躲灰"。①

吴忠市一般要经过问名、纳彩、纳吉(俗称"订婚")、纳聘、请期、迎亲、回门等几个过程。

固原市分为合婚、订亲、送彩礼、送节、提话、送婚书、迎娶、婚礼、占床、暖床、揭碗、冲门、挽髻、回门等过程。②

中华人民共和国成立后,逐渐废除了早婚和包办婚姻,实行婚姻登记制度。男女婚姻自主,婚礼习俗逐渐简化。

(二)丧葬

宁夏汉族讲究重敛厚葬。中华人民共和国成立前,老人去世后,子女要披麻戴孝,并且不得食用荤腥、百日不得剪头。下葬以土葬为主,程序为停尸、设灵堂(孝男孝女日夜"守灵")、报丧、服丧(死者晚辈均须服丧)、入殓、出殡、下葬、祭奠等。旧时丧礼的礼俗多,(乾隆)《中卫县志》载:"丧用佛事动鼓乐,士大夫家鲜有禁者。亲邻吊之,则不问服制,送帛必遍。每七日奠,客至则宴,以多为胜。俑(陪葬偶人)送颇尚华饰,或演剧为观美。"③ 可见当时已有攀比之风。(乾隆)《盐茶厅志备遗》中记载"亲死速葬,不乞灵于枯骨,为富贵之资,此其俗之美者"。④(乾隆)《宁夏府志》认为繁文缛节"习而不改,转成弊俗矣"。⑤ 1949年以后,提倡火葬,葬礼逐渐简化。

(三)节日习俗

旧志中对四时节气礼俗进行了详细的记述,宁夏的习俗很多同北方习俗大同小异。诸如有关"社火""庙会""清明""端午""七

---

① 宁夏通志编纂委员会编《宁夏通志·社会卷》,方志出版社,2010,第260页。
② 宁夏通志编纂委员会编《宁夏通志·社会卷》,方志出版社,2010,第255~260页。
③ (清)黄恩锡纂修,范学灵、冯万和、谭学荣校注《乾隆中卫县志校注》,宁夏人民出版社,1998,第29页。
④ (清)朱亨衍总纂,刘华点校《乾隆盐茶厅志》,宁夏人民出版社,2007,第108页。
⑤ (清)张金城修,(清)杨浣雨纂,陈明猷点校《乾隆宁夏府志》,宁夏人民出版社,1992,第111页。

夕""中秋"以及"重阳酒""腊八粥""祭灶""守岁"等记载,无不与江南、中原等地的风俗相近。① 其中关于守岁的记述中,"闺中以枣、柿、芝麻及杂果堆满盏,着茶叶,奉翁姑及尊客,曰'稠茶'。女筵以为特敬,新妇拜见舅姑,针工外尤重此,多者至百余盏。计其费,一盏数十钱。相传始于明王府,至今不能变云"②。这特意敬奉尊客与翁姑的稠茶,与回民敬客的八宝盖碗茶各具特色。③

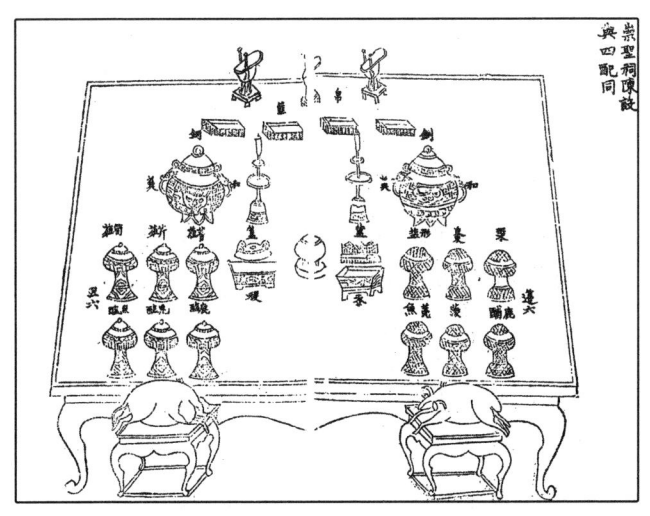

图 6-16　乾隆中卫《文庙陈设图》(一)[见(乾隆)《中卫县志》]

清(乾隆)《宁夏府志》中详细记载了一年间的各节日习俗。如:"元旦燃香烛,祀真宰,拜先祖。长幼毕拜贺,出贺姻友。尝预为三日炊,曰'年饭';四日乃更炊生米。四日三鼓,炽炭或铁投醋盆,绕屋行,道吉语,除不祥,及大门外覆之,曰'(打)醋坛',又曰'送五穷';五日拘忌,非至戚不相往来;新岁必择吉,持纸烛就郊外喜神方

---

① 李乃扬等编纂《宁夏风物志》,宁夏人民出版社,1985,第127页。
② (清)张金城修,(清)杨浣雨纂,陈明猷点校《乾隆宁夏府志》,宁夏人民出版社,1992,第110页。
③ 李乃扬等编纂《宁夏风物志》,宁夏人民出版社,1985,第127~128页。

迎拜，然后远行、作百事，皆无禁忌；七日食饼、面。击铜器相叫呼，为招魂；上元食元宵。前后三夜，街市皆燃灯，祀天神，祝国厘。坊各立会积钱，至期，延门树木架，对悬纱灯。中衢列灯坊，近又有灯阁、灯亭，制皆如真，糊以纱，书绘间错，中燃烛，通衢数里，照如白昼。皆以柏烛，烛自南来，斤值钱数百文。计一宵之费数百贯，信边城巨观，亦土人一癖好云；十六夜，民户妇女相携行坊衢间，曰'游百病'，亦曰'走桥'。经宫禁，近稍减；二月上丁后至清明，择吉日，具牲酒，载纸标，为墓祭，各修治先冢；清明日，挈榼提壶，相邀野田或梵刹间共游饮，曰'踏青'。插柳枝户上，妇女并戴于首；三月二十八日，焚香东岳庙。前后三日，并于东门外陈百货相贸易。老幼携持，游观填溢。孟夏八日，西门外土塔寺为洗泼会，亦如之；端午贴符，户插菖蒲、艾叶，饮雄黄酒，啖角黍。闺中并以彩丝作符，剪艾虎，相馈送；五月十三日，竞演剧祀关圣。先日备议（仪）仗迎神，前列灶火，周游城中；望日，祀城隍，并于庙陈百货为贸易；七夕，闺人亦有以针工、茗果作乞巧会者；孟秋，朔至望，亦择吉祭墓，曰'上秋坟'。坟远者，于望日设祭于家；中秋祀月。作月饼，陈瓜果，比屋皆然。饼筵瓜市，尝遍衢巷；重阳食糕，饮菊酒，亦有为登高会者；孟冬之朔，祀先祖，荐汤饼；仲冬长至日，祀先祖，家人姻友相拜贺。切肉杂粉腐为羹，和酒啜之，曰'头脑酒'。以'冬至一阳生'，取'作事有头脑'意；腊月八日煮粥，杂以豆、肉，曰'腊八粥'。是月初旬，取水酿酒，曰'腊酒'；二十三日，以鸡酒饼饴之属祀灶神，曰'送灶'。鸡陈而不杀，至除夕始荐熟，曰'接灶'；岁暮贴春联、桃符，为饼饵、酒食相馈送；除夕，祀先祖，拜尊长，燃香灯，鸣爆竹，饮酒守岁。分钱与卑幼，曰'押岁'。"[1]

---

[1] （清）张金城修，（清）杨浣雨纂，陈明猷点校《乾隆宁夏府志》，宁夏人民出版社，1992，第108~110页。

第六章 方志中的社会景观

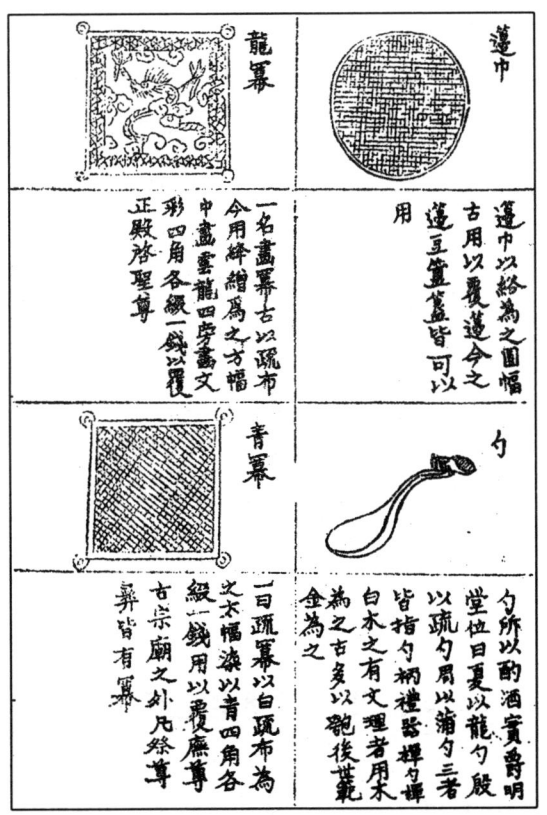

图 6-17 乾隆中卫《文庙陈设图》（二）[见（乾隆）《中卫县志》]

宁夏旧志记载了各地普遍的习俗，如宁夏各地立春前普遍举办热闹的社火，"立春前一日，太守以下官迎春于东郊。有抬阁十余座，高跷十余人，并杂扮故事，鼓乐导往归，至府署二门外，供忙神春牛，行礼毕，上堂饮庆春席，戏班演戏数剧，童子扮村妇，唱秧歌；马夫扮报人，三次驰马至堂，叫高升"[①]。也有些地方同一习俗有自己的特色。如熬制腊八粥一般多以"米豆、杂果为粥"[②]，而盐池县和中卫县

---

① （清）汪绎辰编，张钟和、许怀然校注（乾隆）《银川小志》，宁夏人民出版社，2000，第57页。
② （清）汪绎辰编，张钟和、许怀然校注（乾隆）《银川小志》，宁夏人民出版社，2000，第59页。

以"米、豆、杂肉为粥"①，隆德县将腊八粥"以粥糊门神祀之，凿冰立门前，名曰冰马"②。正月"送五穷"，大部分地区是初四，隆德县和盐池县在初五"备香表举以送之于街"。③ 七夕节，银川、平罗等地女子带针线作品等参加乞巧会；中卫则有"群聚歌舞，俗称'跳巧者'"④的活动；隆德县好"抛豆芽于盆上，察影以卜巧"。⑤

中华人民共和国成立后，有些风俗得到传承，有些风俗则日渐消失。除夕吃团圆饭后守夜观看中央电视台的春节联欢晚会，手机短信、微信祝福成了新风俗。元宵节逛灯展、猜灯谜、放焰火，城乡社火队赛演延续不衰。二月初二，民俗称"龙抬头"。人们通常在这天修剪头发。端午节喝雄黄酒、插沙枣花、插蒲叶之俗已不复存在，吃粽糕则相传至今。⑥腊八节民间有"吃了腊八饭，汉子跟上婆姨转"俗语，开始备办"年货"，清扫房屋庭院。⑦

第二节 民间文化活动

民间文化是社会文化的基础，因其存在于人民的生产、生活等活动中而得以传承。旧时，宁夏民间有节日时悬挂彩灯、耍龙灯、耍狮子、逛庙会、踩高跷、划旱船、扭秧歌等民间文化活动。明代，宁夏经济发展较快，成为人口密集的商品交流之地。庙观大多建有戏台，一年庙会

---

① （清）黄恩锡纂修，范学灵、冯万和、谭学荣校注《乾隆中卫县志校注》，宁夏人民出版社，1998，第30页。
② （民国）桑丹桂修，（民国）陈国栋纂，安正发校注《〔民国〕重修隆德志》，载胡玉冰主编《宁夏珍稀方志丛刊》，上海古籍出版社，2018，第188页。
③ 范宗兴笺证《盐池旧志笺证》，黑龙江人民出版社，2005，第218页。
④ （清）黄恩锡纂修，范学灵、冯万和、谭学荣校注《乾隆中卫县志校注》，宁夏人民出版社，1998，第30页。
⑤ （民国）桑丹桂修，（民国）陈国栋纂，安正发校注《〔民国〕重修隆德志》，载胡玉冰主编《宁夏珍稀方志丛刊》，上海古籍出版社，2018，第188页。
⑥ 宁夏通志编纂委员会编《宁夏通志·民族宗教卷》，方志出版社，2016，第96页。
⑦ 宁夏通志编纂委员会编《宁夏通志·民族宗教卷》，方志出版社，2016，第97页。

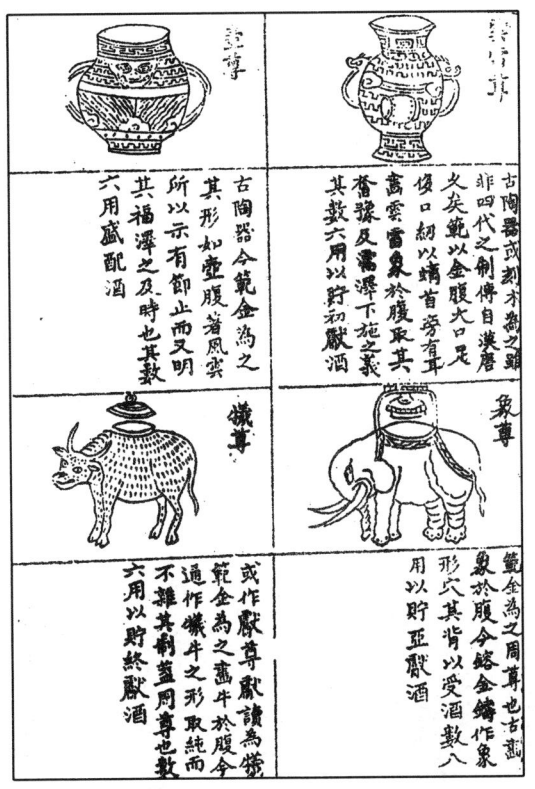

图6-18　乾隆中卫《文庙陈设图》(三)[见(乾隆)《中卫县志》]

不断,社火秧歌演出频繁。宁夏花灯以元宵节、除夕最盛。(乾隆)《宁夏府志》载,上元节食元宵:"前后三夜,街市皆燃灯,祀天神,祝国釐。……延门树木架,对悬纱灯。中衢列灯坊,近又有灯阁、灯亭,制皆如真,糊以纱,书绘间错,中燃烛,通衢数里,照如白昼。"[1]可见花灯制作精美,规模很大。(嘉靖)《宁夏新志》中记述:除夕夜"鼓角数寒更,香篆灯明,笙箫沸鼎杂歌声"。[2] (乾隆)《银川小志》

---

[1] (清)张金城修,(清)杨浣雨纂,陈明猷点校《乾隆宁夏府志》,宁夏人民出版社,1992,第108页。
[2] (明)胡汝砺纂修,(明)管律重修,陈明猷校勘《嘉靖宁夏新志》,宁夏人民出版社,1982,第435页。

描绘宁夏府城民间节日的热闹景象,"灯市最盛,有牌楼灯,树大木架甚高,夹层贴纱或贴墨画、花卉、人物,勾名人所书匾对,中燃大烛。街心有灯亭三四层,极高大,如楼阁状,四面贴纱彩绘,燃大烛数十枝,中供水府三官,其费甚奢。四牌楼街最多,仍旧时豪华之俗,皆山西及西安、兰州客商,每贸易此地,积钱为之者。沿街卖煮粉团,谓之热元宵,儿童持炒瓜子叫卖"[1]。宁夏各地市县(区)综合志、《宁夏通志·文化卷》,各地文化志、专业志如《宁夏风物志》《平罗县文化志》《宁夏·银川风物志》《宁夏·固原风物志》等都详尽记录了宁夏的民间文化活动。

图6-19 社火表演

一 社火

社火是群众自发组织的表演性集体活动。"耍社火"是宁夏各地群众节日的主要文艺活动。"上元月夜前后两三日……门前悬彩灯,灶火

---

[1] (清)汪绎辰编,张钟和、许怀然校注(乾隆)《银川小志》,宁夏人民出版社,2000,第57~58页。

箫鼓为乐。"[①] 宁夏一直为民族融合之地，中原汉族的迁入带来了民俗的随之传播。每逢春节，"有司迎于东郊，竹马、秧歌，观者如堵"。[②] 社火主要由高跷、龙灯、狮子、旱船、腰鼓、竹马、大头和尚、秧歌舞等组成社火队，在当地士绅、富商、名门望族及各庄户门前拜年或在县城街头、居民密集点、商贸集市繁华之处表演。[③] 旧时的娱乐少，社火以其具有典型的传统民俗表演风格以及生动活泼的表演形式，得以久盛不衰。

1950年后，宁夏各市、县人民政府要求有关单位发动群众，组织社火队在春节期间进行社火比赛，彩车、安塞腰鼓、威风锣鼓等相继加入社火队中参加表演。1960年以后社火活动开始衰落。[④] 20世纪80年代以后，各地除组织传统的社火表演与比赛外，还组织开展文化娱乐活动，如：台球比赛、健身舞比赛、交谊舞会、小游戏活动、迎春晚会、文艺汇演等。[⑤] 还有些市县举行农村文艺汇演和社火汇演。从社火表演形式看，宁夏的社火多种多样，主要传承流行的有以下十几种。

1. 扭秧歌

扭秧歌在清乾隆之前就已盛行。（乾隆）《银川小志》中，有"戏班演戏数剧，童子扮村妇，唱秧歌"[⑥] 的记载，后发展为表演者多达数十人的集体舞蹈，是社火中常见的舞蹈形式。表演者饰各式人物，腰系彩绸，列纵队并不时地变队形。有男女领舞者各一人，率众载歌载舞，

[①] （民国）桑丹桂修，（民国）陈国栋纂，安正发校注《〔民国〕重修隆德县志》，载胡玉冰主编《宁夏珍稀方志丛刊》，上海古籍出版社，2018，第188页。
[②] （清）徐保字、（清）张梯纂，王亚勇校注（道光）《平罗记略·续增平罗记略》，宁夏人民教育出版社，2003，第76页。
[③] 宁夏通志编纂委员会编《宁夏通志·文化卷》，方志出版社，2016，第437页。
[④] 宁夏通志编纂委员会编《宁夏通志·文化卷》，方志出版社，2016，第437页。
[⑤] 宁夏通志编纂委员会编《宁夏通志·文化卷》，方志出版社，2016，第438页。
[⑥] （清）汪绎辰编，张钟和、许怀然校注（乾隆）《银川小志》，宁夏人民出版社，2000，第57页。

地方志与全域旅游

图 6-20　春节社火联赛

秧歌舞动作轻松活泼，情绪热情奔放。①《续修西吉县志》载，西吉县秧歌队一般是工人装扮在首位，农民随后，其他人列队跟随。

2. 旱船舞

旱船舞，也叫"跑旱船"，又叫"花船舞"。旱船多用木条、竹竿扎成船形，外蒙以彩绸船围，装饰彩花，套系于古装打扮的"女"舞者（船姐）腰间，如坐船状。②表演时船姑娘边歌唱边舞动，假装搁浅、触礁等动作，划船的艄公加以配合。

3. 高台

高台来源于春天抬神春游的习俗，后逐渐演化为抬戏娱神，有 4 人抬、6 人抬、8 人抬等，现多为机动车运载表演。高台表演内容取自历史故事或神话传说的情节，以戏剧的内容设计夸张的动作，动作多以站高为优。

---

① 平罗县文化广播电视科编纂领导小组编《平罗县文化志》，内部发行，1988，第 133~134 页。
② 平罗县文化广播电视科编纂领导小组编《平罗县文化志》，内部发行，1988，第 128 页。

图 6-21 旱船舞

4. 榔头车舞

榔头车舞，也称"车灯""太平车"。榔头车多用竹、木绑扎成手推车形，车座上做两只假腿，给人以表演者盘腿坐于车上之感。[1] 表演者三人，分别饰老汉、老婆和小姐。采用夸大的、滑稽的丑角动作，以秧歌十字步为基本舞步。[2]

5. 高跷

高跷，也称为"高拐子""柳木腿"。民间社火队一般以高跷开路，是民间社火中比较盛行的舞蹈形式。表演时将木棍绑在腿上，中间嵌上踩的板子，一般在二尺到四尺高，表演者跳跃、翻转做各种动作。高跷表演不限制人数，表演时以秧歌步为基本，在锣鼓声中，变换队形，穿插跳跃。平罗经典高跷有《断桥》《捕蝶舞》《孙悟空三打白骨精》等剧目。

6. 腰鼓

舞者身背一椭圆形小鼓于腰间，双手各执鼓槌，交替击鼓，边敲边

---

[1] 平罗县文化广播电视科编纂领导小组编《平罗县文化志》，内部发行，1988，第130页。
[2] 平罗县文化广播电视科编纂领导小组编《平罗县文化志》，内部发行，1988，第130页。

地方志与全域旅游

图 6-22　高跷

舞，其队形动作之变换、鼓点之疏密、节奏之快慢，俱听从于锣鼓点之变化。①

7. 霸王鞭

霸王鞭，也叫"打钱鞭""金钱棍"等，多用竹竿、木棍制成，两端装有铜钱数枚，扎上红缨。霸王鞭基本打法有：单鞭单打，双鞭单打，单双鞭左右打、前后打、跳跃打、跪打、对打、滚翻打等多种动作。②

8. 跑驴

有地方称"赶毛驴""赶驴"，清乾隆年之前就已盛行。"毛驴"是用竹篾纸或布制成。驴背开洞，挂在表演者的腰间，驴腹下垂着布幔用来遮挡扮演者的腿和脚。布围之外绑两条假腿，使舞者如乘马骑驴

---

① 平罗县文化广播电视科编纂领导小组编《平罗县文化志》，内部发行，1988，第132~133页。
② 平罗县文化广播电视科编纂领导小组编《平罗县文化志》，内部发行，1988，第135页。

第六章　方志中的社会景观

图 6-23　霸王鞭

状。①"驴"上一般拴着铜铃，表演时模仿驴的动作奔跑、踢跳，配合丑角赶驴的形态，动作诙谐有趣。

图 6-24　跑驴

---

① 平罗县文化广播电视科编纂领导小组编《平罗县文化志》，内部发行，1988，第136页。

9. 跑竹马

同跑驴类似。(乾隆)《银川小志》载,立春前一日,"太守以下官迎春于东郊"并有社火,其中"马夫扮报人,三次驰马至堂"。[1] 跑竹马是通过赶驴、拉驴、抬驴、过沟等舞蹈动作,表现劳动和爱情生活。[2] 表演时多为6～12人。每人或每两人骑竹马一匹,穿插表演奔驰、跳跃等动作。跑一阵后便停下来,马头对马头地对唱,如《宁夏风物志》中记载:"女唱:'我说一呀谁对一,什么开花在水里?'男唱:'你说一呀我对一,水仙儿开花在呀在水里!'"[3] 在音乐和锣鼓的伴奏下,跑竹马形式虽然简单,但仍非常热闹有趣。

10. 舞狮

狮子在民间为消灾祈福、威武吉祥的神兽,自汉代即已流行舞狮,也称之"狮子耍绣球"。旧时"狮子"多用大麻、竹、彩纸等扎成,工艺细致、材料讲究。舞狮最早是武术行当,逐渐演化为会武术的人手执彩球在前引导,表演时由身强力壮的两个人扮一头大狮子,伴随着击鼓声,执彩球的来逗引"狮子",或翻滚或戏耍。旧时生了孩子的人家在孩子满月时,请"狮子"前来表演,将孩子从"狮子"口中出入一下,意为消灾壮胆。逢年过节时,请"狮子"在房前屋后、院中屋内跳跃一翻,以驱赶邪魔,谓之"踏院"或"禳院"。[4]

11. 舞龙

同舞狮一样,舞龙也流传较早,各地所舞的"龙",形象各有特色。一般以彩绸、金箔纸剪扎成龙的形象,志书中记载平罗县以布龙为主。一人举起龙头在前面开路戏龙,后面的人举着龙身龙尾,跟随起

---

[1] (清)汪绎辰编,张钟和、许怀然校柱(乾隆)《银川小志》,宁夏人民出版社,2000,第57页。
[2] 平罗县文化广播电视科编纂领导小组编《平罗县文化志》,内部发行,1988,第137页。
[3] 李乃扬等编纂《宁夏风物志》,宁夏人民出版社,1985,第137页。
[4] 宁夏通志编纂委员会编《宁夏通志·文化卷》,方志出版社,2016,第210页。

图 6-25 舞狮

舞。中宁县的舞龙很有特色,上半场主要是盘旗阵,下半场撤下旗阵,专门耍龙,称"耍场子"。① 中卫市流行草龙舞,即用一捆谷草扎成龙头,龙角为木棍,龙嘴为木板条扎成,龙身长 8 米左右,龙头龙身用粗麻绳连接。由 7 人舞龙,每隔 1 米左右插一根长木棍供舞者抓握。《草龙舞》有一段传说:刘秀被新帝王莽追杀,慌乱间逃进一农户小院钻入草垛藏身,方免杀身之祸。刘秀登基称帝后,封草龙为各龙之首,从此,民间视草龙为真命天子,任何龙队与草龙队相遇,均要先拜过草龙,为其让行。每年正月十五夜晚要完最后一场龙舞,须将草龙焚烧一尽,称之为"龙上青天"。②

12. 单鼓

单鼓,又称"太平鼓",流传于宁夏中卫、中宁、银川、平罗等市县。通常由巫师(俗称"端公"或"神汉")在庙会祭祀、村落

---

① 宁夏通志编纂委员会编《宁夏通志·文化卷》,方志出版社,2016,第 209 页。
② 宁夏通志编纂委员会编《宁夏通志·文化卷》,方志出版社,2016,第 209 页。

地方志与全域旅游

图 6-26 舞龙

"驱虫",或在百姓人家举行法事仪式时表演。① 单鼓是在蒲扇形铁框上蒙以羊皮而成,鼓柄上套铁环。鼓鞭以竹条制成,鞭柄拴红缨。表演时,舞者左手握鞭,在击鼓摇环中,加以各种舞姿。② 其中平罗《单鼓舞》的特色是围桌而舞、桌上起舞。青铜峡市的"双人单鼓舞"由夫妇二人一起表演。

13. 马社火

马社火指装扮的角色乘着马,列队而行。角色相对多,一般在10～20人。鼓乐在前面,然后是马队随后,现多为车载。西吉县马社火为锣鼓敲"得胜回朝""五更早朝""丰收乐"等鼓点,骑马扮演成戏剧人物,扮灵官的骑健畜开道,其余的紧随其后做出规定动作。表演没有

---

① 宁夏通志编纂委员会编《宁夏通志·文化卷》,方志出版社,2016,第211页。
② 平罗县文化广播电视科编纂领导小组编《平罗县文化志》,内部发行,1988,第138页。

唱腔和道白，角色一般英武俊俏，阵容也相对壮大。马社火是形象性哑戏，重要的是要让人能识别出"戏文"，俗雅相济。[1]

图 6-27　马社火

14. 戏文表演

戏文表演一般为排练折子戏，本戏在舞台上演出，或在场、院摆地摊演出，多为晚上表演，最早演出《小放牛》《二人抬》《顶灯》小曲小调，后来逐渐转变为业余剧团戏剧演出。"戏文"表演表现出社火的独特性。[2]

二　庙会

庙会，也称"庙市"，古集市形式之一。（民国）《宁夏纪要》记录

---

[1]　西吉县志编纂委员会编《续修西吉县志》，方志出版社，2006，第742页。
[2]　西吉县志编纂委员会编《续修西吉县志》，方志出版社，2006，第742页。

宁夏旧时"庙会之风亦盛，每届会期，士女塞途，商贩云集，香火称盛一时。"[1] 1949年以前宁夏各地都有举办庙会的习俗，（乾隆）《宁夏府志·风俗》四时仪节中记录，"五月十三日，竞演剧祀关圣。先日备议（仪）仗迎神，前列灶火，周游城中。望日，祀城隍，并于庙陈百货为贸易"。[2] 旧志中记载，各地庙宇每年都举办庙会，现多已消失。《宁夏通志·文化卷》中介绍了宁夏几处曾经热闹的庙会。

银川市海宝塔寺庙会：海宝塔，又称"北塔"，海宝塔寺是宁夏有名的佛教寺院。1949年前，每月农历初一和十五基本都有庙会，吸引了众多的百姓烧香拜佛、交易物品。1949年后，宁夏政府先后数次修建维护，并新建了钟鼓楼。1984年，海宝塔寺被评为全国重点开放寺院，庙会活动每年农历七月十五前后仍然举行3天，寺院周边遍布地摊，还有杂耍，热闹非凡。21世纪后，以前农历七月十五摆摊的人数逐年减少，只有烧香拜佛的风俗依旧。

银川市承天寺庙会：承天寺塔，俗称"西塔"，承天寺是西夏时期所建著名的佛教寺院。西塔庙会一度热闹非凡，仅浴佛节庙会就有万人以上，[3] 可谓香火鼎盛。1949年后，宁夏博物馆曾修建于寺院内。现庙会终止。

银川市城隍庙庙会：民国以前，每年农历五月十五为庙会。民国年间，城隍每年出巡三次，出巡场面庄严隆重，队伍有序，浩浩荡荡，长达数里，熙熙攘攘，热闹非凡。城隍庙现已不复存在。

贺兰县丁义白雀寺跳神会：旧时农历七月初七为跳神会。"跳神"主要是巫师手持皮单鼓，头戴神鞭帽，一边击鼓，一边摇动头摆胳臂使

---

[1] 叶祖灏编著《宁夏纪要》，南京正论出版社，1947，第49页。
[2] （清）张金城修，（清）杨浣雨纂，陈明猷点校《乾隆宁夏府志》，宁夏人民出版社，1992，第109页。
[3] 宁夏通志编纂委员会编《宁夏通志·文化卷》，方志出版社，2016，第442页。

长鞭转动来回舞蹈、进香,以示驱邪,颂好年成,庆丰收。① 跳神会几度中断,20 世纪 80 年代曾恢复过。

西吉县端午节庙会:西吉在端午节有插杨柳、挂艾条、戴荷包、缠花绳、包粽子等习俗,活动则有办庙会、唱大戏、上高山。庙会时间为农历五月初五,其间会有演出秦腔传统戏等活动。②

石嘴山市庙会:旧志中记载,宁夏石嘴山境内曾有老君庙、经堂庙、三宫庙、三皇庙、三清坛等庙宇。各庙宇都有道士主持,并在道教的节日举行庙会。1958 年,道教活动基本停止。③

吴忠市庙会:元朝,吴忠境内汉传佛教与藏传佛教并蓄,汉寺与喇嘛寺并存。明清,儒、佛、道互相融合,佛教广泛流行,形成以吴忠堡、金积堡、牛首山东寺为中心的佛教活动场所。④ 1978 年后,每年农历二月十五、三月十五、四月初八、七月十五在吴忠兴教寺、牛首山东寺等举行庙会。⑤

中卫市庙会:中华民国以前,中卫庙宇众多,庙会是人们烧香拜佛和进行商贸活动的重要场所。中华民国末年,中卫庙宇多达 140 余座,四季皆有庙会。每逢大型庙会,设坛诵经,或献戏、或跳单鼓舞、唱皮影戏、往黄河里散放河灯。⑥ 中卫高庙是规模较大的古建筑群,是儒、释、道三教合一的宗教场所,在每年四届的"转经日"(农历正月初九、二月初二、六月初六、九月初九)有龙班表演,传说能驱鬼逐邪、平息灾祸。正月十五夜晚的"龙耍铁花"(亦称"打铁花")更是引人注目。1979 年后,在重建的中卫观音寺、大庆寺、羚羊寺、香岩寺等曾有庙会活动。⑦

---

① 宁夏通志编纂委员会编《宁夏通志·文化卷》,方志出版社,2016,第 443 页。
② 宁夏通志编纂委员会编《宁夏通志·文化卷》,方志出版社,2016,第 443 页。
③ 宁夏通志编纂委员会编《宁夏通志·文化卷》,方志出版社,2016,第 443 页。
④ 宁夏通志编纂委员会编《宁夏通志·文化卷》,方志出版社,2016,第 443 页。
⑤ 宁夏通志编纂委员会编《宁夏通志·文化卷》,方志出版社,2016,第 444 页。
⑥ 宁夏通志编纂委员会编《宁夏通志·文化卷》,方志出版社,2016,第 444 页。
⑦ 宁夏通志编纂委员会编《宁夏通志·文化卷》,方志出版社,2016,第 444 页。

三 特色文艺活动

1. "花儿"演唱

"花儿"是回、汉、保安、东乡、撒拉和藏族群众喜爱的一种高腔山歌,[1] 我国西北地区流传广泛,在西北民歌中独领风骚。宁夏"花儿"分为"河湟花儿"和"六盘山花儿"。前者与甘肃和青海等地流行的河湟"花儿"为同一母体,后者则是真正属于宁夏本地的民歌。[2] 六盘山区是主要流传地。"花儿"作为群众愉悦自我、怡情解闷、吐纳情感的一种自娱性山歌野曲,有广泛的群众基础和民俗文化内涵。[3] 这种即兴演唱的山歌,是劳动人民生活、劳动不可或缺的一部分。"营生(干活)不离手,花儿不离口",劳动时"漫上花儿解心乏",生活中"花儿本是心中歌,一日不漫不得活"。[4] 从内容上看,题材包罗万象,有爱情、自然、传说、故事等,多用方言词汇,音乐简单,歌词丰富。新中国成立后,宁夏开展了搜集、整理"花儿"的工作,并创作出一大批作品,如专集《宁夏民歌选》、"花儿"歌剧《马五哥与尕豆妹》、"花儿"歌舞剧《曼苏尔》、"花儿"叙事诗《阿伊舍》、"花儿"歌曲等。[5]

2. 口弦弹奏

口弦,又叫"篾""篾簧""口簧",根据制作材料的不同,有竹制和金属制的两种口弦;根据簧片数量的不同,有单片弦和多片弦;根据演奏方法的不同,又有用指弹拨和用丝线抻动的两种口弦。口弦弹唱有自弹自唱或众弹众唱等多种方式。[6] 竹制口弦弹奏时左手执柄,含在唇

---

[1] 李萌、徐庄编著《宁夏·银川风物志》,云南人民出版社,2002,第131页。
[2] 宁夏通志编纂委员会编《宁夏通志·民族宗教卷》,方志出版社,2016,第66页。
[3] 宁夏通志编纂委员会编《宁夏通志·文化卷》,方志出版社,2016,第445页。
[4] 李乃扬等编纂《宁夏风物志》,宁夏人民出版社,1985,第138~139页。
[5] 李萌、徐庄编著《宁夏·银川风物志》,云南人民出版社,2002,第131页。
[6] 宁夏通志编纂委员会编《宁夏通志·文化卷》,方志出版社,2016,第446页。

间，右手扯线使簧片振动发音。[①] 民间弹口弦的风俗由来已久，喜欢把口弦拴上穗子，挂在胸前纽扣处点缀，或在劳动之余用以弹歌，或聚会用以远近对话，相互回应。[②]

3. "哇呜"演奏

"哇呜"系古代埙类乐器在宁夏民间的流变，有多种形制，俗称"泥箫"或"泥哇呜"，分泥哇呜、牛头埙、牛格格、泥口嚼子几种。制作考究的哇呜，需要练泥、成型、挖孔、烘烤、雕刻等多种工序。民间吹"哇呜"的风俗与生产劳动相关。民间有"哇呜唱，庄稼长；咪咪吹，牛羊壮"的民谣流传。[③]"哇呜"的音色清亮悠扬，音量虽小但穿透力很强。童谣有云："黄胶泥，捏窝窝，你一个，我一个，又吹曲，又吹歌，吹烂一个捏一个。"[④] 1984 年，宁夏民族艺术研究所经过改革，研制出新牛头埙，并实现了舞台表演。

4. "咪咪"演奏

"咪咪"，分芦管、竹管、柳枝皮、草结等单管和双管形式。芦管"咪咪"、单簧"咪咪"的独特音色与双簧"咪咪"的双音都有丰富的表现力。制作考究的"咪咪"，选择坚实的苇、竹或木料，挖孔位置精确。民间吹"咪咪"的风俗与节气相关。[⑤] 据考证，双管"咪咪"是"故本四孔"羌笛的遗存。[⑥]

5. 踏脚舞

踏脚舞是宁夏民间独特的艺术表演形式，是清代同治年间（1862～1874）由陕北大荔、渭南等地传入，[⑦] 流传于宁夏泾源县香水镇园子

[①] 宁夏通志编纂委员会编《宁夏通志·民族宗教卷》，方志出版社，2016，第 66 页。
[②] 李乃扬等编纂《宁夏风物志》，宁夏人民出版社，1985，第 139 页。
[③] 宁夏通志编纂委员会编《宁夏通志·文化卷》，方志出版社，2016，第 446～447 页。
[④] 宁夏通志编纂委员会编《宁夏通志·民族宗教卷》，方志出版社，2016，第 66 页。
[⑤] 宁夏通志编纂委员会编《宁夏通志·文化卷》，方志出版社，2016，第 447 页。
[⑥] 宁夏通志编纂委员会编《宁夏通志·民族宗教卷》，方志出版社，2016，第 66 页。
[⑦] 薛正昌编著《宁夏·固原风物志》，云南人民出版社，2002，第 125 页。

村，分表演踏和对抗踏两种形式。踏脚舞由飞脚、扫堂、雁式跳等动作组成，一般由男青年表演。踏脚时讲究手、眼、身、法、步的配合，其特点是变化莫测、动作幅度大、变化多、规律性不强、场地调度不固定。① 踏脚时须遵守约定俗成的规矩，用全脚掌"踏"而不允许踢，用脚两侧打或"裹"，而不允许踹，更不许故意伤人。常见动作有："平踏""后转踏""扫腿裹脚""连环踏""顶脚""高转""顶腿""跛脚""关后门""燕式跳平踏"等。② 踏脚舞将舞蹈与武术结合，是"武""舞"的交融。

6. 数花

数花，是长期流传在银川地区民间的一种说唱小曲，民间说书艺人常作为正式开书前的"书帽"，即加唱的用作提神、逗趣的小段子。数花的歌词为自由式的七字句民歌体，以花名和花的特征、颜色等作套子式的领句和合句，中间是可以表现各种内容的数唱。③

第三节　民间文学艺术④

宁夏的民间文学艺术源远流长、内容丰富、题材广泛，这些特色浓厚的民间文学艺术是我们宝贵的传统文化遗产。志书中的记载反映了宁夏地域特色浓厚的民间文学和民间艺术，这些民间文学艺术的挖掘极有利于旅游景区的开发和宣传。

一　民间文学⑤

宁夏的民间文学始终与宁夏的历史同步发展，春秋战国以来，宁夏

---

① 宁夏通志编纂委员会编《宁夏通志·文化卷》，方志出版社，2016，第445页。
② 宁夏通志编纂委员会编《宁夏通志·文化卷》，方志出版社，2016，第206页。
③ 李萌、徐庄编著《宁夏·银川风物志》，云南人民出版社，2002，第150页。
④ 本节原文只选取一些宁夏风俗、地名、特产等和旅游资源有关的民间文学艺术，其他类只简单介绍。
⑤ 民间文学为方便进一步的开发利用，所收录故事、传说保持了在志书中的原貌。

成为屯兵、开垦的要地,流传的故事有修长城、开渠道、各地风物、著名将领、习俗传说等。随着民族融合的深入,《戏凤井》《黑马泉》《黄河的传说》等故事开始流传。中国工农红军长征时,民间流传着许多革命故事、保卫边区的故事和传说。① 《宁夏通志·文化卷》民间文学的收录范围包括民间传说故事、民间歌谣和谚语。其中宁夏民间传说故事有鲜明的地域特色,可以为景区景点增添神秘色彩、为特色旅游商品增加历史文化内涵、为景区景点宣传介绍增加内容,所以本节重点收录了几个具有宁夏特色的传说故事。宁夏传说故事结合了宁夏的史事、人物、生产、生物、地域、特产、风俗、习惯等特点,地方特点最为突出。②

龙的产生和演变,是历史文化和水文化融合的结晶。固原的老龙潭与泾河龙君,就是伴随着泾水文化演绎出来的传说故事。③ 其中比较著名的故事是《魏徵梦斩泾河龙君》和《柳毅传书》。这些神话传说为风景优美的老龙潭添上了神秘的色彩。

《宁夏·固原风物志》载《魏徵梦斩泾河龙君》:泾河老龙在行云布雨时,没有按照玉皇大帝的旨意办事,擅自改变降雨时辰和降雨数量,结果违犯了天条。玉帝盛怒之下,下旨让唐朝宰相魏徵第二天午时将老龙君斩首。泾河老龙急中生智,便托梦给唐太宗,请太宗救他一命。第二天,唐太宗把魏徵召进宫一起下棋,想以此拖住魏徵,不能去斩泾河龙王。谁料,到中午时刻魏徵却打起瞌睡来,不一会儿脸上大汗淋漓。太宗见如此情状,还拿起御扇为魏徵扇凉,想让魏徵睡得更踏实些,拖过午时,等于救下了老龙君。正扇着,只听魏徵大叫道:"杀!杀!杀!"没喊毕就醒了过来。太宗问魏徵杀什么,魏徵说:"我刚才喊杀的是泾河老龙。正当我与老龙斗得满头大汗,怎么也无法得手时,

---

① 宁夏通志编纂委员会编《宁夏通志·文化卷》,方志出版社,2016,第141~142页。
② 宁夏通志编纂委员会编《宁夏通志·文化卷》,方志出版社,2016,第145页。
③ 薛正昌编著《宁夏·固原风物志》,云南人民出版社,2002,第110页。

不知从哪里来了一股清风,吹得我飘然而起,我像长了翅膀一样,轻松地斩掉了老龙。"唐太宗一拍大腿说:"糟了——我帮倒忙啦!人算不如天算!"魏徵就这样在梦中将泾河龙王斩于老龙潭的第三潭。现在,如果从山岩上向对面望去,峭壁上有个土红色的洞,洞里渗入一线红水,传说那就是泾河龙王的血。①

《宁夏·固原风物志》还载有老龙潭的传说《柳毅传书》:相传,自泾河老龙被魏徵斩杀之后,泾河小龙接替老龙的位置。小龙有一次跑到洞庭龙君那里作客,洞庭龙君把独生女儿许配给他。泾河小龙把洞庭龙君的女儿娶回老龙潭后,日子不久便露出了胡作非为的真面目。后来竟将洞庭龙君的女儿处罚到荒无人烟的河滩上常年牧羊。岁月交替,春夏秋冬,她一个人在河滩上熬了一年又一年。有一天,应考的书生柳毅路过这里,十分同情她的处境,叫她写了一封书信转交给她的父母。龙君见信知道女儿遭此虐待,非常气愤。龙君的弟弟钱塘龙君得到消息万分恼怒,率兵西征,讨伐泾河小龙,将侄女接回了洞庭湖。② 相传,龙女托柳毅捎书后,化作一秀峰立于河边,羊群变成遍地的石头,这秀女峰就是龙女峰。后来洞庭龙女虽被召回,而龙女峰却永久伫立在泾河岸边。③

《宁夏·固原风物志》中不但记载了这两个神话传说,还考证分析了《柳毅传书》故事的文化性,认为其与唐朝人李朝威写的《柳毅传》传奇故事相近,认为在表现手法上,两者都充满了浪漫主义色彩,将《柳毅传书》里的唐传奇故事附会在泾源的老龙潭,是很有意思的文化现象。④ 同时考证认为,将《柳毅传书》的传奇故事附会在泾河老龙潭,是有历史渊源的。

---

① 薛正昌编著《宁夏·固原风物志》,云南人民出版社,2002,第110~111页。
② 薛正昌编著《宁夏·固原风物志》,云南人民出版社,2002,第111页。
③ 薛正昌编著《宁夏·固原风物志》,云南人民出版社,2002,第112~113页。
④ 薛正昌编著《宁夏·固原风物志》,云南人民出版社,2002,第111~112页。

第六章 方志中的社会景观

宁夏既有在全国广为流传的人物传说,也有在宁夏本地发生故事的人物传说。如《董宫保杀洋人》《康熙夜走洪广营》《马鸿逵吹灯》《冯玉祥剃头》,等等。《宁夏通志·文化卷》载《康熙夜走洪广营》:相传康熙访贤问能来到宁夏,到洪广营时,城门已经关闭。康熙在城下喊了半天,守城的士兵不开门,要他天亮再进城。康熙拿出银子贿赂守城的兵,还是不开。正好洪广营的副总兵到城楼巡视,说即使康熙皇帝来了,晚上也不能开门,违者杀头。康熙只好绕道宁夏城下,给了守城的士兵一些银两进了宁夏城。离开宁夏城时,康熙写下了"铁打的洪广营,纸糊的宁夏城"。[1]

宁夏历史事件的传说《大槐树下的人》:相传宁夏以前是荒无人烟的老碱滩。秦国大槐树下住着许多穷人。一年秦国闹灾荒,百姓没有活路,无奈在大槐树下杀贪官、济贫民,后来被秦国镇压发配到宁夏,在宁夏开荒种地,现在在平罗县的前进乡境内还有个"陕西庙"。[2]

以宁夏的山川河流、沟渠、湖、树木、城池、地名等自然景物、历史人文景观为题材的地方传说,具有鲜明的地域特色,[3] 在志书中也记载较多。如《汝箕沟》的传说:从前潮湖堡有个农夫,赶着驴进山驮炭,迷失了方向。他困了躺在石板上打盹,朦胧中见一獐子钻进他的毛线口袋里,悄悄对他说,"大哥别声张,救了獐子,獐不忘"。农夫还没弄清咋回事,两个猎人已经追过来了。猎人问农夫看见獐子没?农夫指着远处的山沟,猎人顺着山沟的方向追去了。獐子知道猎人离去,爬出袋子说,"大哥,你需要我帮忙吗?"农夫连忙把自己驮炭迷路的事向獐子说了。獐子二话没说爬到坡下,用爪子刨了个深洞,用嘴叼出一块亮晶晶的炭,农夫高兴极了,连忙装了一口袋,然后照着獐子指的方向,驮回了家。此后他专门到这山沟里驮炭,临来带一个大簸箕,好端

---

[1] 宁夏通志编纂委员会编《宁夏通志·文化卷》,方志出版社,2016,第145页。
[2] 宁夏通志编纂委员会编《宁夏通志·文化卷》,方志出版社,2016,第146页。
[3] 宁夏通志编纂委员会编《宁夏通志·文化卷》,方志出版社,2016,第146~147页。

炭。后来人们问他从哪里驮来的好炭，他随口说"入箕沟"。以后叫顺了，就把那出干炭的山沟叫作"汝箕沟"。①

宁夏土特产传说有《李时珍尝枸杞》《无烟煤的传说》《压砂西瓜》《广武醋的来历》《五香稻》，等等。《长生草》（指枸杞）：很早的时候，一个使者到西河办事，遇见一个十五六岁的女子正用棍子追打一个八九十岁的老人。使者深感不平，拉住年轻的女子说："这个老年人是何人？"那女子答道："我的曾孙。"使者又问："你为何打他？"女子说："因为有良药他不肯服用，直到年老不能行动了，所以我要处罚他。"使者又问那女子年龄，她说："我今年已三百七十二岁了。"使者吃了一惊问她吃的什么药，她答道："只吃一种药，春天时叫天精，夏天时叫长生草，秋天时叫枸杞子，冬天时叫地骨皮，也称西天王母杖。一年四季吃枸杞子，可以使人与天齐寿。"使者赶快记了下来。②

宁夏风俗传说有《腊月二十三黑馍馍垒上天》《门上为啥贴"福"字》《汉民为啥要烧纸》等，主要反映了各民族的生活生产、婚丧嫁娶、衣食住行、节日习俗等，表现了地域风俗特色和各族人民的智慧与创造。③《腊八节的来历》：据说，明朝的皇帝朱元璋小的时候家里非常穷。一天，他给人放牲口时，看见了一只像猫一样大的老鼠，他赶紧追，那只老鼠钻进了一个洞里，他想把老鼠挖出来，结果挖出来一窝有小麦、黄豆、高粱的杂粮。朱元璋高兴地把它拿回家让母亲煮了一锅粥，美美地吃了一顿。他做了皇帝后，天天吃的是山珍海味，总觉得没有过去的那锅粥好吃。这天正好是腊月初八，他又想起了那顿杂粮饭，于是下令让人给他做，做好后吃着很香。为了让天下人都尝尝杂粮饭，他又下旨规定每年的这一天吃杂粮饭。从此"腊八节"就这样流传了下来。④

---

① 宁夏通志编纂委员会编《宁夏通志·文化卷》，方志出版社，2016，第147页。
② 宁夏通志编纂委员会编《宁夏通志·文化卷》，方志出版社，2016，第149页。
③ 宁夏通志编纂委员会编《宁夏通志·文化卷》，方志出版社，2016，第150页。
④ 宁夏通志编纂委员会编《宁夏通志·文化卷》，方志出版社，2016，第150页。

宁夏民间还有其他形式多样的故事，那些看似轻松愉快的故事大多具有"寓教于乐"的特点。[1] 如专门记录动物、植物的故事《山羊和老虎》《好连手咋成了冤对家》《老鼠告状》《凤凰为王》《燕子和青蛙》《催收鸟》《五谷的故事》《狗和狼》，等等；现实生活与神奇幻想交织的故事《百鸟图》《人心无底蛇吞象》《毛野人》《不见黄河心不死》《人为财死，雕为食亡》，等等；鬼、狐及其他精怪的故事《张宝除鬼》《黑煞五道和五麻六道》《妖精妹子》《有智不在年高》《不怕鬼的故事》，等等；根据普通劳动者的生活虚构而成的故事《张明智斗"高越坏"》《金牛巧治刁财主》《瓜女婿拜寿》《一毛不拔》《三女婿对诗》《哑论》《巧过年关》《李子换垃圾》《一毛不拔》，等等；专门表现人物机智行为和恶作剧的故事《张三捣鬼》《摸鱼》，等等。[2]

二 民间音乐

民间音乐是人民群众根植于生活、在社会生活中集体创造的结晶，反映了人民群众的生活、思想和愿望。受地理、历史、各民族融合等多种因素的影响，宁夏民间音乐逐渐形成了题材广泛、内容丰富、独具特色的风貌。无论是生老病死，还是礼仪、祭祀、娱乐以及各类节日、庆典、民俗活动，民间音乐都发挥着其独有的作用。[3] 民间音乐多伴随着节庆活动出现，（嘉靖）《宁夏新志》中佚名作者《风入松·元旦》"正是太平时节，万方歌舞春台"[4] 和明都御史冯清在《浪淘沙·除夕偶成》中感慨"鼓角数寒更，香篆灯明，笙箫沸鼎杂歌声"[5]，分别反

---

[1] 宁夏通志编纂委员会编《宁夏通志·文化卷》，方志出版社，2016，第150页。
[2] 宁夏通志编纂委员会编《宁夏通志·文化卷》，方志出版社，2016，第151~156页。
[3] 宁夏通志编纂委员会编《宁夏通志·文化卷》，方志出版社，2016，第177页。
[4] （明）胡汝砺纂修，（明）管律重修，陈明猷校勘《嘉靖宁夏新志》，宁夏人民出版社，1982，第436页。
[5] （明）胡汝砺纂修，（明）管律重修，陈明猷校勘《嘉靖宁夏新志》，宁夏人民出版社，1982，第435页。

映了元旦和除夕时，民间热闹的歌舞庆祝景象。

宁夏民间音乐主要有民歌、民间器乐曲等。现宁夏民歌最早记载于汉魏南北朝《乐府杂曲》中的《陇头》《陇上》诸篇。① 明代总制尚书杨一清作《固原重建钟鼓楼》中感慨"击壤有歌农事足，折冲多暇虏尘空"，② 反映了民歌在农事劳作时的重要作用。战场上感情的抒发，也多以歌声咏志。民歌中的山花儿，具有宁夏地方特色。"花儿本是心上的话，不唱是由不得自家"，花儿在宁夏地区广为流传，在发展过程中有向其他民歌借鉴和融合的痕迹。

宁夏民间器乐曲种类繁多，历史悠久。传统民间器乐曲多与民俗、典故、传说等密切相关。③宁夏民间广泛流传的羌笛、口弦、埙等乐器，是周、秦时期就出现的乐器，同古文化遗址中的乐器有相似之处。唐代王之涣的边塞诗《凉州词》中就有"羌笛何须怨杨柳"（即乐器羌笛）的记载。胡笳是我国古代北方民族的一种乐器，形似笛子，是富有浓郁民族色彩的吹奏乐器。在明代志书的艺文卷诗词中多次被提及，反映了当时大漠的战事气氛。如明总督李汶《出塞次张公韵》"危堞遥传塞外笳，羽麾不动静胡沙"④和都御史张瀚《出塞》："边城月夜（夜月）听胡笳，戍卒寒眠万里沙"。⑤（乾隆）《中卫县志》中，收录的《乐舞图》，绘制的乐舞器具有琴、瑟、龙笛、凤箫、洞箫、笙、埙、金钟、玉磬、鼓，等等，都是清代祭祀用的乐器。

---

① 宁夏通志编纂委员会编《宁夏通志·文化卷》，方志出版社，2016，第173页。
② （明）杨经纂辑，（明）刘敏宽纂次，牛达生、牛春生校勘《嘉靖固原州志·万历固原州志》，宁夏人民出版社，1985，第251页。
③ 宁夏通志编纂委员会编《宁夏通志·文化卷》，方志出版社，2016，第175页。
④ （明）杨经纂辑，（明）刘敏宽纂次，牛达生、牛春生校勘《嘉靖固原州志·万历固原州志》，宁夏人民出版社，1985，第265页。
⑤ （明）杨经纂辑，（明）刘敏宽纂次，牛达生、牛春生校勘《嘉靖固原州志·万历固原州志》，宁夏人民出版社，1985，第264页。

第六章 方志中的社会景观

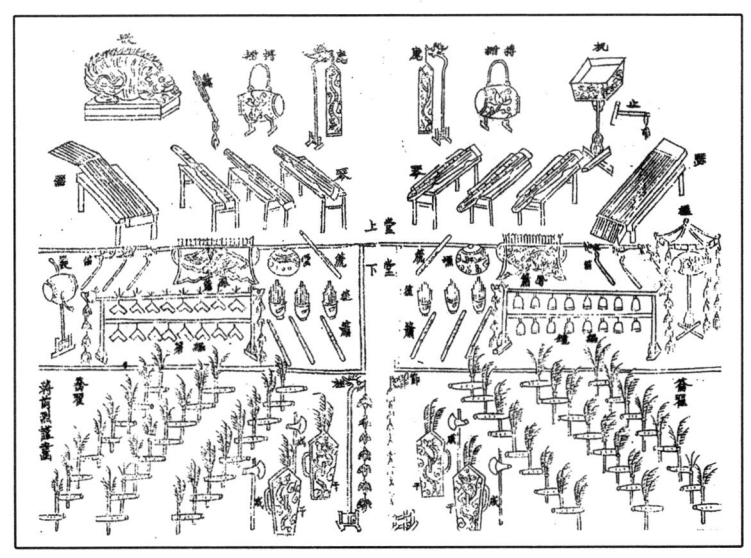

图6-28 中卫《文庙乐舞图》[见（乾隆）《中卫县志》]

三 民间舞蹈

宁夏有数量众多的岩画，其中有不少是反映舞蹈姿态动作的。如独自起舞的单人舞、手拉手的三人舞、手臂相连的六人舞，还有反映祭祀活动的娱神舞、同动物表演的杂技等，可谓形式多样、动作各异，反映出原始社会的特征，是宁夏最早发现的民间舞蹈的记录。在宁夏固原的李贤墓中发现有北周时期乐女双手持鼓槌击鼓舞蹈的残存壁画。汉代，民间舞蹈已遍及宁夏各地，汉武帝派兵来宁夏加强防御、屯垦开发也带来了中原的舞蹈。隋唐时期，乐舞百戏兴起。在盐池县出土的唐墓，石门上雕刻着"胡旋舞"等少数民族乐舞图案。西夏时期，设有专管礼乐的机构，专门负责音乐和舞蹈的创作。在宁夏贺兰山拜寺口西塔出土的印花绸，上面图案是宋代流行的"童子戏花舞"。

明朝时，宁夏民间"社火秧歌"已初步形成。至今，宁夏人每年春节娱乐表演的民间歌舞，称为"耍社火"。舞蹈多伴随着祭祀、节庆活动出现。(弘治)《宁夏新志·卷二》祭祀篇载山川社稷坛"每年仲春，秋上戊巳二日，庆王主祭，乐舞、牲品咸依时制"，① 是祭祀时乐舞的记载。在战时，表达胜利的喜悦亦是用舞蹈来表达，在《军门平羌碑记略》中载"获首功……边氓起舞。有绘为图，永为歌以纪其事者"。②

民国以后，民间舞蹈有较快发展，社火秧歌表演盛行。民间常常进行与时令节气紧密相关的民间舞蹈。(民国)《重修隆德县志》中记载："上元月夜前后两三日……门前悬彩灯，社火箫鼓为乐。"③（道光）《平罗记略》中记载："立春前一日，有司迎春于东郊，竹马、秧歌，观者如堵。"④ 社火中主要有龙舞、狮子舞、单鼓舞、旱船、跑竹马、霸王鞭、秧歌、花鼓舞等舞蹈形式。

旧时，民间婚礼、葬礼和盖房等重要时刻也多音乐、舞蹈相伴。(乾隆)《宁夏府志》记录"娶多用彩轿鼓吹"。⑤ 丧礼也同样要有音乐、舞蹈，(乾隆)《银川小志》载"丧礼，士大夫庶民服制从古，用佛事……受吊用鼓吹"。⑥（乾隆）《中卫县志》也记载"……丧用佛事，动鼓乐"。⑦《供舞》《转麸子城》就是为超度亡灵时而跳的舞蹈。中卫流传的《跳巧》是丰收之季或破土盖房之时，请巫师前来表演的舞蹈。⑧

---

① 范宗兴签注《弘治宁夏新志：签注本》，宁夏人民出版社，2010，第114页。
② （明）杨经纂辑，（明）刘敏宽纂次，牛达生、牛春生校勘《嘉靖固原州志·万历固原州志》，宁夏人民出版社，1985，第233页。
③ （民国）桑丹桂修，（民国）陈国栋纂，安正发校注《〔民国〕重修隆德县志》，载胡玉冰主编《宁夏珍稀方志丛刊》，上海古籍出版社，2018，第188页。
④ （清）徐保字、（清）张梯纂，王亚勇校注（道光）《平罗记略·续增平罗记略》，宁夏人民教育出版社，2003，第76页。
⑤ 胡玉冰、韩超校注《（乾隆）宁夏府志》，载胡玉冰主编《宁夏珍稀方志丛刊》，中国社会科学出版社，2015，第81页。
⑥ （清）汪绎辰编，张钟和、许怀然校注（乾隆）《银川小志》，宁夏人民出版社，2000，第59页。
⑦ （清）黄恩锡纂修，范学灵、冯万和、谭学荣校注《乾隆中卫县志校注》，宁夏人民出版社，1998，第29页。
⑧ 宁夏通志编纂委员会编《宁夏通志·文化卷》，方志出版社，2016，第208页。

宁夏民间舞蹈以汉族舞蹈数量最多、传播最为广泛。绝大多数民族民间舞蹈与时令节气、娱乐、民俗、生活习惯及祭祀活动密切相关。据1990年统计，宁夏民族民间舞蹈曾经有180余个流传于世，现存92个。① 宁夏民族民间舞蹈大致可分为四类：一是与时令节气紧密相关的民间舞蹈；二是祭祀性舞蹈；三是与人们日常生活习俗息息相关的舞蹈；四是融会于民间小戏中的舞蹈。②

四　民间工艺美术

1. 木雕

中华人民共和国成立前，木雕多见于官邸、寺庙、富豪宅院。宁夏吴忠市利通区金积镇的董府，在房门上方镂空各种图案，下方多刻有人物、动物、山水景物等。旧时，宁夏建筑的藻井、门窗、柱梁上多有刀法细腻的木雕。宁夏南部民居建筑的垂柱上往往雕有吉祥动物，如凤凰、孔雀和莲花、云纹等图案。③

2. 石雕

宁夏石雕主要为岩画、石窟、民间石狮、石碑等。宁夏发现数以万计的古代岩画，岩画的内容丰富，有游牧狩猎，有飞禽走兽，有人面像，也有动植物、自然景观等，以及斧、刀、石索、陷阱、车辆等工具图形，包罗万象，展现了古代人民的民风民俗、历史文化。宁夏境内最大的石刻像是晚唐时期固原境内的须弥山石窟的佛像。西夏石雕也种类繁多，有石像、碑座、石马、石狗以及柱础、栏柱等。民间最常见的石雕是石狮和石碑。石狮主要放置在门前左右两边。④

---

① 宁夏通志编纂委员会编《宁夏通志·文化卷》，方志出版社，2016，第176页。
② 《中华舞蹈志》编辑委员会编《中华舞蹈志·宁夏卷》，学林出版社，2014，第38~44页。
③ 宁夏通志编纂委员会编《宁夏通志·文化卷》，方志出版社，2016，第409页。
④ 宁夏通志编纂委员会编《宁夏通志·文化卷》，方志出版社，2016，第410页。

地方志与全域旅游

图 6-29　董府石雕

3. 砖雕

砖雕一般镶嵌于影壁、门楼、屋脊、屋檐、山墙、门框、窗沿等部位上，在创作手法上分"捏活"和"刻活"两种。[①] 砖雕图案多为花卉鱼鸟等民间喜闻乐见的题材，构图新颖生动，刻工精细，技法多样，层次分明。尤其是"浅浮雕""高浮雕""阳浮雕"，是宁夏砖雕的精华之所在。[②] 宁夏隆德民间艺人魏世祥是魏氏家族砖雕艺术的第三代传人，中央美术馆曾收录其砖雕作品。

4. 刺绣

宁夏人在衣服、帽子、枕头、耳套、鞋头、鞋垫、袜底、肚兜、荷包、手帕等生活用品上多用刺绣装饰。刺绣内容以牡丹、莲花、鸟类等为主，用白、黑、红、黄、蓝等对比色相配，装点出独特的艺术效果。宁夏隆德县的刺绣多次获全国奖项。宁夏隆德县刺绣作品《麒麟送子》被中国美术馆收藏。

---

① 宁夏通志编纂委员会编《宁夏通志·文化卷》，方志出版社，2016，第409页。
② 宁夏通志编纂委员会编《宁夏通志·民族宗教卷》，方志出版社，2016，第68页。

第六章　方志中的社会景观

图 6-30　刺绣荷包

5. 剪纸

剪纸在宁夏分布很广，沿袭很久，内容包含了本地的风土人情、民俗特色和生活情趣，是独特的艺术品。宁夏剪纸多为妇女冬季农闲时剪制。民间剪纸多为窗花、喜花和刺绣花样，旧时春节贴窗花、做花灯时基本家家参与。剪纸内容多以石榴、牡丹、莲花和鸟类等自然风物为素材。宁夏文化部门曾对民间剪纸进行收集整理，编印《隆德剪纸》两辑，共收集作品3000余幅。① 宁夏隆德县、海原县多次参加各地剪纸作品展览，并辑成《隆德民间剪纸》《海原民间剪纸》。隆德县的剪纸作

---

① 宁夏通志编纂委员会编《宁夏通志·文化卷》，方志出版社，2016，第415~416页。

地方志与全域旅游

品以反映区域民俗、生产、生活的最多。隆德县杨河乡虎凤英的剪纸作品《花鹿骆驼》，不但参加全国的剪纸作品展览，而且本人在中央电视台还做现场剪纸表演。海原县伏兆娥、伏兆凤姐妹先后有一百多幅作品参加展出，并在《民族画报》《西安晚报》等报刊上发表。她们的《骆驼十二生肖图》《姐妹话丰年》等作品最具代表性。①

6. 泥塑

宁夏固原市隆德县温堡乡杨坡村，有闻名陕甘宁的杨氏泥塑，杨栖鹤艺人祖孙六代潜心雕塑艺术，泥塑、木刻、根雕、绘画都精通。杨氏家族第一代泥塑传人为清代杨魁山，在几代人的努力下逐渐形成"杨氏家族艺术"。杨氏泥塑造型生动自然，特别是在人物的塑造上，比例准确，表情各异。在表现手法上，具有细腻与粗犷相加的特点。在色彩处理上，经粉底、沥粉、矾染、涂色、点饰图案、装金、罩光等方法着色后，其色度艳丽，对比明显，古朴典雅，并有防潮不掉色之功效。②

图 6-31 泥塑

---

① 薛正昌编著《宁夏·固原风物志》，云南人民出版社，2002，第 129~131 页。
② 宁夏通志编纂委员会编《宁夏通志·文化卷》，方志出版社，2016，第 413~414 页。

五 民间戏剧曲艺

元代，北杂剧和散曲兴盛，明代宁夏就有了戏曲活动。民间戏曲的一个重要功能是祭祀酬神。甚至"献戏赛神，连朝屡夜"①。（乾隆）《宁夏府志》记述："五月十三日，竞演剧祀关圣。"②（乾隆）《盐茶厅志备遗》（今宁夏海原县）中记载："东岳、关帝、城隍、太白等庙宇，各庙每年一会，再会不一，各有定期。……至期扮演设戏剧，男女纵观，夜以继日……穷乡小区，亦建方神庙，以为祈报之地，春秋二次，亦共聚焉，力不能者，演灯影以酬神。"③（民国）《重修隆德县志》载："旱涝、祈祷与演戏酬神……以便祀神祈福。"④ 地方小戏如道情戏、曲子戏、眉户、秧歌戏陆续形成，并在境内不同地区派生出不同风格的变体。⑤（乾隆）《银川小志》记："立春前一日，太守以下官迎春于东郊。有抬阁十余座，高跷十余人，并杂扮故事，鼓乐导往归，至府署二门外，供忙神春牛，行礼毕，上堂饮庆春席，戏班演戏数剧，童子扮村妇，唱秧歌；马夫扮报人，三次驰马至堂，叫高升。"⑥ 这既是对社火的记载，也是对当时热闹的戏曲演出的记载。晚清时期，宁夏地方曲艺形式宁夏小曲、宁夏道情、快板、说书等得以发展，渐趋成熟。⑦ 中华人民共和国成立后，宁夏秦腔剧团以宁夏地区的道情、坐唱、花儿等民

---

① （民国）马福祥、（民国）陈必淮等修，（民国）王之臣纂，胡玉冰校注《〔民国〕朔方道志》，载胡玉冰主编《宁夏珍稀方志丛刊》，上海古籍出版社，2018，第71页。
② （清）张金城修，（清）杨浣雨纂，陈明猷点校《乾隆宁夏府志》，宁夏人民出版社，1992，第109页。
③ （清）朱亨衍修，（清）刘统纂，胡玉冰、魏舒婧校注《〔乾隆〕盐茶厅志备遗》，载胡玉冰主编《宁夏珍稀方志丛刊》，上海古籍出版社，2018，第55页。
④ （民国）桑丹桂修，（民国）陈国栋纂，安正发校注《〔民国〕重修隆德县志》，载胡玉冰主编《宁夏珍稀方志丛刊》，上海古籍出版社，2018，第188页。
⑤ 宁夏通志编纂委员会编《宁夏通志·文化卷·概述》，方志出版社，2016，第7页。
⑥ （清）汪绎辰编，张钟和、许怀然校注（乾隆）《银川小志》，宁夏人民出版社，2000，第57页。
⑦ 宁夏通志编纂委员会编《宁夏通志·文化卷·概述》，方志出版社，2016，第9页。

歌小调为基础创作出一个宁夏地方戏新品种——夏剧,并推出《碾米》《花亭会》《八郎送饭》《打神告庙》《卖碗》等小戏。

1. 宁夏眉户

清代后期,眉户由陕西关中一带传入宁夏。眉户传入宁夏后,吸收宁夏方言和民歌小调形成了不同的特点。早期的宁夏眉户剧目,主要角色为小生、小旦、小丑等,内容主要为爱情剧。中华人民共和国成立后,除大型传统剧目以外,内容主要体现现实生活。20世纪50年代后不断有现代题材的大型剧目推出。[1]

2. 夏剧

夏剧是在宁夏川区语音为念白和唱腔的基础上,吸收秦腔、眉户、说唱、道情以及流传在宁夏的民间小调创立而成的。[2] 夏剧曲调明亮欢快、委婉优美,道白以银川方言为基础,吸收其他戏曲艺术的韵白,形成独特的语言风格。宁夏首个大型夏剧是《皇封乞丐》。

3. 皮影戏

皮影在乡村俗称"牛皮灯影子"、"影戏"或"灯影戏"。皮影戏的起源很早,长期流行于民间,陕、甘、宁省区是主要发祥地之一。民间用灯光照射牛皮雕刻成的人物剪影表演,[3] 集说唱、吹打、念白为一体。皮影人物的制作源于民间剪纸。演出时,皮影艺人用线杆牵动牛皮制成的人物表演,同时伴唱。皮影一般晚上在庙会上表演较多。现在剧目推陈出新,演出也从过去的窑洞、帐篷搬到了剧院。固原的皮影戏戏班一般5~7人,其中文武乐队3~4人,乐器主要是锣、鼓、钹、板胡、唢呐等。整个表演过程,类似于现在的木偶戏。[4]

4. 宁夏坐唱

前身为宁夏小曲,民间称"宁夏说书""小曲子",流行于银川、

---

[1] 宁夏通志编纂委员会编《宁夏通志·文化卷》,方志出版社,2016,第242~243页。
[2] 宁夏通志编纂委员会编《宁夏通志·文化卷》,方志出版社,2016,第243页。
[3] 宁夏通志编纂委员会编《宁夏通志·文化卷》,方志出版社,2016,第243页。
[4] 薛正昌编著《宁夏·固原风物志》,云南人民出版社,2002,第131页。

第六章　方志中的社会景观

图 6-32　皮影戏

永宁、贺兰、中宁、同心、平罗、惠农等地。宁夏将陕西、甘肃小曲的曲调、曲牌及表演形式融入演唱中形成宁夏小曲。清光绪末年，宁夏开始出现专门演唱宁夏小曲的班社和专门演出宁夏小曲子的场所。1958年，宁夏专业文艺工作者挖掘了宁夏小曲表演中的坐唱形式，经过加工改造，使宁夏小曲的坐唱表演形式逐渐形成一个新曲种"宁夏坐唱"。[①]民间把宁夏小曲称为"说书调""地摊子戏"，大多在庙会、集市、街头演出。一人用三弦或板胡自弹自唱。宁夏坐唱为两个人坐着表演，一

---

① 宁夏通志编纂委员会编《宁夏通志·文化卷》，方志出版社，2016，第 272~273 页。

个人一面用梆子击节，一面和领唱者插科打诨。① 二人分角摹声，表演时形成了逗哏与捧哏关系。② 主要剧目有《年轻的老汉》《遇亲人》《娶儿媳》等。

5. 宁夏道情

宁夏道情，又称"渔鼓道情"，主要分布于宁夏银川、盐池、中宁、固原等地，由甘肃、陕西传入。民间有"道情皮影不分家"的说法。艺人们白天撂地唱小曲、道情，晚上演皮影。在皮影演出时，上半部用秦腔，后半部用道情演唱。宁夏道情曲目众多，大多靠艺人口传心授。③

6. 隆德曲子

隆德曲子，又称"地摊子"。隆德曲子唱词多为七字句，曲目多以诙谐幽默的语言反映为人处世、自由恋爱等内容。隆德曲子流行于宁夏南部的隆德、固原、西吉、海原等地。隆德曲子相传起源于明代，光绪年间，陕西艺人以隆德民歌小调为基础，吸收部分陕西曲子曲调，丰富和发展了隆德曲子。④ 从清末到民国年间，隆德曲子很受百姓欢迎，节庆和庙会都能见到艺人的身影。

7. 盐池说书

盐池说书源于陕北说书，由陕北传入盐池等地，一般用盐池方言以韵文为主兼有说白的形式演唱，唱词为七言上下句结构，在宁夏盐池、中宁、同心及银川等地流行。盐池说书多为盲艺人一人表演，演唱时自弹自唱，伴奏用三弦或琵琶、胡琴，有时艺人在演唱时还将腿板用三页竹板串联，绑在小腿上晃动击节或由其他陪伴者用碰钟或枣木梆子、渔鼓、简板等击节伴奏。⑤

---

① 李萌、徐庄编著《宁夏·银川风物志》，云南人民出版社，2002，第150~151页。
② 宁夏通志编纂委员会编《宁夏通志·文化卷》，方志出版社，2016，第273页。
③ 宁夏通志编纂委员会编《宁夏通志·文化卷》，方志出版社，2016，第273~274页。
④ 宁夏通志编纂委员会编《宁夏通志·文化卷》，方志出版社，2016，第271页。
⑤ 宁夏通志编纂委员会编《宁夏通志·文化卷》，方志出版社，2016，第275~276页。

第七章　方志中的宁夏特产

　　宁夏虽然总面积只有6.6万多平方公里，但是疆域轮廓东西短、南北狭长，高原与山地交错，腾格里沙漠、乌兰布和沙漠与毛乌素沙漠从西面、北面至东面相围，南面与黄土高原相连。山脉、高原、平原、丘陵、河谷、沙地等自然景观在宁夏一应俱全，地表构造的复杂多样，也造成了物产的多样化，盐池（光绪）《花马池志迹·风俗》认为"五方之风气各殊，物产亦异。"[1]

　　宁夏地方特产以前主要有"五宝"，即红宝枸杞、黄宝甘草、蓝宝贺兰石、白宝滩羊皮、黑宝发菜。这些特产旧时多为宁夏进献的贡品。

　　据（乾隆）《宁夏府志》记载，当时宁夏物产最著者有："夏朔之稻、灵之盐、宁安之枸杞、香山之羊皮，中卫近又以酒称。"[2]（弘治）《宁夏新志》、（嘉靖）《宁夏新志》等旧志，对宁夏土贡红花、马、盐、甘草、苁蓉、枸杞等都有记录。《宁夏物价志》载，民国时期宁夏的各大商号大量收购羊毛、发菜、枸杞、甘草等土特产品，售于广东、港澳商人和洋行，获利颇丰。这些土特产蕴含着宁夏鲜明的地域文化特色，随着传统农业向现代农业转变，2000年后宁夏特色农业得到大力发展，粮食加工业、肉乳制品业、绒毛加工业、葡萄酿酒业、生物制药业和水

---

[1]　范宗兴笺证《盐池旧志笺证》，黑龙江人民出版社，2005，第38页。
[2]　（清）张金城修，（清）杨浣雨纂，陈明猷点校《乾隆宁夏府志》，宁夏人民出版社，1992，114页。

地方志与全域旅游

产果蔬业六大支柱产业快速发展，其中宁夏传统五宝和宁夏葡萄酒、彭阳果脯、盐池黄花菜、中宁枣子、枸杞酒等宁夏特色土产也成为到宁夏旅游的必购特色商品。

图7-1　中卫蒿子面馆（摄于宁夏观光夜市）

宁夏枸杞、甘草、杂粮、畜禽等特产多在旧志中物产篇章下简单记录，且多为名录，现新编市县志则记述在农业篇的章节下。一些专业志如《宁夏物价志》《宁夏通志·商贸旅游卷》《宁夏药事志》《宁夏农业志》《宁夏农垦志》中也有涉及这些特色物产。近年来，新修志书开始重视本地特色产品的记录，但是因为志书编纂周期长，本章只收录整理了笔者能收集到的已出版志书中的特产资源。

第一节 枸杞

枸杞，属茄科落叶灌木，其果实曰"枸杞子"，别名"红果子""地铺""苦杞""明目子"等。枸杞果实成熟后味道甘甜，为红色椭圆形圆果。枸杞子是宁夏最驰名的道地药材，人工种植历史悠久，栽培技术和药材质量处于全国领先地位。宁夏土壤、气候、光照都适宜枸杞生长，加上种植的"茨农"精心栽培，宁夏枸杞素以粒大、肉厚、色红、籽少、质柔、味甜而驰名中外，畅销全国各地，并有出口。[1] 宁夏枸杞，以成熟果实入药，为我国传统名贵药材，收载于历版《中华人民共和国药典》，均采自人工栽培品，[2] 为宁夏五宝之首。明（弘治）《宁夏新志》中已有记载，宁夏枸杞明代已被列为"贡果"。中华人民共和国成立后，政府大力扶持，使宁夏枸杞不断改良品种，增加产量，以枸杞为原料的加工系列产品不断推陈出新。

据《中宁县志》记载，枸杞始名于我国2000多年前的《诗经·郑风·将仲子》"无折我树杞"。[3] 和《诗经·小雅·北山》载："陟彼北山，言采其杞。"[4] 说明早在2000年前我国已经有了枸杞，并有人采摘。明代药物学家李时珍在《本草纲目》中记录：此物棘如枸之刺，茎如杞之条，故兼名之。[5]

---

[1] 宁夏药监局、宁夏药学会、《宁夏药事志》编纂委员会编《宁夏药事志（1032-2000）》，宁夏人民出版社，2009，第18页。
[2] 宁夏药监局、宁夏药学会、《宁夏药事志》编纂委员会编《宁夏药事志（1032-2000）》，宁夏人民出版社，2009，第17~18页。
[3] 中宁县志编纂委员会编《中宁县志（1986~2006）》，黄河出版传媒集团宁夏人民出版社，2013，第283页。
[4] 中宁县志编纂委员会编《中宁县志（1986~2006）》，黄河出版传媒集团宁夏人民出版社，2013，第283页。
[5] 中宁县志编纂委员会编《中宁县志（1986~2006）》，黄河出版传媒集团宁夏人民出版社，2013，第283页。

地方志与全域旅游

图 7-2　宁夏枸杞园

枸杞全世界约有 80 种，中国有 7 种，3 个变种，中宁枸杞是 7 种之一。[①] 宁夏枸杞子的营养成分和药理活性成分颇为丰富，化学分析结果表明，宁夏枸杞除含蛋白质、糖、脂肪、无机盐、各种氨基酸外，还含有黄酮、甜菜碱、棕榈酸、油酸、亚油酸、胡萝卜素、类胡萝卜素、类胡萝卜素酯、甾醇类等化合物和铜、锰、锌、钴、铬、钼、锡、钡、硒、锶、碘、氟、硼、硅、锗等微量元素。[②] 宁夏枸杞子被国际上公认为是"富集锂"植物。《神农本草经》认为，枸杞子主养命以应天，无毒，多服、久服不伤人。[③] 现代科学研究认为，其主要功能是：清肝、润肺、滋肾、益气、生精、助阳、补劳、强筋骨、祛风湿、明目，不仅对慢性肝炎、中心性视网膜炎、视神经萎缩病疗效明显，对糖尿病、肺结核也有一定疗效，还有保肝、抗肿瘤、

[①] 中宁县志编纂委员会编《中宁县志（1986~2006）》，黄河出版传媒集团宁夏人民出版社，2013，第283页。
[②] 宁夏药监局、宁夏药学会、《宁夏药事志》编纂委员会编《宁夏药事志（1032-2000）》，宁夏人民出版社，2009，第18页。
[③] 中宁县志编纂委员会编《中宁县志（1986~2006）》，黄河出版传媒集团宁夏人民出版社，2013，第283页。

降压、降血糖及抗衰老等作用。① 药效学研究结果表明，宁夏枸杞果实及枸杞多糖可有效提高机体免疫调节功能，具有抗突变、抗疲劳、明目养颜等功效，还有降血脂、胆固醇和提升白细胞的功效。②

李时珍在《本草纲目》中认为枸杞甘平而润，性滋而补，能补肾润肺，生精益气。③ 枸杞浑身是宝，根、茎、叶、花、果皆可以利用。苏轼在《小圃五咏·枸杞》中称其神药不自闷，罗生满山泽。……根茎与花实，收拾无弃物。④ 枸杞可"药食两用"，枸杞嫩叶可食用或作枸杞茶，枸杞根皮也具有清热、凉血的作用。唐代诗人刘禹锡诗《楚州开元寺北院枸杞》赞叹道："僧房药树依寒井，井有香泉树有灵。翠黛叶生笼石甃，殷红子熟照铜瓶。枝繁本是仙人杖，根老新成瑞犬形。上品功能甘露味，还知一勺可延龄。"⑤黄恩锡也在（乾隆）《中卫县志》中感慨："六月杞园树树红，宁安药果擅寰中。千钱一斗矜时价，绝胜腴田岁早丰。"⑥ 描述了宁安枸杞六月丰收、价格贵、种植广的情况。在宁夏还有很多关于枸杞的传说故事如《长生果》的故事。

宁夏在枸杞的药品、保健品开发方面做了大量工作，开发出枸杞多糖、枸杞颗粒剂、枸杞泡腾片、枸杞胶囊（油）、枸杞豆浆精、枸杞露、枸杞膏、枸杞鲜汁、枸杞酒、枸杞香醋、枸杞袋泡茶等系列产品，枸杞鲜果、枸杞嫩苗叶已进入餐饮业成为名菜佳肴。⑦ 其

---

① 宁夏物价志编纂委员会编《宁夏物价志》，宁夏人民出版社，1996，第148页。
② 宁夏药监局、宁夏药学会、《宁夏药事志》编纂委员会编《宁夏药事志（1032－2000）》，宁夏人民出版社，2009，第18页。
③ 《宁夏农垦志》编纂委员会编《宁夏农垦志（1989－2004）》，宁夏人民出版社，2006，第328页。
④ 宁夏物价志编纂委员会编《宁夏物价志》，宁夏人民出版社，1996，第148页。
⑤ 刘枫主编《刘禹锡诗集》，黄河出版传媒集团阳光出版社，2016，第209页。
⑥ （清）黄恩锡纂修《（乾隆）中卫县志·卷十》，载宁夏地方志编审委员会办公室编，负有强、李灵文主编《宁夏旧方志集成·清代编》，学苑出版社，2015，第558页。
⑦ 宁夏药监局、宁夏药学会、《宁夏药事志》编纂委员会编《宁夏药事志（1032－2000）》，宁夏人民出版社，2009，第18页。

中研发的"大夏红"富硒枸杞鲜果酒、"杞浓"枸杞酒（2000年在法国巴黎名酒博览会上荣获法国特别金奖①）、宁夏红枸杞果酒成为中国知名品牌。研发的富硒枸杞在防癌、治癌、预防和治疗老年多发病、增强人体免疫力、延缓衰老方面的作用大大提高，填补了国内外该类保健品的空白。②

中宁是中国枸杞原产地和中国枸杞之乡，中宁枸杞曾名宁安枸杞，因其主产于宁安堡而得名。明末清初，宁安堡出

图7-3 宁夏红枸杞酒

现大量的家种枸杞园，农民相互学习传授枸杞栽培管理经验，产量和品质都有了极大提高，满足了朝贡和旺盛的中药材市场的需求。③（弘治）《宁夏新志》所列国朝岁贡项目中的枸杞，就是宁安枸杞。（乾隆）《银川小志·物产》记："枸杞，宁安堡产者极佳，红大肉厚，家家种植。"④（乾隆）《中卫县志》有"枸杞，宁安一带，家种杞园，各省入

---

① 《宁夏农垦志》编纂委员会编《宁夏农垦志（1989－2004）》，宁夏人民出版社，2006，第340页。
② 《宁夏农垦志》编纂委员会编《宁夏农垦志（1989－2004）》，宁夏人民出版社，2006，第328~329页。
③ 中宁县志编纂委员会编《中宁县志（1986~2006）》，黄河出版传媒集团宁夏人民出版社，2013，第283页。
④ （清）汪绎辰编，张钟和、许怀然校注（乾隆）《银川小志》，宁夏人民出版社，2000，第211页。

第七章　方志中的宁夏特产

图 7-4　中宁枸杞

药甘枸杞,皆宁产也"①的记述。(民国)《朔方道志》也载,枸杞为宁安堡产最佳。这些记述都肯定了中宁枸杞的质量优、产量大、销量广,说明了中宁枸杞在明清时期就已经在枸杞市场占有一席之地。中华人民共和国成立后,中宁县被确定为全国枸杞生产基地县,被命名为"中国枸杞之乡",并入选全国首批百家特产之乡。

图 7-5　中宁硒砂枸杞

中宁枸杞除与人体健康长寿的相关物质铁、锌、硒、锗、枸杞多糖比外地标准含量高外,17 种氨基酸中 3 种高于自治区内同类产品,尤其是前 5 种居全国之首。② 在首届中国长沙产业博览会上,中宁枸杞获"名优产品"称号。

---

① (清)黄恩锡纂修,范学灵、冯万和、谭学荣校注《乾隆中卫县志校注》,宁夏人民出版社,1998,第 40 页。
② 中宁县志编纂委员会编《中宁县志(1986~2006)》,黄河出版传媒集团宁夏人民出版社,2013,第 284 页。

地方志与全域旅游

第二节　羊

一　宁夏滩羊

宁夏"五宝"之一的"白宝"为滩羊"二毛裘皮"。二毛皮自明朝至今一直是宁夏的名贵产品。滩羊是著名的裘皮原料品种，属脂尾羊中的长脂尾羊。羔羊长至一月龄时，自然毛的长度一般为8~9厘米，色洁白，毛股弯曲均匀，有"串字花""软大花"等类型，此时宰杀取皮即为二毛裘皮。二毛裘皮经加工处理，可制成各式皮衣、皮褥、皮围巾、皮帽等，轻便暖和，极其美观。不够二毛标准的称胎皮，胎皮也可用于制衣。①

图7-6　羊毛靠垫

---

① 《盐池县志》编纂委员会编《盐池县志（1981-2000）》，宁夏人民出版社，2002，第91页。

第七章　方志中的宁夏特产

《宁夏农垦志》载，宁夏滩羊所产二毛裘皮薄如厚纸、质地坚韧、柔软丰匀、非常轻便，以"轻裘"著称。①二毛皮羊毛弹性好，纤维长，是纺织工业的上等原料，毛穗色泽洁白，呈现特有的弯曲，如起伏的波浪，所以有"九道弯"之称。用二毛皮制作皮衣、围巾、马甲等，保温性极佳。清代，英商高林洋行（宁夏第一家洋行）就是通过贩卖羊毛来牟取暴利的。

滩羊毛属粗毛型，但毛纤维细长均匀，富有光泽和弹性，是纺织呢料、毛线、毛毯和地毯的最佳原料。大羊皮质柔软、结实耐磨，是制作皮衣的首选原料。②

"要吃好羊肉，请到盐池来"，由于盐池县牧草多药性，盐池的滩羊肉膻腥味小、脂肪少、味道鲜美，特别是羔羊肉细嫩可口，因此是盐池县特产。

图7-7　羊毛制品

---

① 《宁夏农垦志》编纂委员会编《宁夏农垦志（1989-2004）》，宁夏人民出版社，2006，第332页。
② 《盐池县志》编纂委员会编《盐池县志（1981-2000）》，宁夏人民出版社，2002，第91页。

二 中卫山羊

中卫山羊主要分布于宁夏中卫的香山地区。中卫香山产的沙毛山羊皮驰名中外,是宁夏传统的出口商品。① 中卫山羊沙毛裘皮衣为独特传统产品,清代为贡品,有"千金裘"之誉。沙毛山羊皮指羔羊产后35天左右、毛股7~8厘米时经宰杀鞣制所得。中卫山羊沙毛裘皮,毛柔细,花穗美观,毛股紧密呈波状弯曲,多在4个以上,最多达6个,排列错落有致,外观与滩羊二毛皮极为相似,系各式裘装、皮褥的上好原料,同为宁夏两大"轻裘"品系。10~12张能做长80厘米的皮统子一件。② 沙毛裘皮筒,有长衣、短衣两种,鞣制做工精良,

图7-8 宁夏二毛皮背心

穗花美观,轻暖耐用,自然成绺,纹似波浪,属雍容华贵之上品。

明代时期,香山被分封为庆靖王朱栴的牧场,畜牧业兴旺。所产中卫山羊属"名、优、特、稀"家畜良种,系全国特有裘皮用羊种。曾有沙羊、山羊、羔皮山羊、沙毛山羊等称谓。③

清代有佚名诗人云:"香岩沙毛宇内祈,蒙茸九曲貌姑衣。旃裘列

---

① 《宁夏商业志》编纂委员会编《宁夏商业志·引言》,宁夏人民出版社,1993,第2页。
② 中卫县县志编纂委员会编《中卫县志》,宁夏人民出版社,1995,第363页。
③ 中卫县县志编纂委员会编《中卫县志》,宁夏人民出版社,1995,第361页。

第七章　方志中的宁夏特产

图7-9　宁夏山羊

里承嘉拜，京兆王家见亦稀。"[1] 证明中卫山羊沙毛裘皮在清代已闻名四方。

（民国）《朔方道志》对沙毛山羊也有记载："羖䍽羊，一名'沙羊'，亦名'山羊'，此羊爬山便捷，肉亦鲜美，毛曰'沙毛'，有黑、白二种。"[2]

第三节　甘草

甘草，俗名"甜根子""干干草"，明清时就是贡品。甘草和枸杞多在志书中物产篇有记录，归药之属。甘草为豆科多年生草本植物，夏季开花，甘草花淡红泛紫，以根和根茎入药。甘草根茎粗壮，横断面黄色

---

[1] 杨继国、胡迅雷主编《宁夏历代诗词集》（五），黄河出版传媒集团宁夏人民出版社，2011，第2111页。
[2] （民国）马福祥、（民国）陈必淮等修，（民国）王之臣纂，胡玉冰校注《〔民国〕朔方道志》，载胡玉冰主编《宁夏珍稀方志丛刊》，上海古籍出版社，2018，第87页。

或淡黄色。根入药,能清热解毒、润肺止咳等,又可作食物香料,[1] 俗称"中药王"。明《本草纲目》中解释:诸药中甘草为君,治七十二种乳石毒,解一千二百草木毒,调和众药有功。[2] 甘草在中药材中有"黄衣国老"之称,在中西医临床、食品、化工、印染工业等领域被广泛应用。

图7-10　甘草

甘草也是宁夏五宝之一。宁夏雨水量较少,日照充足,宁夏甘草历来以色红、皮细、体重、粉性大、加工精细而闻名,素以"西正甘草"的品牌闻名于世,以本品为原料生产的甘草膏品牌为"西正甘草膏",与原料药同样长期畅销于国内外。[3]

宁夏甘草加工后制成的药膏质量上乘,民国时期就有专门的工厂进行加工,据《宁夏工商史料》载:1926年,芬兰商人在平罗县办甘草

---

[1] 马德滋、刘惠兰编著《宁夏植物志》(第一卷),宁夏人民出版社,1986,第372页。
[2] 宁夏物价志编纂委员会编《宁夏物价志》,宁夏人民出版社,1996,第151页。
[3] 宁夏药监局、宁夏药学会、《宁夏药事志》编纂委员会编《宁夏药事志(1032-2000)》,宁夏人民出版社,2009,第19页。

膏厂。1933年初，宁夏省政府利用芬兰商人丢弃的蒸汽机等设备筹办了裕宁甘草公司，拣选粗大的甘草经切修加工成中药材商品，销往外省，拣选剩下的毛细枝条、节子等甘草熬制甘草膏。

中华人民共和国成立后，甘草种植业迅速发展，并向深加工发展。至2000年，就已形成了以平罗、中宁、红寺堡、灵武、盐池为重点的种植区，全区种植规模达4万亩，千亩以上连片的种植基地4处。[1] 如盐池县建立制药厂，以先进工艺制造甘草膏、甘草霜，这些甘草制剂除供应国内医药单位外，还远销亚洲、大洋洲、欧洲等国家和地区。[2]

图7-11　甘草茶

国务院把宁夏盐池县定为"甘草之乡"。盐池县甘草具有石粉大、筋少质实、体重等特点，含有甘草糖、葡萄糖醛酸、甘露糖、天门冬素、树脂葡萄糖、蛋白质、蕉糖酶等多种有效物质，能清火解毒，止咳

---

[1]　宁夏药监局、宁夏药学会、《宁夏药事志》编纂委员会编《宁夏药事志（1032－2000）》，宁夏人民出版社，2009，第19页。
[2]　宁夏物价志编纂委员会编《宁夏物价志》，宁夏人民出版社，1996，第153页。

祛痰、补脾、和胃，对于治疗咽喉肿痛、咳嗽、心悸、溃疡等疾病有明显效果。[1]

铁心甘草是宁夏盐池、同心、灵武等地的民间草药，用于治疗肠炎、胃炎、妇女痛经等。1992年，宁夏开展了铁心甘草的调查和研究。宁夏药品检验所在"全国民族民间药材调查研究"课题中研究了包括铁心甘草的植物来源、采收加工、民间药用经验、铁心甘草与正常甘草的区别等，制定了铁心甘草质量标准，并载入《中国民族药志》《现代实用本草》《宁夏中药志》等药学专著中。

第四节 中卫酒

中卫除了香山的沙毛山羊皮闻名，酿酒业自古亦非常兴盛。中卫是宁夏唯一有历史记载的酒乡，（乾隆）《中卫县志》就有酿酒的记载，酿酒文化源远流长。宋时，中卫酿酒业已自成流派。明清时，中卫酒已名扬西北，风靡塞上。

康熙作诗《中卫酒》："村野香廊有琼浆，近水远山醉霞觞。天酿地造春波绿，原来中卫是酒乡。"[2] 中卫酒得到了康熙赞誉，中卫也被康熙称为"酒乡"。（乾隆）《中卫县志》收清举人李孝洋作《樵云黄同年惠中卫酒》诗，也描述了中卫酒的美味，曰："千顷波澄慰渴人，双樽稠迭（叠）拜芳醇。从今识得鸣沙味，吸尽葫芦满腹春。"[3] 中卫黄河渡口莫家楼自古是西北地区陆路和水运交通枢纽，带动了中卫商业的繁荣，中卫酒也随着南来北往的商旅远销俄罗斯、蒙古国，以及我国新疆、甘

---

[1] 《盐池县志》编纂委员会编《盐池县志（1981-2000）》，宁夏人民出版社，2002，第375页。
[2] 杨继国、胡迅雷主编《宁夏历代诗词集》（四），黄河出版传媒集团宁夏人民出版社，2011，第1270页。
[3] （清）黄恩锡纂修，范学灵、冯万和、谭学荣校注《乾隆中卫县志校注》，宁夏人民出版社，1998，第386页。

肃、天津等地。

光绪年间（1875～1908），中卫已有十多家烧坊，包括"郑家烧坊""欧阳家烧坊""义隆源烧坊"等。"义隆源烧坊"在清末年间规模较大，先后在天津、包头、兰州、平凉等地设有货栈，烧坊生产的白酒除在本地销售外，还随着在外地开办货栈，而在被开办地销售。20世纪50年代，私营酒厂"四合荣烧坊"（原"义隆源烧坊"）被改造为地方国营中卫酒厂（即传承至今的香山酒业）。中卫酒厂整理保护了古酿酒旧址，百年酿酒大锅、酒曲、烧酒壶……这些传承百年的"义隆源"文物至今仍然收藏在香山酒业公司。[①] 宁夏酒博物馆在宁夏香山酒业集团中卫古酿酒遗址上扩建而成，分为宁夏酒史、宁夏历代酒器酒具、中卫古酿酒和古窖藏遗址、馆藏精品书画等主题陈列馆。

中卫香山牌系列白酒被宁夏食品工业协会、质量检验协会推荐为"质量信得过产品"，被中国农业博览会认定为"中国名牌产品"。

第五节　其他特产

一　贺兰石砚

清末，曾传有"一端二歙三贺兰"的说法。贺兰石砚为产于贺兰山笔架山的贺兰石所制，清朝康熙年间（1662～1722）宁夏贺兰石砚已经开采。（乾隆）《宁夏府志·卷三》记载，"笔架山，在贺兰山小滚钟口，三峰矗立，宛如笔架，下出紫石，可为砚，俗呼'贺兰端'"。[②] 贺兰石质地细密，用它制作的砚台具有发墨快细、不干不臭等优点。贺兰石结构均匀，以紫绿相映为佳。带盖的贺兰砚如同密封器一般有

[①] 董积玉编著《百年香山酒史》，宁夏人民出版社，2009，第45～71页。
[②] （清）张金城修，（清）杨浣雨纂，陈明猷点校《乾隆宁夏府志》，宁夏人民出版社，1992，第87页。

"存墨过三天"之誉。1963年，时任国家副主席董必武曾赋诗赞誉："色如端石微深紫，纹似金星细入肌。配在文房成四宝，磨而不磷性相宜。"①

图 7-12 贺兰砚

贺兰砚的图案众多，以造型而论分为仿形砚、随形砚、兽砚、素砚、玩砚五类。将贺兰石雕刻成贺兰砚需八道工序。②

二 彭阳果脯

彭阳县盛产杏、苹果、梨、桃、李等水果。彭阳县以加工杏产品开发为主，开发了果脯果丹皮、五香杏仁等十多种产品，生产出的"茹阳"和"云雾山"杏仁饮料等杏产品畅销全国大中城市，彭阳县杏产业产加销、贸易一体化的格局已初步形成，③ 因此彭阳县获得了"全国名特优经济林——仁用杏之乡"称号。

---

① 宁夏物价志编纂委员会编《宁夏物价志》，宁夏人民出版社，1996，第154页。
② 宁夏物价志编纂委员会编《宁夏物价志》，宁夏人民出版社，1996，第154页。
③ 彭阳县林业和生态经济局编《彭阳县林业生态志》，中国文化出版社，2013，第100页。

第七章　方志中的宁夏特产

图 7-13　宁夏黄河滩枣

图 7-14　宁夏野生酸枣

三　中宁红枣

中卫、中宁原为一个县，即中卫县，后分开。现中宁县产枣。明代，宁夏普遍栽培红枣，尤其以中宁等县最多。（乾隆）《中卫县志》中辑录黄恩锡《中卫竹枝词》"亲串相遗各用情，年年果实喜秋成。永康酒枣连瓶送，蒸枣枣园夙擅名。"[1] 称赞中宁红枣是送礼佳品。中宁红枣果实甜，供食用，亦可入药，能补脾胃、润心肺、益气营养。[2]

四　发菜

发菜因为其颜色乌黑，形状像头发而得名，俗称"头发菜""龙发菜"，为天然陆生菌类物种，属蓝天门念珠藻科。[3] 因其谐音

---

[1] （清）黄恩锡纂修《（乾隆）中卫县志·卷十》，载宁夏地方志编审委员会办公室编，负有强、李习文主编《宁夏旧方志集成·清代编》，学苑出版社，2015，第558页。
[2] 马德滋、刘惠兰编著《宁夏植物志》（第一卷），宁夏人民出版社，1986，第455页。
[3] 固原地方志编纂委员会编《固原地区志》，宁夏人民出版社，1994，第413页。

223

"发财"吉利,为馈赠亲朋佳品,主要分布在宁夏同心、盐池、灵武、中宁、海原等地。现已禁止采挖、营销。发菜是"美味八珍"之一,并有很高的营养价值,有人体需要的碳水化合物及钙、磷、碘等多种成分,又是上好的药膳食品,具有清热、利尿、解毒、补血等功效,可治高血压、佝偻病、营养不良、产后血症、甲状腺肿大等症。[1] 我国食用发菜历史悠久,远在唐代即已采进供肴馔,并作为商品远销到南亚、南洋群岛等地。[2](乾隆)《中卫县志》载《头发菜》诗一首:"千茎未白己(已)萧疏,羞把青丝当野蔬。多少愁肠消未得,云鬓缕缕那堪茹。"[3] 形容发菜像妇女头发一样,浓密如云。

五　马铃薯

在(乾隆)《中卫县志》中,黄恩锡《中卫竹枝词》"山药初栽历几年,培成蔬品味清鲜。从兹不必矜淮产,种遍宣和百亩田"[4],指出山药(现指马铃薯)在宁夏初次栽种的时间。马铃薯,又称"洋芋""土豆""山药蛋"等,在抗灾中有"救命蛋""宝贝蛋"之称,抗逆性强,稳产高产,可以制造淀粉、合成橡胶、人造丝、电影胶片、葡萄糖等数十种产品,亦是食品、医药、造纸、印刷、化工等工业原料。[5] 宁夏的马铃薯主要产区是固原市、同心县和盐池县。

六　蜂蜜

盐池县蜂蜜资源丰富,主要有老瓜头(学名"牛心蒲")、芸芥、

---

[1] 固原地方志编纂委员会编《固原地区志》,宁夏人民出版社,1994,第413页。
[2] 固原地方志编纂委员会编《固原地区志》,宁夏人民出版社,1994,第413页。
[3] (清)黄恩锡纂修,范学灵、冯万和、谭学荣校注《乾隆中卫县志校注》,宁夏人民出版社,1998,第395页。
[4] (清)黄恩锡纂修,范学灵、冯万和、谭学荣校注《乾隆中卫县志校注》,宁夏人民出版社,1998,第383页。
[5] 固原地方志编纂委员会编《固原地区志》,宁夏人民出版社,1994,第412页。

第七章 方志中的宁夏特产

图 7-15 宁夏特产

胡麻、荞麦等蜜源植物。蜂蜜含多种氨基酸、维生素、矿物质及蛋白质，久服能清胃润肺、止咳消炎、健脾胃、治便秘、解酒护肝、美容养颜。[①] 盐池县原野蜂产品科技开发公司研制开发的老瓜头蜂蜜、甘草花蜂蜜、蜂王浆、花粉、蜂胶等蜂产品，远销日本、韩国、加拿大等国家。

七 荞麦

荞麦面营养丰富，含有蛋白质、碳水化合物、维生素 B_1、维生素 B_2 和铁、磷、钙等矿物质元素以及柠檬、苹果酸等成分，[②] 有"甜荞"

[①] 《盐池县志》编纂委员会编《盐池县志（1981-2000）》，宁夏人民出版社，2002，第374页。

[②] 《盐池县志》编纂委员会编《盐池县志（1981-2000）》，宁夏人民出版社，2002，第374页。

"苦荞"两种。长期食用荞麦面，有强化血管、降低血压、清热助消化、防治糖尿病、疏肠宽胃等功效。食用以制成"荞面饸饹"为佳。

八 柳编制品

沙柳是一种多年生灌木，能防风固沙，其枝条是柳编加工业的优质原料。盐池县中部、北部地区种植面积为20万亩以上。[①] 盐池县柳编厂产品销往美国、日本、英国等十几个国家和地区，属出口免检产品。

九 豆类

宁夏泾源、隆德、西吉等县大多有种植豆类作物。其中，六盘山蚕豆颗粒中型，含有丰富的蛋白质，加工的淀粉质地洁白细腻。2008年，"六盘山蚕豆"被批准实施农产品地理标志登记保护。宁夏泾源县的白云豆、花豆籽粒椭圆饱满，蛋白质含量高，适合与稻米混合熬粥。白豌豆在西吉县种植最多，其他各县也均有种植，豆皮纯白，籽实饱满，颇受各地粮食市场欢迎，是制作豆制品的上乘原料，畅销全国并批量出口。[②]

十 蕨菜

蕨菜产于六盘山阴湿地区，春季发芽长嫩茎，俗称"吉祥菜"，后来成为贡品。20世纪90年代，宁夏组织采集加工蕨菜，因其生在荒山僻野，未受污染，加之富含淀粉、蛋白质、脂肪、磷、钙、维生素A、维生素C及野生樱甙、延胡素酸、琥珀酸等成分，颇受国外人士青睐，成为六盘山地区重要出口物资之一。[③]

[①] 《盐池县志》编纂委员会编《盐池县志（1981－2000）》，宁夏人民出版社，2002，第375页。
[②] 固原地方志编纂委员会编《固原地区志》，宁夏人民出版社，1994，第412页。
[③] 固原地方志编纂委员会编《固原地区志》，宁夏人民出版社，1994，第414页。

第八章　地方志资源与全域旅游的契合*

习近平总书记高度重视对地方志的学习,他认为"要马上了解一个地方的重要情况,就要了解它的历史。了解历史的可靠的方法就是看志,这是我的一个习惯。过去,我无论走到哪里,第一件事就是要看地方志,这样做,可以较快地了解到一个地方的山川地貌、乡情民俗、名流商贾、桑麻农事,可以从中把握很多带有规律性的东西。"[①]

地方志中的山川地貌、乡情民俗、名流商贾、桑麻农事是全域旅游发展的最好素材。地方志与全域旅游开发相结合,能为发展有特色的全域旅游事业提供采之不尽用之不竭的源头活水,深入挖掘地方志中的名胜、文物古迹、自然风光、民俗风情、旅游服务、旅游路线等资源,一定可以为现代旅游开发服务。地方志乃中国特有的传统文化,重视地方志与全域旅游之间的关系,深入挖掘地方志中的文旅资源,能为全域旅游提供文化支撑,从而打造具有中国特色的旅游文化,进而推动全域旅游事业发展。

---

*　注:本章参照霍丽娜:《全域旅游视角下宁夏地方志资源开发利用探析》,《宁夏党校学报》2018年第3期;霍丽娜:《地方志资源与宁夏全域旅游》,《宁夏地方历史文化论丛》(第3辑),甘肃人民出版社,2018。

① 刘竞涛、黄永红:《总书记的史志观——学习习近平总书记修史修志讲话体会》,《四川档案》2014年第3期,第32页。

地方志与全域旅游

第一节 宁夏全域旅游的实施

2016年初,在全国旅游工作会议(海南省海口市召开)上,发布了《从景点旅游走向全域旅游,努力开创我国"十三五"旅游发展新局面》报告,报告指出贯彻落实十八届五中全会提出的五大发展理念,必须转变旅游发展思路、变革旅游发展模式、创新旅游发展战略、加快旅游发展阶段演进,推动我国旅游从"景点旅游"向"全域旅游"转变。① 报告提出了中国旅游必须变革发展模式,指出全域旅游将成为创新旅游的发展模式。

图 8-1 灵武恐龙化石

2016年1月11日,在宁夏第十一届人民代表大会第五次会议上,宁夏回族自治区《政府工作报告》中提出:"发展全域旅游。按照'全景、全业、全时、全民'模式,创建全域旅游示范省(区),依托宁夏旅游集团建立旅游发展联盟,整合旅游资源,把全区作为一个旅游目的

---

① 冯颖:《2016年全国旅游工作会议召开》,《中国旅游报》2016年2月1日,第1版。

地打造。加快旅游与文化、工业、农业以及体育、商贸等融合,开发一批全天候、全方位、体验型旅游产品,推出更多独特旅游商品,拉长产业链。办好中美旅游高峰论坛、'驾越丝路'等活动,实施'十百千万'工程,培育一批优秀景区、旅行社和旅游从业人员,重拳整治价格欺诈、强制购物等乱象,把'塞上江南·神奇宁夏'品牌打得更响。"[1] 报告中确立了"全景、全业、全时、全民"的发展新模式,全力创建全域旅游示范(省)区的发展目标,开启了宁夏全域旅游时代。[2]

2016年3月2日,以"开放的中国:从宁夏到世界"为主题的首场省区市全球推介活动召开。外交部部长王毅在推介活动上描述宁夏:"宁夏是中国中西部一个非常具有特色的省份,无愧'塞上江南'的美称。随着'一带一路'建设的全面推进,今天的宁夏已经成为中国对外开放的一张新名片。"[3] 为宁夏发展全域旅游导以先声。

2016年7月26~27日,宁夏回族自治区党委十一届八次全会明确要求大力发展全域旅游,实施全域旅游发展三年行动计划,按照"全景、全业、全时、全民"模式,推动景区开发、旅游交通、服务体系、宣传营销一体化,发展生态观光游、乡村体验游、民俗风情游、文化遗址游、体育休闲游等新业态,推进全域旅游示范区建设。2016年9月10~11日,第二届全国全域旅游推进会在中卫市召开。会上,宁夏被原国家旅游局批准为继海南省之后第二个全域旅游示范区创建单位。

宁夏回族自治区政府随即完成了《宁夏回族自治区旅游业"十三五"发展规划》并将其确定为自治区"十三五"重点专项规划,后将

---

[1] 刘慧:《政府工作报告——2016年1月11日在自治区第十一届人民代表大会第五次会议上》,《宁夏日报》2016年1月18日,第3版。
[2] 徐树雄、申进湘、陈静:《全域旅游进行时——来自宁夏全域旅游的调查》,《共产党人》2017年第3期,第26~27页。
[3] 王涛:《宁夏 中国对外开放的一张新名片》,《中国旅游报》2016年3月25日,第4版。

图 8-2 沙坡头景区

原《宁夏回族自治区旅游业"十三五"发展规划》修改为《宁夏回族自治区"十三五"全域旅游发展规划》,加入了全域旅游的相关内容,2017年2月,最终形成《宁夏回族自治区"十三五"全域旅游发展规划(送审稿)》,报宁夏回族自治区政府常务会议研究。同时,宁夏制定并下发《关于全面提升旅游服务质量实施"十百千万"工程的若干意见》《宁夏全域旅游发展三年行动方案》《关于进一步促进旅游投资和消费的实施意见》《关于加强旅游市场综合监管的意见》等重要文件,进一步推动宁夏全域旅游事业发展。

第二节 方志资源与宁夏全域旅游

据文献记载,宁夏地方志资源丰富,不但有省、市县(区)志等综合志书，而且有人物、民俗、艺文、旅游、商贸、社会、行政建制等各种专业志书，可以说全面记述了宁夏的历史人文、地理等综合情况。这样丰富的"矿藏"，完全能为宁夏全域旅游发展提供多方面的智力支撑。

一 宁夏"八景"与宁夏"新十景"

提起宁夏的名胜，就不能不说到宁夏"八景"。"八景"文化是一种广泛流传的集景文化，曾经在历史上盛极一时。其文化空间、景观文化内涵、审美意识、"八景"诗画等不仅是宝贵的景观文化遗产、地方旅游资源和文学艺术遗产，对现代山水城市的建设也有重要的借鉴意义。[1] 其对开放地方旅游资源也有重要的借鉴意义。

宁夏"八景"文化的生成始于明代，兴盛于清代。[2] 明清地方志对宁夏府及中卫、灵州、韦州、平远、花马池等地，以及固原地区的"八景"都有详细的记载。无论明代宁夏"八景"还是清代以后的"八景"，都代表着宁夏各地浓缩了的景观文化。经过明代的起源与发展，清代不但在广武、灵州、固原、平远、海城、平罗等地出现了新景观文化，而且对原有的宁夏府、中卫、韦州等地的景致，也进行了改动，提出了景观新说。同明代比，清代宁夏方志记录的"八景"比明代多了六地，记录的志书多、范围广。

这些"八景"虽然经过历史变迁、朝代更替，但风物依旧的不在少数。2014年，为充分展示宁夏瑰丽多彩的自然风貌、人文韵致和优美的生态环境，深入挖掘宁夏景观文化内涵，打造宁夏文化品牌，引导

---

[1] 徐赣丽、朱国佳：《八景文化空间与八景诗画的文化遗产价值》，《广西师范大学学报》（哲学社会科学版）2012年第5期，第74页。

[2] 薛正昌：《"八景"文化在宁夏》，《中共银川市委党校学报》2005年第4期，第12页。

图 8-3 水洞沟城墙

国内外游客更加深入全面地了解宁夏之美,[①] 宁夏开展了"新十景"征集评选活动,最终"古堡新影""贺兰晴雪""黄河金岸""六盘烟雨""沙湖苇舟""沙坡鸣钟""神秘西夏""水洞兵沟"等景观入选。

宁夏"新十景"中,采明清宁夏"八景"之所记,在宁夏地方志中多有出处。例如,薛正昌老师指出明代(嘉靖)《宁夏新志》里已有"沙湖"的名字并约定俗成,文化的融入渐趋丰富。[②] 可见,志书为"新十景"提供了丰富的文化内涵。正如张廷银老师所言:当"八景"景观被我们认识并认真地辨析甄别后,它的史料价值就有可能转化为可贵的经济价值,为现代人的生产生活提供有益的借鉴。比如从"八景"记录的古迹中,发掘出比较有意义的旅游景点,可以充分地满足人们探古寻幽的心理需要,而那些自然的景观,若加以适当的加工完善,更可以成为丰富的旅游资源。[③]

---

① 《"宁夏新十景"征集评选活动公告》,新浪网,2014 年 10 月 22 日,http://news.sina.com.cn/c/2014-10-22/101931027014.shtml。
② 薛正昌:《"宁夏新十景"景观文化释读》,《宁夏日报》2015 年 7 月 10 日,第 3 版。
③ 张廷银:《地方志中"八景"的文化意义及史料价值》,《文献》2003 年第 4 期,第 46 页。

第八章　地方志资源与全域旅游的契合

图 8-4　西夏陵

　　以"八景"为题进行诗歌创作，是中国历史上特有的文化现象。"八景"诗的意境美和审美价值开拓了旅游文化视野，为旅游文化创意带来契机。[①] 孙改芳老师认为"八景"诗对于旅游文化创意的启示有："八景"诗融于绘画，提升旅游艺术美；"八景"诗融于旅游行程，创造特色旅游。"八景"诗与旅游文化创意紧密相连，为旅游开发提供有益借鉴。[②]

　　宁夏"八景"同样引得文人们纷纷写下颂诗。在宁夏旧志中的艺文卷多有此类诗作留存。明清宁夏志书中的"八景"诗依然保存了大量的宁夏文化、民俗、经济、社会生活等方面的内容，能为宁夏旅游开发提供资料支持。如（乾隆）《宁夏府志》载王都赋"八景"诗《长渠流润》："长渠活活泻苍波，塞北风光果若何。畎浍自分星汉水，人

[①]　孙改芳：《八景诗对旅游文化创意的启示：以山西太原古代州县八景诗为例》，《中北大学学报》（社会科学版）2014 年第 3 期，第 88 页。
[②]　孙改芳：《八景诗对旅游文化创意的启示：以山西太原古代州县八景诗为例》，《中北大学学报》（社会科学版）2014 年第 3 期，第 88 页。

家齐饭玉山禾。春村野甸鸣鸠唤,夏色凉畦浴鹭过。漫道汉唐遗迹远,由来膏泽圣朝多。"[1] 将唐徕、汉延、惠农三大灌区两岸堤口绣壤连畦、各渠流域自然景观和丰收景象进行了描绘,使人们联想到宁夏引黄灌溉地区的富饶和美丽,为当前挖掘黄河文化、开发黄河流域的旅游资源、创造特色旅游提供了借鉴。(乾隆)《宁夏府志》载江南文人杨润作"八景"诗《连湖渔歌》:"平湖如镜水清涵,山翠天光荡蔚蓝。雪点低空翔鹭净,银刀映日跃鱼憨。桃花春远闭红坞,香阁秋澄出赭奁。几听鸣榔归唱晚,浮家有客梦江南。"[2] 描绘了唐徕渠西南一带湖水碧净、山光倒影、树木环抱、水深多鱼的江南水乡风景。这些"八景"诗是诗人对宁夏景观的宣传和推介,可以为宁夏旅游提供旅游线索,对宁夏地域旅游的文化资源建设具有重要的意义。

图 8-5　银川玉皇阁

---

[1] (清)张金城修,(清)杨浣雨纂《(乾隆)宁夏府志·卷二十一》,载宁夏地方志编审委员会办公室编,负有强、李习文主编《宁夏旧方志集成·清代编》,学苑出版社,2015,第 424 页。

[2] (清)张金城修,(清)杨浣雨纂《(乾隆)宁夏府志·卷二十一》,载宁夏地方志编审委员会办公室编,负有强、李习文主编《宁夏旧方志集成·清代编》,学苑出版社,2015,第 427 页。

二 名胜古迹资源

宁夏地方志对名胜古迹素有记载。如（民国）《朔方道志》中卷三《舆地志》（下）专设古迹类目，卷五《建置志》（下）专设寺观、堡寨、坛庙，记录了海宝塔、铜钟、岳忠武碑、庆王府、高台寺城、上河城、怀远故城、元昊故宫、文庙等众多古迹的历史沿革及方位地址、传说。可以让人们全面系统地了解宁夏旅游地特有的文化遗产。如：（民国）《朔方道志》详细记载了钟鼓楼的修建情况。还有承天寺塔，俗称"西塔"，在旧志中对其建造原因、建造时间都记载详细。据明代（嘉靖）《宁夏新志》中载，没藏氏为"保圣寿以无疆，俾宗祧而延永"，[①] 于1050年"大崇精舍（经堂佛舍），中立浮屠（佛塔）"，建起这座宏伟的承天寺院。[②] 又据（民国）《朔方道志》记载清乾隆年间"地震倾圮，嘉庆年重修"。[③] 海宝塔，（弘治）《宁夏新志》、（乾隆）《宁夏府志》都对其有所记述。（民国）《朔方道志》载，"相传为赫连勃勃重修"，[④] 为研究海宝塔的创建年代、来历提供了线索。（嘉靖）《固原州志》卷一古迹中记载了古遗迹立马城、秦长城等。"秦长城在州西北二十五里有遗址"[⑤]，为研究秦长城位置提供了线索。《宁夏通志·建设环保卷》历代建筑篇中，对古城堡、古长城、古民居、古园林等从建筑的角度进行了记录，为宁夏的全域旅游注入深厚的历史文化内涵。

---

① （明）胡汝砺纂修，（明）管律重修，陈明猷校勘《嘉靖宁夏新志》，宁夏人民出版社，1982，第153页。
② 牛达生：《承天寺与承天寺塔》，《宁夏史志》2010年第1期，第39页。
③ （民国）马福祥、（民国）陈必淮主修，（民国）王之臣等纂修（民国）《朔方道志·卷三》，天津华泰印书馆代印，1927，第17页。
④ （民国）马福祥、（民国）陈必淮主修，（民国）王之臣等纂修（民国）《朔方道志·卷三》，天津华泰印书馆代印，1927，第16页。
⑤ （明）杨经纂修《（嘉靖）固原州志·卷一》，载宁夏地方志编审委员会办公室编，贠有强、李习文主编《宁夏旧方志集成·明代编》，学苑出版社，2015，第36页。

地方志与全域旅游

图 8-6　永宁李俊塔

三　历史人文、自然景观资源

地方志历来重视对人的记载，把专门记述人的《人物传》作为志书的"七体"之一，同时又在全志每个部分通过"以事系人"的方法，充分反映人物的活动与业绩，所以素有"古来方志半人物"和"邑志尤重人物"之说。旧志中，人物的记载往往通过"宦迹""名宦""孝行""烈妇""义民"等篇记述，由此可见其重要性，记述时多以朝代为序，简要记述其生平。同时旧志还带有当时的时代特色，如有专门记述忠孝义烈和名僧的篇章。2015 年，宁夏通志编纂委员会编纂的《宁

第八章 地方志资源与全域旅游的契合

图 8-7 镇北堡西部影城

夏通志·人物卷》更是收录了历朝历代的宁夏名人事迹，包括在宁夏建功立业的文臣武将和在宁夏留下重重足迹的帝王将相，这些宁夏地方志中的名人轶事，极大地丰富了宁夏地区的历史文化内涵，创造了绚丽多彩的文化遗产，为中华多元文化增添了光彩。[1] 六盘山是宁夏推出的旅游热点地，但是介绍资料较少。而据（宣统）《新修固原直隶州志》《隆德县志》《泾源县志》等志书记载，六盘山是含有很丰富文化内涵的景点，留下了很多历史名人的足迹和诗文，毛泽东的《清平乐·六盘山》一词，更是脍炙人口。可以根据对这些富有历史文化内涵的人文和历史景观的记载，对六盘山注入新的文化元素，推动六盘山旅游业向纵深发展。

宁夏旧志中对自然名胜的记载更是数不胜数。例如，清代（乾隆）《宁夏府志》就记载了诸多宁夏自然景观，如贺兰山、沙坡头、香山、牛首山等，这些记录可以进一步挖掘现有自然风光的文化内涵。如由宁

---

[1] 宁夏通志编纂委员会编《宁夏通志·社会科学卷·总序一》，方志出版社，2008，第2页。

地方志与全域旅游

图 8-8　盐池花马湖

夏地方志办公室编纂的自治区文化工程《贺兰山志》已出版,《六盘山志》即将出版,将其中的旅游文化资源一一挖掘,必能写出高品质的贺兰山、六盘山旅游读物。

四　地方风俗资源

宁夏地区的开发历史悠久,远在夏、商、周三代时期,境内就是西戎、北狄等游牧部落的居牧区域,所以自古以来就是多民族杂居之地。由于历史上人口迁徙频繁,不同地域的民族、文化的相互交融使宁夏的风俗具有浓郁的地方特色。宁夏地方志中一般都设"风俗"这一专篇对本地的地方风俗进行记录。如(民国)《朔方道志》中卷三《舆地志》(下),专设《风俗》等类目,对当时宁夏的婚俗、时令、葬礼、祭礼等风俗民情进行了详细记述。(民国)《朔方道志》中还对当时祭祀活动从祭品到祭祀流程进行了详细记载。1985 年,《宁夏风物志》出版后,《宁夏·银川风物志》《宁夏·固原风物志》陆续出版,对宁夏的风景名胜、历史文化、名人、风味饮食、地方特产、奇花异木、交通等进行了介绍。新修省、市、县(区)地方志中也都设相关类目记载

图 8-9 宁夏引黄古灌区被评为世界灌溉工程遗产

宁夏本地的民风、民情，可以给宁夏全域旅游发展提供素材。开发宁夏特有的风情，可以依赖宁夏地方志的挖掘，使其具备历史的厚重性，如《宁夏通志·社会卷·民俗》从生活、生产、仪礼三方面对宁夏服饰、饮食、居住、从业传统、婚嫁、丧葬、喜庆、节日、生活习俗等风俗进行了详细记载，其中不但对宁夏旧风俗习惯有所记录，也对宁夏风情风俗的新变化有详尽记述。

五 物产风物资源

宁夏地方志中对风物特产、旅游产品的记述颇为丰富。如（民国）《朔方道志·卷三》设《物产》记录宁夏特产。《宁夏通志·农业卷》专设第十一篇乡镇企业和土特产名优产品，分农产、畜产、水产、食品、工艺等类，对宁夏土特名（优）产品进行详述。

地方志与全域旅游

图 8-10　黄河楼

六　旅游服务资源

旅游线路、交通与住宿是体现服务水平的重要内容。现在新修的地方志在这方面做得更加细致而深入。地方志具有导游书的功能，早已被古人所重视及利用，依据地方志中的相关记载给游者提供旅游路线信息，可以减少旅游的盲目性，提高旅游实效。《宁夏通志·商贸旅游卷》对宁夏各地的旅游景点、路线有详尽的介绍，内容包括7条专项旅游线路和30余条主要旅游路线，种类多且基本覆盖了志书出版前宁夏境内的所有景点。又如《宁夏通志·商贸旅游卷》专设旅游篇，对旅游住宿、购物信息和旅游娱乐设施均有记载。

第三节　宁夏地方志旅游资源的开发利用

当前，文化和旅游已从"深度结合"转向"全面融合"，开发利用地方志，是新时期地方志事业发展的新要求。修志的目的在于用，从一定意义上讲，如何用好志书，这个任务比编纂还重要。

如何发挥地方志资源来推进宁夏全域旅游的战略，这不但是地方志功能之体现，也是我们必须面对的新课题。可以预见的是，地方志资源在宁夏发展全域旅游的规划、开发资源和学术研究等方面，无疑具有重要的现实功能。

一 形成系统的方志与旅游资源库，为旅游景点开发提供文化支撑

从宁夏地方志中深挖旅游资源，形成系统的旅游资源库，能为宁夏全域旅游发展提供服务。2014年，评出的宁夏"新十景"在一定意义上说，是宁夏"八景"文化的衍生和挖掘。宁夏"新十景"在宁夏地方志中多有出处。例如，明代（嘉靖）《宁夏新志》里已有"沙湖"的名字并约定俗成。可见，志书为景观文化提供了丰富的文化内涵。再如，宁夏歌咏自然风光、人文历史的诗词歌赋流传多且广，将这些诗词歌赋与景观契合，不但能提升宁夏景观的审美价值，同时也开拓了宁夏旅游文化视野，为旅游文化创意带来契机、为旅游开发提供借鉴。

当务之急是要建立宁夏地方志旅游资源数据库。深入挖掘宁夏地方志书中的名胜、自然、风俗、人物等文字和图片资源，将这些资源系统化、数字化。建立方志旅游资源库，可以为全域旅游的发展提供内容丰富、文化厚重、使用便捷的智力支撑。

二 深入挖掘宁夏地方志资源，为全域旅游注入文化品位

通过整理志书中和旅游相关的资源，精选出宁夏的名胜古迹、民间传说、名人轶事、诗词楹联、碑刻石雕等资料，可以让人们全面系统地了解宁夏旅游地特有的文化遗产，提升宁夏旅游示范区的文化品位。如：银川市承天寺塔，俗称"西塔"。据明代（嘉靖）《宁夏新志》中载，承天寺塔建于西夏初期，有"塔影倒垂"之景观。此塔无论是其历史价值，还是其景观文化内涵，都可以与西安大雁塔相媲美，遗憾的

地方志与全域旅游

是与西安大雁塔的开发相比，承天寺塔完全被忽视了，其中的差距就在文化的品位上。可见，要推动宁夏旅游业向纵深发展，就一定要注入新的文化元素。

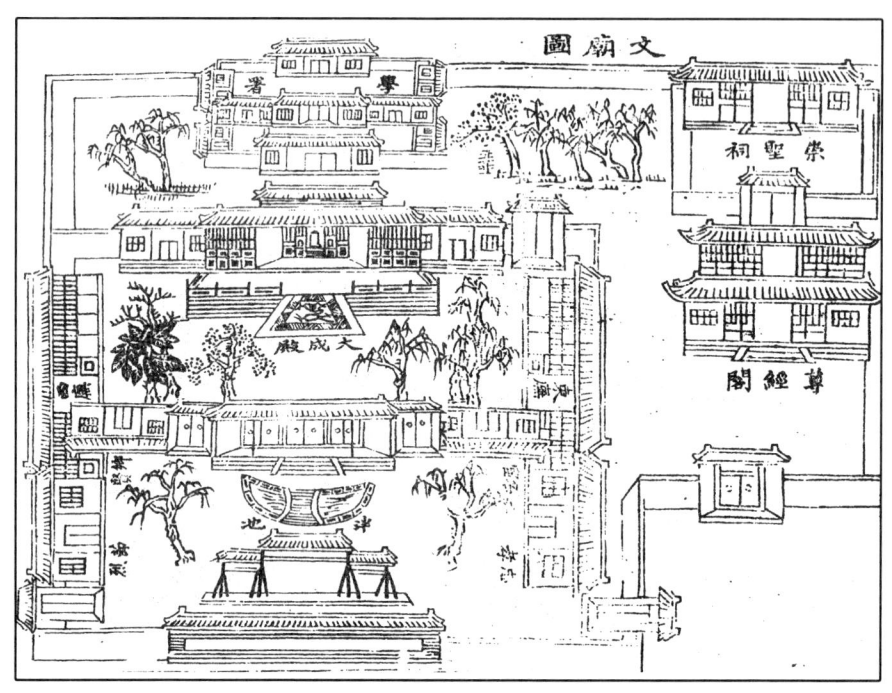

图8-11　固原《文庙图》［见（宣统）《新修固原直隶州志》］

三　利用地方志资源，编写好宣传宁夏的旅游读物

志书资源的开发整理可以开拓旅游文化视野，为旅游创意带来契机。宁夏地方志书中诸多旅游资源经过加工整理、认真辨析甄别后，它的史料价值就有可能转化为可贵的经济价值，为全域旅游提供有益的借鉴。例如，可以为宁夏《旅游指南》《导游词》《导游读物》等旅游读物提供文化积淀深厚的资料。好的景点宣传导游词，无疑可以吸引游客。宁夏地方志书中诸多古迹历史、人物轶事、物产、风物传

第八章　地方志资源与全域旅游的契合

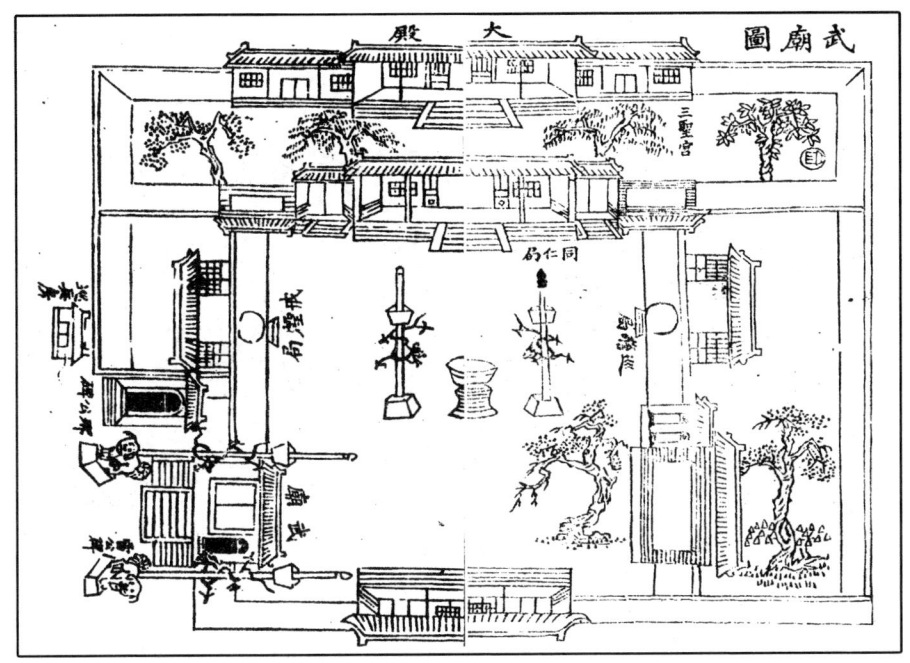

图8-12　固原《武庙图》[见（宣统）《新修固原直隶州志》]

说等，经过加工整理，就能成为文化积淀深厚的导游读物。例如，宁夏著名景点西夏陵的导游词中就引用宁夏地方志中的内容，成为西夏陵导游员重要的参考资料。又如《宁夏通志·文化卷》中记载了数篇传说故事，如固原的老龙潭在民间有着很多传说，其中最著名的是《魏徵梦斩泾河龙君》和《柳毅传书》的故事。老龙潭与泾河源，就是伴随着泾水文化演绎出来的。这些神话传说为风景优美的老龙潭、泾河源增添了神秘的色彩，可以丰富旅游景点的宣传介绍，提高导游的讲解艺术。再如，《宁夏园林志》已经出版，如将其中的园林旅游资源一一发掘，必能写出展现宁夏园林风采的高品质旅游读物。地方志中的资源还可为拍摄风光纪录片提供资料来源，如从旧志中收录的风景图、地域图可看出山川事物的变迁。

243

地方志与全域旅游

图 8-13　青铜峡黄河铁桥

四　整理民间音乐、舞蹈、戏剧曲艺等资源，开发有特色的宁夏文艺演出

受地理、历史等多种因素的影响，宁夏民间音乐、舞蹈、戏曲形成了自己的特有风貌，题材广泛、内容丰富，无论是生老病死，还是礼仪、祭祀、娱乐以及各类节日、庆典、民俗活动，都发挥着其独有的作用。宁夏最早的有关记述可见于贺兰山岩画及出土文物和有关史料中。周、秦时期，乐舞就开始盛行。利用民间音乐、舞蹈、戏曲资源，结合志书景观文化，可以为歌舞表演剧提供线索和素材，开发类似《宋城千古情》《印象·丽江》这种具有浓厚地方特色和深厚文化积淀的大型歌舞剧表演，将人们游览中观赏到的景观与歌舞文化艺术相融合，用文化去触动观众、满足游客。

五　挖掘民间工艺美术作品的文化内涵，开发适合宁夏旅游纪念的特色商品

宁夏民间工艺美术作品文化内涵的挖掘、整理、开发和利用等大有

文章可作。如彭阳剪纸以反映区域民俗、生产、生活的剪纸作品为主，多次参加全国剪纸作品展览，受到国内外同行的赞赏。不但在中央电视台做过现场剪纸表演，2018年还参加了中央民族春晚节目。再如，宁夏民间流传的百姓自娱性乐器口弦、"哇呜"（俗称"泥箫"或"泥哇呜"）、"咪咪"、羌笛和埙等，有些历史悠久，同古文化遗址中的乐器有相似之处。唐王之涣在《出塞》中就有"羌笛何须怨杨柳"关于乐器羌笛的记载。唐李益《夜上受降城闻笛》也有"不知何处吹芦管"的感慨。这些民间乐器有易学、便于携带等特点，适合作为纪念品购买。继续深入挖掘和传承剪纸、刺绣、木雕、石雕、泥塑等非物质文化遗产，采取项目扶持、产业带动、政策优惠等措施，深入挖掘其文化内涵加以利用，完全可以推出具有宁夏特色的旅游纪念商品，走出宁夏特产"五宝"的范围局限。同时，旅游业可以为非遗文化的传承、保护与利用提供载体，实现其向文化体验型的转变。

图 8-14　葫芦加工工艺品

图 8-15 麻编

六 开发有特色的景区旅游文化项目

地方志资源的深入挖掘，有利于开发出有特色的景区旅游文化项目。如，深受宁夏民众喜欢的娱乐活动"踏脚"，是将舞蹈与武术结合，是"武""舞"交融的结晶，其特点是娱乐性强，动作幅度变化多，对场地要求不大，踏脚舞阵容较大，有独特魅力，是适合景区旅游开发的项目。

综上所述，地方志与全域旅游开发相结合，能为发展有特色的全域旅游事业提供采之不尽、用之不竭的源头活水。我们必须重视地方志资源与全域旅游之间的关系，深入挖掘地方志书中的名胜古迹、自然风光、民俗风情、人文景观等资源，一定可以为现代旅游开发、打造具有特色的全域旅游文化服务，使地方志资源为全域旅游提供文化支撑，进而推动全域旅游发展进程。

附录一　旅游资源与地方志文献梳理[*]

地方志编纂乃中国史地学之传统，为中国所特有。如何利用地方志资源来推动旅游业的发展，早已被有识之士所关注。20世纪30年代，就有著名学者提出把地方志研究和旅游事业结合起来。

20世纪50年代，政协第二届全国委员会第三次全体会议讨论了新修地方志工作后，各地开始陆续成立专门的机构，编纂新志。80年代，编修地方志作为我国社会主义精神文明建设的重要任务之一兴起，有关地方志如何为现实服务、为经济发展服务的研究也成为地方志工作者的研究重点。同时，随着改革开放的进程和国民收入的增加，如何使地方志为旅游发展助力也进入了众位方家视野。有关地方志资源与发展旅游业的关系、地方志对旅游业的价值作用和影响、地方志工作如何为开拓旅游资源发展服务、地方志与旅游文化等相关探讨开始出现。1985年，陈家驹著文《旅游与地方志——兼谈襄樊发展旅游业的优势》（《襄樊地方志通讯》1985年第2期），提出地方志为旅游者提供信息、为科研人员提供课题研究的方向，同时旅游业的发展也促使地方志内容的修改完善和充实。继之，随着我国方志事业和旅游业的不断发展，学者们

---

[*] 注：参照霍丽娜：《地方志资源与宁夏全域旅游》，《宁夏地方历史文化论丛》（第3辑），甘肃人民出版社，2018；霍丽娜：《宁夏旅游资源的开发与利用专题研究综述》，《宁夏地方历史文化论丛》（第4辑），甘肃人民出版社，2019。

"为用志辟蹊径，为编志拓视野"① 而广泛地研究起地方志与旅游的关系，相关成果陆续涌现，特别是研究如何挖掘本地地方志为旅游开发服务的应用研究文章逐渐增多。其中，林衍经先生著《地方志与旅游》（方志出版社，2005）一书的出版，被方志同仁称为方志与旅游关系研究的"扛鼎之作"。② 专著阐述了地方志和旅游的关系，认为地方志与旅游是联系互通、协作和"联姻"的关系，提出地方志是旅游资料的宝库，是旅游文化资源的载体。专著对旅游志的编纂和发展旅游业以及如何处理两者之间的关系，具有很强的指导意义。③

一 对地方志和旅游关系的综合性研究

此类研究主要从地方志与旅游、旅游文化的关系，地方志在旅游发展中的价值、功能、作用，如何开发利用地方志等方面展开。

傅登舟的《地方志与旅游文化》（《江西方志》1989 年第 4 期），从起源上分析了地方志与旅游文化的共同性，认为两者有独特性、民族性、区域性、延续性、重视人物等相同的特性，并总结了地方志中可供开发的旅游资源类型。

方志专家巴兆祥在《地方志与旅游资源开发》[《复旦学报》（社会科学版）1997 年第 4 期] 一文中，论述了地方志与旅游资源的关系，即地方志记载了旅游资源、是旅游资源普查的指南、能为开发新旅游资源提供信息、为旅游区开发提供依据。他也是最早提出"方志为旅游之本，旅游乃方志之母"结论的学者。他在《论编修地方志与发展旅游事业》（《宁夏社会科学》2003 年第 3 期）一文中，探讨了地方志在

---

① 李明：《为用志辟蹊径　为编志拓视野——喜读林衍经先生新作〈地方志与旅游〉》，《江苏地方志》2005 年第 4 期，第 37 页。
② 梁滨久、张景孔：《方志与旅游关系研究的杠（扛）鼎之作——读林衍经的〈地方志与旅游〉》，《黑龙江史志》2005 年第 8 期，第 10 页。
③ 梁滨久、张景孔：《方志与旅游关系研究的杠（扛）鼎之作——读林衍经的〈地方志与旅游〉》，《黑龙江史志》2005 年第 8 期，第 10 页。

旅游景观、购物娱乐、旅游设施等方面的独特资源优势，提出方志载有旅游景观资源，能为旅游读物编纂提供素材，也是旅游指南和旅游史记，同时认为旅游发展对地方志编修也起到了奠定资料基础、促成方志编纂的作用。

陈国生的《中国古代方志及其旅游学价值》（《中国历史地理论丛》1998年第1期），论述了地方志的发展和功能，认为地方志具有特殊的旅游学价值，同时这种旅游价值存在人文记载相对多，因为时代关系、修志工作者水平、地区发展不同而产生的差异性；提出从保存旧志中的古迹、搞好旅游资源普查等角度开发地方志文化旅游资源，把地方志和古籍中的资源与实地调查相结合，从而开辟新的研究旅游地理学的途径。

姜汝涛的《浅淡地方志与旅游业的互动关系》（《黑龙江史志》2003年第5期），认为地方志与现代旅游业的关系是相互作用的，地方志可以为旅游业发展提供资料和服务，旅游业也能使地方志工作得到拓宽。

孙文飚的《从旅游业可持续发展看地方志资源价值——试论地方志的开发利用》（《黑龙江史志》2005年第7期），分析了地方志与旅游业可持续发展的关系，即地方志记载丰富的旅游资源信息、旅游文化信息，是高品位的导游书、游踪录。文章还提出利用地方志推动旅游业的举措有：编纂地方志书的旅游篇、方志工作者参与景观的保护开发工作、用地方志宣传本地旅游特点、为申报世界文化遗产项目和华侨寻根服务等。

林衍经的《地方志旅游资料的价值及其利用》（《中国地方志》2006年第1期）一文中，论述了地方志旅游资料在旅游业发展中的价值和地方志旅游史资料的价值，认为志书中有研究古代旅游思想的文献资料。

高远的《旅游业发展中对地方志的开发利用探讨》（《乐山师范学

院学报》2008年第10期），认为开发利用地方志旅游资源，应该注意重视同方志专家的交流、综合地方志资源深度开发、合理利用旧志新志资源、充分发挥网络新技术等。

闫喜琴的《论方志与区域旅游文化开发》（《中国地方志》2009年第8期），阐述了方志资料在区域旅游文化开发中的意义，认为地方志在区域旅游开发中的作用主要有保护现存文物、为复建区域传统文化旅游资源提供依据、在开发区域民俗旅游资源方面有优势等。

沈晨仕的《论地方志的运用与导游讲解服务》（《北方经贸》2010年第12期），论述了地方志与导游讲解的关系为：方志资料可以提供导游词讲解的素材，地方志详细、准确、深度的内容可以提高导游的服务技能，并提出利用地方志对景点的记载，可以增加景点的历史文化内涵、神秘色彩，从而提高导游的讲解艺术。

周霖的《地方志与旅游及旅游文化》（《福建史志》2011年第3期），认为地方志与旅游、旅游文化的关系是相辅相成、互为表里的，地方志有助于旅游文化的产生、推动旅游业的发展；旅游开发和旅游文化又为地方志编修提供了翔实的材料。

高叶青的《旧方志与区域旅游文化开发的关系研究——以陕西利用旧志的经验为主要考察对象》（《唐都学刊》2012年第3期），文中提出旧志的开发利用需要甄别，通过挖掘旧志记载的人文元素、地图和文字、民风民情、农副特产资源，可以提升旅游文化品位、保护与恢复重建文物古迹、打造特色风情观光游、带动土特产种植和旅游商品销售。

高璐的《地方志中的诗文与地方旅游景点的文化品质——以陕西省榆林市旅游景点为个案分析》（《中国地方志》2013年第12期），通过对榆林旧志中诗文的梳理分析，认为挖掘研究地方志中的诗文，可以提升旅游景观的文化特质、考证旅游景点的历史、提升景点的文化影响力。

梁辰的《地方志在旅游业中的价值及其实现探究》(《黑龙江史志》2013年第24期)，认为地方志具有为历史文化遗存鉴定和旅游开发提供依据，以及提升旅游业的文化内涵的价值；阐述了地方志价值的实现途径是有机结合地方志信息与旅游资源的开发利用。

李文革的《地方志旅游资料的价值及其利用》[《旅游纵览》(行业版)2016年第4期]，分析认为地方志具有传承中华文化、是地域文化资源、有为地方经济发展服务、为地方精神文明建设服务、旅游指南等价值，提出开发利用地方志需要完善开发机制、结合实际培养专业人才等。

谭琳的《地方志与旅游资源开发利用》(《广西地方志》2017年第1期)，认为地方志可以为区域旅游资源开发提供资料、为文物古迹复建提供参考、为旅游资源注入文化内涵。

李宗柯的《地方志与地方文化旅游资源开发利用的实践与思考——以常德市为例》(《黑龙江史志》2017年第9期)，以常德市地方志的记载为例，分析了地方志在旅游发展中的意义和作用，认为地方志助推地方文化旅游可通过挖掘开发地方志中的旅游文化、历史文化和开发方志旅游项目等路径实现。

王清的《地方志在文化旅游发展中的价值和作用》(《北京地方志》2018年第3期)，认为地方志具有为旅游提供资源信息、增添文化内涵、提供现实的基地和真实资料、是高品位的"旅游指南"、为旅游开发提供科学依据等价值。

二 对地方志资源和地区旅游发展的专题性研究

专题性研究主要挖掘地区地方志资源，并针对当地旅游发展提出开发利用地方志的措施和建议。

山东省地方史志办公室撰写的《地方志与旅游产业发展》(《发展论坛》1999年第10期)一文，针对山东省地方志资源开发利用工作中存在的问题，提出借助利用地方志，进一步构建山东区域旅游总体形象和确定旅游区主题、开发旅游资源、提高旅游景点文化档次、统一旅游宣传口径、建立开发地方志的组织协调机制等。

王国华《从地方志看河西走廊可开发的旅游资源》（《中国地方志》2005年第11期）一文，深入挖掘了地方志中有关甘肃河西走廊的旅游资源。

徐智明的《南京地方志对发展旅游业的作用》（《江苏地方志》2006年第5期），阐述了地方志详细、准确、有深度等特点，地方志的开发利用具有促进南京旅游业的景点宣传和提高知名度、挖掘景观的人文内涵、恢复消失的景观、纠正错误等作用。同时提出政府要克服旅游决策中的不足，明确保护旅游资源的主体，整合不同部门优势、打造文化品牌。

梁晖的《关于利用地方志促进广西旅游经济之浅见》（《中国电子商务》2010年第3期），分析了广西旅游业的现状，认为可以进一步开发地方志中的自然、人文旅游资源，同时注意地方志资源的整合，处理好编纂地方志和发展旅游的关系。

卢川的《论地方志旅游价值的开发与利用——以明清荆州地方志为考察对象》（《孝感学院学报》2012年第3期），分析了荆州地方志的旅游文化价值，认为可以从地方志资源中挖掘城市历史文化、还原城市历史风貌、重建古代城市、重拾城市记忆等。

张勤、何王芳、莫艳梅的《论地方志书编纂中旅游内容可拓展的空间——从浙江方志与浙江旅游的关系谈起》（《中国地方志》2012年第10期），从浙江地方志中涉及的八个方面的旅游资源入手，建议第二轮志书旅游内容编纂需要设置旅游内容集中的篇目、充分利用旅游成果入志、运用鲜活生动的文字记载旅游志、在内文中插入图照提高旅游志的直观性和真实性等。

罗粤民的《武威地方志中旅游文献的开发利用》（《科技信息》2012

年第 31 期），提出从加大本地地方志的收藏量、汇编地方志中的旅游资料编纂专题书籍、用地方志资料为旅游文化项目服务、开发旅游文献、建立方志文献地情信息库等方面开发武威地方志中的旅游文献资料。

晏自勉、安军的《建立地方志旅游数据库推动地方旅游文化——以铜仁市为例》（《学理论》2013 年第 7 期），提出通过建设地方史料、民族宗教志、地方名胜志、名人传记、图片曲谱族谱年鉴、特色产品、旅游文献研究、地方文化视听等地方志旅游数据库，来推动铜仁市旅游发展。

秦兆祥的《地方志在内蒙古民族旅游开发中的价值展现》[《内蒙古师范大学学报》（哲学社会科学版）2014 年第 6 期]，论述了内蒙古民族旅游开发中地方志的价值、功能和作用。

王新亮和胡凯敏的《从地方志看名人文化旅游资源的开发与应用——以淮南为例》[《湖北经济学院学报》（人文社会科学版）2015 年第 12 期]，提出地方志中的淮南名人文化资源可通过雕刻名人雕塑、开发帝王诸侯宫殿、开发陵园古墓、召开名人研讨会、举行纪念名人的庆典活动、拍摄名人影视作品、修建纪念馆等模式开发。并针对开发中存在的问题，提出了编制开发规划、深挖名人文化内涵、建设名人文化旅游区、跨区域宣传等开发对策。

魏敏的《谈咸阳地方志与旅游资源开发利用》[《旅游纵览》（下半月）2018 年第 7 期]，指出利用地方志开发旅游资源要坚持特色性、保护性、参与性、文化性等原则。

牟华林的《论广西旧方志对广西旅游文化发展的作用》（《贺州学院学报》2019 年第 2 期），挖掘分析了广西旧方志中可供广西旅游文化开发的景点资源，认为这些资源可以深层次开发、恢复、建设景点，丰富景点文化内涵、开发新的旅游产品。同时提出开发广西旧方志要有选择意识、创新意识、时代意识。

其他还有：杨建国的《利用地方志资源打造商洛特色旅游城市》

(《商洛日报》2010年4月22日第3版)、李垭的《运用邻水地方志打造旅游基地》(《学习与探索》2010年第3期)、张晓芳的《辽西地方志与地方旅游》(《商场现代化》2011年第10期)、高叶青的《开发方志"富矿"资源，打造延长旅游文化品牌》(《陕西地方志》2012年第1期)、邓志红和李玉国的《联合开发利用方志资源提升曲阜旅游文化品位》(《山东档案》2019年第5期)等文章，分析了本地地方志中可供开发的旅游文化信息，并针对各地特点，指出地方志在本地旅游中的作用，提出了开发地方志资源的相关措施。

从以上研究可以看出，早期的科研成果主要侧重于探讨方志和旅游的关系，论证地方志资源在旅游业发展中的功能、价值与作用，其后，专家学者们的研究逐渐向如何开发利用地方志资源，特别是偏向研究本地地方志资源如何为当地旅游业发展服务。同时，专家学者们也提出，旅游业的发展对地方志的编纂、地方志资源数字化、建设地方志数据库等提出了新的方向，有助于进一步提高地方志在经济发展中的资政作用。从这些研究还可以看出，有些省市在旅游业发展规划中对地方志资源的开发利用情况，如《山东省1996—2010年人文自然遗产保护与开发规划纲要》，就运用了地方志的有关资料。这些研究成果为地方志服务于旅游业提供了实证和借鉴。

第一节 宁夏发展旅游资源研究

较早关注宁夏旅游资源并加以论述的专题研究，形成于20世纪80年代。随着近年来宁夏旅游业的快速发展，相关学术研究成果也不断涌现，研究领域向纵深发展。

一 宁夏发展旅游资源的提出

较早提出宁夏应大力挖掘旅游资源的论述有：汪建敏在《宁夏旅

游资源开发的若干思考》(《地域研究与开发》1991年第2期)一文中提出,宁夏虽然经济和社会文化发展不发达、环境相对闭塞,但限制旅游资源开发的因素较少,提倡宁夏应率先发展旅游业。宋乃平在《宁夏旅游资源的开发与建设》[《宁夏大学学报》(自然科学版)2000年第4期]一文中,针对宁夏旅游业存在的问题,提出宁夏旅游资源开发与建设的原则、内容及实施途径。

还有文章对宁夏旅游资源的发展现状、类型、功能进行了深入研究。如黄婧的《宁夏旅游资源类型与功能结构分析》[《宁夏大学学报》(自然科学版)1999年第2期]一文中,分析了宁夏旅游资源的类型、结构和特点:种类齐全、人文资源比重大、独有或典型资源多、主要分布于宁夏中北部等。李陇堂在《宁夏自然旅游资源及其综合评价》[《宁夏大学学报》(自然科学版)2000年第4期]文章中,评价了宁夏自然旅游资源的发展前景、开发条件、经济社会效益,提出统一规划、开拓市场、开发新资源、加强旅游设施建设和自然旅游资源保护等措施。陶伟、郭来喜的《宁夏旅游资源及其功能分区评价研究》(《地理学与国土研究》2000年第1期),阐述了宁夏旅游资源的特征和优势,认为宁夏旅游资源分区基本呈"人"字形。

二 深入挖掘宁夏特色旅游资源

2000年后,针对宁夏特色旅游资源的研究逐渐增多,主要集中于民俗及民俗文化旅游资源的挖掘开发。陈忠祥的《宁夏特色旅游发展研究》(《干旱区地理》2002年第4期),提出宁夏旅游业要想获得长足发展,必须开发特色旅游资源、突出区域特色,指出只有大力发展特色旅游,才能推动宁夏旅游业发展。石惠春、程国栋的《宁夏民族文化旅游资源开发战略研究》(《经济地理》2003年第3期)一文中,认为宁夏文化旅游资源可以为宁夏开展民俗文化旅游奠定基础,并根据宁夏旅游资源的实际情况将宁夏文化旅游资源分区,作者还研究了宁夏文化旅游区的开发目标和战略规划。孙若溪的《民间文化和塞上特色文化对宁夏旅游经济发展的影响研究——以宁夏吴忠市同心县为例》(《纳税》2017年第19期)，作者对吴忠市同心县进行了实地调研，发现吴忠地区的旅游资源开发中存在旅游产品档次偏低、缺乏品牌、没有特色，景区管理资金投入少、缺乏人才，当地民俗文化同质化等问题；提出有关推进民俗文化旅游工作的思路，如增加旅游人才的引进和培养、调和旅游地居民和旅游者的矛盾、解决旅游资源开发对当地百姓的思想冲击等。陈玉香的《分析宁夏文化旅游资源及其特征分析》(《智库时代》2018年第44期)，对文化旅游的定义和宁夏文化旅游资源进行了梳理，认为宁夏文化旅游资源具有多样、古老、独特等特征，并阐述了宁夏文化旅游资源开发在全域旅游发展中发挥着扩大宁夏对外影响力、使人们进一步了解宁夏、打造独具特色的旅游目的地的作用。张万静的《宁夏民俗文化的旅游价值及其开发策略研究思考》(《共产党人》2019年第2期)一文，对如何挖掘民俗文化的旅游价值进行了深入思考，介绍了宁夏民俗文化的种类和分布，倡导发展民俗文化旅游是宁夏发展全域旅游的重要抓手，论述了开发宁夏民俗文化的策略：建立长效机制、扶持民俗文化项目、做好顶层设计；整合研究成果、注重媒体宣传；注重传统文化的现代性转换，开发体验性强的民俗文化旅游产品；开发有特色、设计出众的旅游纪念品；普及民俗文化知识、保护民俗文化旅游资源。陆玥的《浅析宁夏传统音乐文化资源的旅游开发现状及对策》(《北方音乐》2019年第18期)，分析了宁夏传统音乐文化资源旅游开发现状及存在的问题，认为宁夏的传统音乐文化资源有非物质文化资源丰富、地域特色突出的优势，也有音乐土壤逐渐消失、开发基础薄弱的劣势，文章也对传统音乐文化资源旅游开发的机遇和挑战、纠纷策略进行了分析，提出注重传统文化的深度挖掘、实现传统音乐的创新、树立精品、建音乐宣传新媒体平台等建议。

近年来，红色旅游、村寨旅游资源开发也逐渐受到重视。薛正昌、朱鹏云的《宁夏红色旅游资源研究》(《宁夏社会科学》2006年第5期)，对宁夏红色旅游资源进行了全面深入的分析、归类和研究，提出宁夏红色旅游资源的开发，应与历史、民俗、非物质文化等文化资源和自然资源有机结合，实现保护和开发相结合的旅游文化。段文彬、李荣的《宁夏开发红色旅游的几点思考》(《社会科学家》2006年增刊)，在文章中构建了宁夏"红色旅游"特色产品和开发定位，提出了加大红色旅游市场、挖掘旅游产品文化内涵、改善基础设施、创立旅游联合品牌等开发战略。陈楠的《宁夏红色旅游资源现状及开发对策研究》[《旅游纵览》(下半月) 2017年第3期]，认为宁夏红色旅游资源开发中存在规模小、分布广、开发利用水平低、旅游项目单一、资源损坏等问题；提出协调其他产业、深入挖掘文化内涵、保护红色旅游资源、改善交通和基础设施等对策。方兴义、张晓娟的《宁夏隆德县红色旅游发展对策研究》(《宁夏师范学院学报》2018年第3期)一文提出，作为红军长征途经地的宁夏隆德县，红色旅游资源虽然丰富，但专家学者们多偏重研究其自然资源和民间文化资源，有必要对红色资源进行整合开发。作者分析了当前隆德县红色旅游发展的现状，总结了发展红色旅游的政治、经济、文化意义，指出发展红色旅游存在的问题，并提出了加大资金支持、整合现有资源、加强管理和人员培训、加大宣传推广力度等有关对策和建议。冯海英的《宁夏革命文物的时代价值和红色旅游高质量发展的思考》(《民族艺林》2020年第2期)一文，分析了宁夏革命文物蕴含的长征、长城精神，红色教育资源，红色文化和遗迹等时代价值，并且对打造红军长征西征文化旅游线路、联动革命文物保护利用片区的红色旅游、推动扶贫攻坚和乡村振兴、保护红色旅游区展览革命文物等问题进行了思考。毛金金的《"贵州模式"旅游扶贫对宁夏村寨旅游的启示性研究》(《度假旅游》2019年第2期)，提出宁夏可以借鉴贵州的旅游扶贫模式，并以距离沙坡头两公里的鸣沙村为例，指出可以将休闲旅游和鸣沙村中的农业景观、自然景观深度结合，从而借助旅游推动当地村寨经济发展，作者同时指出，开发村寨旅游时要突出村寨民族特色和文化产品，注重品牌建设。

三 旅游资源开发与保护研究

随着宁夏旅游资源的开发力度加大，专家学者们提出开发旅游资源的同时要加大保护旅游环境。陶伟在《宁夏旅游资源与旅游环境保护研究》（《桂林旅游高等专科学校学报》2000年第1期）一文中，针对宁夏旅游资源存在自然资源开发不合理、历史遗产保护不力等问题，提出了保护重要古迹、保护旅游资源和环境、优化宏观旅游环境等对策。王凯的《宁夏旅游资源保护现状与对策》（《宁夏社会科学》2002年第6期）认为，开发经营对旅游资源造成破坏，使旅游资源没有得到有效的保护，作者提出通过宣传教育、建立健全法规、运用经济手段和科技保护、加强旅游业管理等措施保护旅游资源。

20世纪80年代，生态旅游的概念出现，90年代逐渐兴起。2000年，发展宁夏生态旅游、生态旅游资源的可持续发展受到专家学者们的重视，涌现了针对某一专题进行的如生态旅游开发模式、思路构想、规划、发展前景等多篇研究成果。何彤慧、黄婧的《宁夏旅游生态环境的保护与建设》[《宁夏大学学报》（自然科学版）2000年第4期]，认为宁夏已经出现旅游环境污染、生态恶化、旅游资源破坏等生态环境问题，有必要从发展生态旅游、控制游客人数、健全旅游生态环境管理体制等方面保护生态环境。赵春玲、李吉宁、李志刚、吕海军、胡天华、徐荷萍、石红岩的《开发贺兰山生态环境旅游资源 促进宁夏经济发展》（《宁夏农林科技》2000年第1期），从贺兰山有利发展生态环境旅游的条件入手，提出贺兰山自然保护区需要通过宣传森林保健功能、增加旅游项目路线、强化保护区自身建设，建立健全各种规章制度来推动生态旅游工作。毛凤玲的《沙坡头发展生态旅游之优势》（《固原师专学报》2001年第2期），认为党中央对西北生态环境的重视、沙坡头治沙成果、沙和河的结合等是沙坡头发展生态旅游的优势资源。孙世文在《发展生态旅游是西部旅游业开发的战略选择——以宁夏生态旅游科技园试验示范推广模式研究为例》(《青海环境》2004年第2期)一文中指出,随着旅游业对人类社会的影响和人类对环境质量的重视程度增加,生态旅游成为一种时尚旅游。文章阐述了生态旅游的概念、功能、发展条件和实现战略。宋春玲、全晓虎的《宁夏回族自治区湿地生态旅游可持续开发研究》(《湿地科学》2007年第2期)认为,宁夏拥有丰富的、良好开发前景的湿地生态旅游资源,作者在调研的基础上进行了宁夏湿地生态旅游可持续开发的SWOT分析,并提出开发的对策、建议和开发的重要性。李东的《宁夏中卫市生态旅游资源评价研究》[《宁夏大学学报》(自然科学版)2007年第4期],采用层次分析法,确定中卫市生态旅游资源评价指标体系的权重值,邀请专家对中卫市旅游资源、旅游条件、区位特征、景区景点打分,认为要优先发展沙坡头和大漠旅游区、中宁万亩枸杞观光园、海原地震遗迹游览区等生态旅游项目。苏杰的《宁夏马兰花草原生态旅游的开发与研究》(《内蒙古农业科技》2008年第4期),通过对宁夏马兰花草原客源、美食、住宿、交通、特产、旅游项目的分析,指出马兰花草原在旅游发展开发中存在植被破坏、旅游资源挖掘不够、特色产品种类少等问题,提出要合理规划景区发展、设施建设、扩大景区、加大宣传等解决方案和建议。刘丽丹、韩旭的《宁夏农业生态旅游开发现状及前景探讨——以玉泉营葡萄山庄为例》(《农业科学研究》2008年第3期)指出玉泉营葡萄山庄存在游客购买能力有限、不能形成旅游活动项目体系、宣传不到位等问题,提出加快品牌建设和旅游产品的开发,形成观光、休闲、游乐、特色商品的农业生态旅游项目。周立彪、闫兴富的《宁夏银川国家湿地公园的生态旅游系统及其可持续发展》(《农业现代化研究》2009年第4期),对银川国家湿地公园的生态旅游者、资源、生态旅游业、环境进行了分析,认为湿地公园的生态旅游不仅局限于自然景观,还应包括民族文化的内容。王才、杨玉刚、王兴东的《基于防沙治沙的生态旅游发展探讨——以宁夏灵武白芨滩国家级自然保护区为例》(《宁夏农林科技》2011年第3期),认为宁夏灵武白芨滩国家级自然保护区,属于荒漠类型自然保护区。文章在保护区防沙治沙的模式、方法上,探讨了生态旅游发展的优势,即自然景观、动植物资源丰富、位置优越;提出可以开展绿色模式、生态模式、环保模式的生态旅游。魏晓宁、纪丽萍、马廷贵的《新时期宁夏发展森林生态旅游的对策》(《宁夏农林科技》2011年第12期),认为发展森林生态旅游能有效促进经济,宁夏林业建设、多种类型的景观资源是发展森林生态旅游的良好条件;在发展森林生态旅游时要注意资源开发和保护、相关产业发展、人文和自然景观、当前和长远发展等关系。刘华的《宁夏自治区生态旅游发展初探》(《黑龙江民族丛刊》2015年第5期),指出宁夏在生态旅游发展中存在设施建设不完善、人才短缺、文化内涵挖掘不够等问题,提出筹集发展资金、培养旅游人才、加快设施建设等对策措施。张冠乐、李陇堂、王艳茹、薛晨浩、王继霞的《宁夏沙湖景区生态旅游环境容量》(《中国沙漠》2016年第4期),计算了宁夏沙湖景区的生态旅游环境容量,提出了景区生态环境保护策略。

宁夏南部山区是古丝绸之路的必经之路,六盘山地区森林茂密、动植物资源丰富,是红军长征翻越的最后一座大山。这些丰富的自然和人文景观资源,有利于开发生态旅游,使生态旅游成为经济发展的重要推手。何彤慧的《宁夏南部山区自然保护区的建设及旅游开发》[《宁夏大学学报》(自然科学版)1999年第2期]提出宁夏南部山区自然保护区可以通过生态旅游的方式得到有效开发和建设。任磊的《宁夏南部山区发展生态旅游的思路和构想》(《当代经理人》2006年第21期),概括了宁夏南部山区的重要旅游资源,提出开发宁夏南部山区的生态旅游要建立在保护生态旅游资源的基础上,开发的旅游项目要让游客在享受自然的同时也要保护自然,提出六盘山避暑游、红色游、民族风情游、森林游、文化遗产游等旅游精品路线。杨蓉的《宁夏南部山区生态旅游资源综合评价与开发》[《宁夏大学学报》（自然科学版）2008年第4期]，建立评价层次结构模型，对宁夏南部山区的生态旅游资源进行了全面的评价，认为宁夏南部山区要把保护生态环境和生态旅游资源放在首位，有层次、有重点地开发利用并重视宣传和环境建设。

六盘山作为宁夏南部山区著名的山脉，旅游资源丰富。六盘山红色生态旅游在《宁夏旅游业发展"十二五"规划》中是三大旅游板块之一。杨美玲、米文宝的《六盘山生态旅游区发展研究》[《宁夏大学学报》（自然科学版）2003年第2期]，认为六盘山发展生态旅游有利于保护生态环境，并提出具体措施。于立新、孙根年《宁夏六盘山森林公园的深层生态旅游开发模式》（《生态经济》2007年第3期），通过分析六盘山森林公园生态旅游开发中存在的问题，提出了六盘山地区的深层生态旅游开发活动项目方案。南华山属于"大六盘旅游区"。刘秉儒、璩向宁、虎卫军、杨瑞的《宁夏南华山自然保护区生态旅游规划研究》（《林业资源管理》2014年第5期），对旅游资源进行了详细分析，认为南华山具有人文旅游资源丰富、生物资源品级优异等优点，适合开发生态旅游。

四　宁夏全域旅游的专题研究

宁夏发展全域旅游被推上日程后，专家学者们积极探索，就宁夏全域旅游示范区建设、全域旅游项目开发、全域旅游发展战略、宁夏文化与旅游发展深度融合等理论和实践问题展开了深入研究，提出了很多建议和策略。主要有王磊、刘家明的《宁夏建设全域旅游示范区研究》（《宁夏社会科学》2016年第4期），以打造宁夏全域旅游示范区为出发点，提出宁夏具有自然景观丰富、面积小、区位优、城镇化率较高、基础设施完善、多元文化并存、政策利好、旅游业发展势头良好等发展全域旅游示范区的优势，同时存在历史文化资源挖掘不足、互动体验项目少、旅游管理水平和服务质量有待提高、区域旅游研究不足、新业态的开发和引进缺乏等问题。针对这些问题，作者从成立全域旅游联席工作机构、指定规划、挖掘开发有特色的新资源、增加文化创意、提升文化内涵、优化升级传统产业要素、大力发展新型业态、引进旅游运营投资商、创新经营机制、组建研究院、加强人才梯队建设等方面提出了宁夏发展全域旅游的路径。许丽君、汪建敏的《全域旅游视角下宁夏旅游带动战略研究》（《宁夏社会科学》2017年第6期）认为，国民经济新常态和打造全域旅游示范区已成为当前的新形势，宁夏选择实施旅游带动战略是必然的。文章对宁夏实施旅游带动战略的背景进行了阐述，对实施旅游带动战略的有利条件进行了分析，通过发展定位、发展目标、战略任务等方面对旅游带动战略的思路进行了论述，并提出宁夏旅游带动战略实施的关键措施是培养旅游专业人才、创新体制机制、加大资金和政策支持。汪克会的《基于全域旅游视角的宁夏文化旅游产业发展对策研究》（《商业经济》2017年第7期）认为，宁夏全域旅游发展已进入快车道，宁夏文化旅游产业的发展是全域旅游发展的主要驱动力，而全域旅游又为宁夏文化旅游产业发展提供了舞台，最终使旅游与文化得到深度融合。文章提出宁夏应打造体现特色的旅游演艺精品、开发具有文化内涵的旅游商品，同时使成熟的文化类景区转变为文化旅游综合体，以进一步促进宁夏全域旅游发展。杨桂兰《努力推进全域旅游下文化与旅游产业协调发展——以宁夏为例》（《环球市场信息导报》2017年第36期）认为，全域旅游把文化和旅游产业有机地整合在一起。文化和旅游产业的协同发展要注重共生互补和可持续发展的原则，同时论述了推进文化旅游产业的传承与创新的路径：坚持文化先行、完善基础设施、挖掘项目文化内涵、研发和创新文化精品等。张仁汉的《以"旅游+传媒"助推全域旅游新发展的现实路径》（《宁夏社会科学》2018年第3期），认为传媒在旅游宣传推广等方面有优势，同时也对旅游产业有监督和规范作用。在"全域旅游"和"旅游+"两大战略的引导下，宁夏应该实施"旅游+传媒"战略，以此助推旅游宣传创新发展、文化旅游融合发展、旅游人才发展、智慧旅游应用发展，并就"旅游+传媒"如何推动宁夏全域旅游的现实路径，展开了详细的论述。牛学智的《全域旅游与宁夏文化现代化问题研究》(《民族艺林》2018年第4期)，在总结宁夏全域旅游发展情况和研究成果的基础上，认为现有全域旅游建设对宁夏文化现代化的转化重视不够，并针对这种情况提出了具体的建议和对策：对传统历史文化资源进行深度挖掘，发掘历史文化资源与现代文化产品的结合点，满足旅游者心理与精神需求；构建不同类别旅游目的地的内容分层分类机制，改变旅游泛化，打造专业旅游目的地，实现高效益的一条龙服务；构建新型城镇化基础设施网络，推动乡村建设。陈蕾、陈蕊的《全域旅游背景下乡村旅游景观优化的对策研究——以宁夏地区为例》[《美与时代》(城市版)2018年第12期]，分析了乡村旅游景观对旅游业发展的积极作用，认为宁夏乡村旅游景观资源利用率低，提出了优化思路和方法。

还有专家学者以全域旅游的视角将城乡旅游发展、某一景区、项目建设等作为研究主体，开展了有针对性的专项研究。汪克会、王磊的《宁夏全域旅游发展中的社区参与模式研究——以海原县李俊乡为例》(《边疆经济与文化》2017年第6期)，认为海原县李俊乡应采取农户参与旅游经营服务的方式，使全域旅游同精准扶贫相结合，探讨了宁夏全域旅游发展中土地租用、流转和入股等社区参与模式。朱江瑞、韩德华、冯健的《全域旅游视域下旅游扶贫开发策略研究——以宁夏西吉县为例》(《科技展望》2017年第11期)，对宁夏西吉县发展全域旅游推动精准扶贫和旅游扶贫等工作进行了研究和对策分析。张云云的《固原市发展全域旅游的SWOT分析及对策研究》(《统计与经济》2018年第1期)，运用SWOT分析法对固原市发展全域旅游产业态势进行了分析和阐述，建议固原市从加强宣传工作、改善基础设施、强化服务理念、引进旅游人才、各部门树立全局意识等方面发展全域旅游。谢俊斐的《全域旅游视角的城市近郊文化休闲旅游目的地开发模式研究——以银川市为例》(《旅游纵览》2018年第1期),分析了银川市城市近郊文化休闲旅游取得的成绩和不足,以全域旅游的视角提出保留银川市旅游开发的特色、融合多元化的商业模式、拓宽开发渠道、延长开发循环周期等开发模式。陈丽、任保平的《全域旅游战略下宁夏青铜峡地三村乡村旅游发展研究》(《边疆经济与文化》2018年第10期),青铜峡地三村是优质水稻种植基地,文中分析了其在发展乡村旅游中存在的问题,并对地三村打造旅游精品村提出了建议:制订规划、开发旅游产品、举行乡村旅游节事活动、完善基础设施、加大宣传等。

沙湖是宁夏著名的湿地湖泊,旅游资源丰富、有特色。霍子文的《全域旅游视角下宁夏沙湖景区保护与活化策略研究》(《智能城市》2018年第9期),分析了沙湖景区发展中存在的问题,作者提出建设"大沙湖"旅游经济管理区、环沙湖区域发展休闲度假产品、连通河渠湖水恢复沙湖水环境等策略。

葡萄酒产业是宁夏特色优势产业,是推进全域旅游示范区建设的重要载体。王磊在《全域旅游背景下宁夏葡萄酒旅游发展》(《北方园艺》2018年第19期)中认为,宁夏的葡萄酒旅游存在一些现实问题。他提出推动宁夏"旅游+葡萄酒"、优化顶层设计和机制、加强基础设施建设、激活产品业态创新等发展战略。胡宇橙、吴秀苹的《全域旅游背景下贺兰山东麓葡萄酒旅游发展探析》(《农村经济与科技》2020年第9期),概述了贺兰山东麓葡萄酒产区的情况,指出发展宁夏贺兰山东麓葡萄酒旅游有突出的资源优势和政策支持,但也存在缺乏资源整合、模式单一、文化内涵不足、基础设施差等问题,提出在全域旅游视角下要整合资源、制订规划、挖掘文化内涵、确立品牌优势、完善基础设施和服务、开发旅游产品等关于葡萄酒旅游发展的对策建议。王婷婷的《葡萄酒旅游在宁夏全域旅游中的地位分析》(《当代旅游》2020年第18期),认为宁夏葡萄酒旅游因为宁夏贺兰山东麓葡萄产区的先天优势而得到了快速发展，但仍存在基础设施不完善、产品开发不足、人才缺乏、营销落后等问题，提出通过产业融合实现旅游项目多样化、加强人员培训、实施现代化管理等解决措施。

五　编著类成果

宁夏拥有数量众多、品位独特的旅游资源。专家学者们的成果中不乏研究宁夏旅游发展的力作，这些研究成果对宁夏旅游业的发展做出了重要贡献。

涉及宁夏旅游的论著，早期以介绍、分析宁夏的旅游资源，研究宁夏旅游资源的开发利用为主。如石通杨、那日的《贺兰山下的民俗与旅游》（旅游教育出版社，1996），潘梦阳的《宁夏揽胜》（宁夏人民出版社，1998），2000年出版的张贤亮、雷从康、汤晓芳等编著的《宁夏旅游丛书》，戴雅增主编的《宁夏旅游资源评价与利用》（内部发行，2001）等著作便是其中的代表作品。王亚勇、郭永龙主编的《宁夏旅游基础知识》（中国旅游出版社，2003），该书以2002年《宁夏统计年鉴》为依据，介绍了宁夏历史、民俗、景区景点等旅游资源。刘秀梅编著的《宁夏旅游地理》（黄河出版传媒集团阳光出版社，2011），将旅游地理的专业知识与宁夏旅游资源整合，介绍了宁夏自然地理环境、旅游资源、民俗风情、地方特产等特色旅游资源。田俊秀主编的《宁夏固原红色旅游指南》（黄河出版传媒集团宁夏人民教育出版社，2015），从历史解读、革命人物、民俗特产、交通食宿等方面盘点了固原市红色旅游资源。

宁夏旅游业发展战略的专题性研究有：梁向明主编的《宁夏旅游业发展战略研究》（宁夏人民出版社，2002）一书，该书分析了宁夏旅游业发展的各方面因素，深入探讨了宁夏旅游业发展方向、战略目标、战略问题等，对宁夏旅游资源、特色旅游等进行了分析和预测，对宁夏旅游业发展的一系列现实问题进行了宏观的研究，为最早宏观上对宁夏旅游业发展中许多重大问题进行研究的著作。

为挖掘宁夏文化旅游资源，推进文化旅游融合，从文化旅游资源角度研究的主要成果有：薛正昌著《固原旅游文化与开发》（宁夏人民出版社，2000），从旅游开发的角度，对固原的人文景观和自然风光进行了全面描写和评价。薛正昌著《根脉与记忆——宁夏历史文化遗产》（中央编译出版社，2016），该书从文化遗产保护的意义上对宁夏文化遗产资源现状、存在的问题以及如何保护等方面进行了考察、分析、研究。周震主编，冯汝源、杨文姣编著《宁夏旅游与文化》（黄河出版传媒集团宁夏人民教育出版社，2019），选取了宁夏沙坡头、沙湖、镇北堡西部影城、水洞沟、西夏陵等11个具有代表性的景点，挖掘了其中的文化内涵，研究了宁夏旅游业与文化产业的融合、发展情况。

为宣传宁夏地方历史文化、全面挖掘宁夏文化中的旅游资源，促进宁夏文化旅游事业发展，宁夏陆续出版了有关宁夏文化、旅游研究的系列丛书。这些丛书描绘了宁夏独具特色的地域风光，展示了宁夏旖旎的民俗风情，介绍了宁夏深厚的历史文化，汇集了宁夏的地理人文。

2008年，自治区文化献礼工程——《宁夏历史文化地理》丛书由宁夏人民出版社出版发行。丛书中，《凿刻在石头上的历史——宁夏岩画》（郑彦卿、陈朝辉著）、《宁夏历史文化遗存和文物古迹》（负有强著）、《历代帝王在宁夏》（薛正昌著）、《丝绸之路在宁夏》（仇王军著）等，研究了宁夏历史、人物、文化等文旅资源。丛书吸收了最新的研究成果，打破纯学术框架，把深奥的学术问题通俗化、形象化、故事化，使丛书集学术性、知识性、可读性、趣味性为一体。

2009年，《宁夏地方史话丛书》编纂工作在全区全面启动。《宁夏地方史话丛书》（50册）是宁夏目前最大的地情历史文化丛书，是宁夏地方志办公室深入挖掘宁夏地方历史文化资源，开展读志用志的新举措，是地方志资源开发利用的探索和实践。丛书中涉及宁夏重要景区景点的自然风光、民俗风情、地方传说、人物故事、特色物产等地方文化旅游资源,宣传了宁夏地方历史文化,为全域旅游的发展提供了丰厚的地情文化资料。

2010年,《宁夏非物质文化遗产保护与研究系列》丛书陆续出版,内容涉及宁夏非物质文化遗产保护与研究、各地非物质文化遗产分布、情况介绍等,系统全面地反映了宁夏非物质文化遗产的发展和开发情况,为宁夏发展旅游+非遗工作奠定了研究基础。

2012年,黄河出版传媒集团宁夏人民教育出版社出版的《走进宁夏》丛书发行。丛书以纪实的手法,图文并茂地介绍了宁夏的地理历史、特色文化、旅游景点、民风民俗、名优特产及风味饮食,对于宣传宁夏、促进宁夏旅游发展具有积极的作用。

2015年,《宁夏文化资源与文化旅游产业发展》丛书由宁夏人民出版社出版。丛书汇集了四本有关宁夏旅游产业的相关成果,分别为《宁夏城乡旅游》《宁夏人文旅游》《宁夏风光旅游》《宁夏旅游资源与文化旅游产业发展报告》,是原宁夏旅游局支持的重大科研项目成果。其中《宁夏旅游资源与文化旅游产业发展报告》采用综合集成研究方法,分析总结了宁夏旅游资源的基本情况与分类,在对宁夏旅游市场基本情况调查与分析的基础上,针对宁夏文化旅游产业发展现状及存在的主要问题提出了若干建议。《宁夏人文旅游》对宁夏境内多元文化进行了归纳和阐述,重点挖掘了宁夏境内3A级以上人文旅游景区和景点的文化内涵。《宁夏风光旅游》认为宁夏风光有亲水、登山、拥黄河、揽沙漠的旅游特点,展示了宁夏独特的自然景观旅游资源。《宁夏城乡旅游》对宁夏五市的都市旅游和乡村旅游进行了分类描述,是宁夏自然旅游资源和人文旅游资源之外的重要补充。

2016年,蔡国英主编《宁夏景观文化丛书》由黄河出版传媒集团宁夏人民出版社出版。丛书是在评选宁夏"新十景"过程中,征集的关于宁夏"新十景"的诗词歌赋、景观论证、理论探讨等方面文章的汇编,是对宁夏景观文化旅游资源的一次全面扫描。丛书分《宁夏景观文化古今》《宁夏"新十景"诗词集》《宁夏景观文化征集作品选辑》《宁夏景观推介作品精选》等卷本。《宁夏"新十景"诗词集》《宁夏景观文化征集作品选辑》《宁夏景观推介作品精选》汇编了宁夏景观的诗词、歌赋、散文等,为宁夏旅游添加了文化内涵。《宁夏景观文化古今》主要收录了关于宁夏景观文化研究的多篇理论探讨文章,从旧景观到"新十景",阐述了宁夏景观发展的历程,论证了宁夏景观文化的传承与创新。

学术界已完成的大量研究成果,对宁夏旅游业发展、全域旅游工作推动起到了积极作用。同时,我们也应注意到宁夏全域旅游的发展,离不开文化基因的注入,在"旅游+"的不断融合方面,我们依旧有很多工作要做。段兆雯、王媛媛的《西北五省(区)旅游与文化产业融合度研究》(《河南科学》2017年第12期)一文对西北五省旅游与文化产业融合进行了分析,可供宁夏借鉴。该文在综述旅游与文化产业融合情况的基础上,运用耦合协调度模型对西北五省(区)旅游与文化产业的融合情况进行了评价分析,认为西北五省(区)旅游与文化产业融合协调度整体较低,基本都属于失调状态,且旅游产业要素与文化产业要素相关程度较低。在两产业耦合协调程度上,宁夏最差。针对研究结果,文章提出以丝绸之路为纽带,构建文化特色鲜明的区域旅游产品体系;发挥政府服务引导职能,建立适宜文化旅游发展的管理体制;加大宣传传统节庆,增加游客参与节庆活动的内容;打造有特色的旅游文化品牌,提升商品中的文化价值等推动文化和旅游两个产业融合的相关策略。

第二节 宁夏地方志文献的旅游资源研究

对宁夏古代府县志和当代志书的旅游文化价值进行研究,能最直接地反映宁夏地区各个历史时期的生活状况和经济体制、生产力、生产关系等社会情况以及地区的传统哲学思想、道德伦理观念等深层次文化内涵，因而它是民族文化与地域文化的典型体现和物化写照。① 宁夏现存志书中有大量的诗文、石刻、碑文，反映了宁夏丰富的地域文化。

宁夏的地方志工作者们在编纂志书的同时，一直在积极研究志书的开发利用，并且在研究地方志旅游资源的开发利用工作中取得了一定的成绩。宁夏彭阳县、泾源县通过挖掘地方志中的旅游文化资源，开发了诸如皇甫谧文化广场、仿朝那鼎旅游纪念品等旅游景区和特色商品。开发利用宁夏地方志文献（包括地方志、档案）中的全域旅游资源的有关研究，近些年也有所突破。

有关论证宁夏地方志在旅游经济发展中具有重要作用的文章主要有：翟新军的《重视发挥地方志在经济与社会发展中的作用》（《宁夏师范学院学报》2007年第5期），文章认为要重视地方志在经济社会发展中的重要作用，提出《银川市志》中的旅游资源，能挖掘、开发出有地方特色的特殊旅游项目，第二轮编修地方志工作，应大力编修具有地方特色的名山大川及名胜古迹等景点的志书，进而为银川的旅游经济服务。

有关结合本地旅游产业，研究地方志资源的文章主要有：俞星燕的《研究中卫旧志　开发旅游资源——〈乾隆中卫县志〉〈续修中卫县志〉读后的思考》（《图书馆理论与实践》2012年第4期），文章从（乾隆）《中卫县志》、（道光）《续修中卫县志》中记载的文化旅游资源入手，研究了两部旧志中可供开发利用的自然景观、人文景观、民风民俗、历史人物、诗文辞赋等资源，提出开发中卫香山资源、拓展寺口子景区、提升沙坡头旅游区的文化品位、开辟寺庙文化观光线、提高民俗品位等建议和措施。张文明的《发挥方志服务功能　推动旅游文化发展》

---

① 赵一人、张祖群：《古村落旅游文化价值解说指导下的产品设计——以中国历史文化名村爨底下村为例》，《旅游学研究》，2007年4月，第279页。

(《宁夏史志》2013年第3期），以宁夏彭阳县为例，就旅游文化开发中如何发挥和利用地方志，进行了阐述。文章认为彭阳县地方志全面详细、简练准确地记载了有关景区景点、文物古迹的历史文化，如果将其用到导游解说词中，可以提高人文遗产的吸引力。文章还指出，彭阳县利用地方志开发了皇甫谧文化广场、设计制作了仿文物"朝那鼎"的旅游纪念品等，取得了一定的成绩，但也存在因地方志出版周期长、志书资源开发不够等问题，提出建立地方志旅游发展组织机构，可以借助地方志，勾画彭阳县城旅游总体形象，大力开发旅游资源，提高旅游景点的文化档次和品位，使旅游宣传口径统一。咸国英的《修志用志、文旅融合，为打造泾源全域旅游服务》（《宁夏史志》2016年第2期）指出，1997年，泾源县根据（民国）《化平县志》和《泾源县志》两部志书，挖掘其中记载的独特自然资源，提出了可循环发展的"旅游兴县"发展战略。可见，泾源旅游业高速发展和挖掘地方志资源有一定的关系，深入挖掘地方志中的旅游资源，可以为泾源县全域旅游发展提供文化支撑。

有关开发利用地方志中全域旅游资源的文章主要有：霍丽娜的《全域旅游视角下宁夏地方志资源开发利用探析》（《宁夏党校学报》2018年第3期）提出，宁夏地方志中的自然风光、历史人文景观、物产风物、旅游服务等资源，可以为宁夏全域旅游事业提供源头活水，并提出建立系统的地方志与旅游资源数据库，将资源系统化、数字化，可以为全域旅游发展提供智力支撑；精选宁夏志书记载的名胜古迹、民间传说、名人轶事、诗词楹联、碑刻石雕等，可以提升宁夏旅游示范区的文化品位；经过加工整理、辨析甄别志书中诸多旅游资源，可以为编写宣传宁夏的旅游指导书提供借鉴。王玉琴的《旧志资源与宁夏全域旅游示范区文化内涵的提升》（《宁夏师范学院学报》2018年第3期）认为，宁夏全域旅游示范区要彰显文化特色，就要从宁夏的地域文化——志书入手，旧志资源在提升宁夏全域旅游示范区文化内涵中有着独特的、不可替代的作用，其自然与人文景观资源、名臣地方人物资源、民情风俗资源分别提升了宁夏全域旅游示范区的文化传承性、人文精神、文化地域性。

利用地方档案为宁夏旅游业增进文化内涵的研究成果主要有：武玲娥的《宁夏少数民族档案的文化旅游价值研究》（《档案天地》2016年第11期），该文认为充分利用宁夏档案发展旅游业，不仅能起到传承和传播档案文化的作用，还能充分挖掘其各种潜在价值，从而进一步推动宁夏旅游业的发展。武玲娥的《西夏档案在文化旅游中的价值研究》[《旅游纵览》（下半月）2016年第11期]，认为西夏档案在文化旅游中有历史文化、艺术等价值，开发西夏档案中的旅游资源，可以进一步推动宁夏旅游业的发展。

宁夏全域旅游发展对传统历史文化内涵的需求，可以通过宁夏地方志、档案文献中蕴含的丰富而珍贵的旅游资料得到满足。这些文献是历史的遗存、是人文精神的缩影，能为宁夏全域旅游资源的开发利用提供新的研究视角和方法，从而体现古代文献对地方旅游业发展的现代意义。

附录二　宁夏志书中的旅游路线

一　宁夏志书中的专项旅游路线[①]

神秘的西夏之旅。主要旅游路线是：银川（参观宁夏西夏博物馆、西夏陵、拜寺口双塔等）—内蒙古额济纳旗黑水城遗址—甘肃武威（参观武威西夏博物馆和著名的汉文、西夏文对照的《重修护国寺感应塔碑》等）。

塞上江南和黄河风情之旅。其主要旅游路线是：银川—中卫乘摩托艇或羊皮筏子—青铜峡水库（参观古秦渠、汉渠之首）—吴忠（城乡观光和宁夏小吃）—银川黄河横城段（包括金水园和鸣翠湖游览观光）。

宁夏红色之旅。宁夏的盐池县是陕甘宁边区的重要组成部分，宁夏建立第一个特别支部的鼓楼，红军长征翻越的六盘山，红军会师的西吉将台堡和同心城等众多红色旅游景点形成了多条红色之旅的线路。

沙湖观鸟。沙湖旅游区东侧是一片面积近千亩的鸟类栖居、繁殖地，鸟类达190多种、100多万只。群鸟落处，无以数计。游客到此，可以看到鸟类孵化、成长的全过程。沙湖旅游区设有完备的观鸟设施，

[①] 选自宁夏通志编纂委员会编《宁夏通志·商贸旅游卷》，方志出版社，2010，第1144~1146页。

建有观鸟台和大倍率望远镜,是国内最好的观鸟地之一。

穿越腾格里沙漠。腾格里沙漠为中国四大沙漠之一。沙坡头治沙工程声名鹊起之后,由中卫沙坡头进入腾格里沙漠探险成为广大中外游客喜爱的旅游项目。常规的线路为:中卫沙坡头—腾格里沙漠—内蒙古通湖草原。游客骑骆驼或徒步跋涉4~6个小时,沿途可见高大起伏的沙丘和原始的沙漠生态。通湖草原则是沙漠中的绿洲,有湿地、草原、盐湖、牧村、岩画、敖包、蒙古包群等。

徒步游长城。宁夏有战国、秦、汉、隋、明以来修筑的长城1000多公里,其中战国秦长城遗迹轮廓清晰,明长城部分段落保存完整。常规的徒步游长城线路为银川出发,东渡黄河,沿明长城(河东墙段)经小龙头至水洞沟进入盐池长城段,再东去陕西榆林。宁夏段内有横城堡、横山堡、清水营、兴武营、花马池等长城上著名的戍军古堡、关隘和近百座墩台、烽燧。

乘羊皮筏游黄河。羊皮筏,俗称"排子",由若干个充气的羊皮筒子并排捆扎在纵横交织的木杆上制成。乘羊皮筏游黄河的起点是沙坡头。一日游在中宁县境内的石空黄河大桥登陆,二日游在青铜峡水库旅游区登陆。

二 宁夏志书中的旅游线路[①]

旅游项目

1. 饱览塞上江南:银川—沙湖—灵武—吴忠—青铜峡——百零八塔—中卫—六盘山。

2. 探秘西夏:银川—贺兰山东麓文化旅游带—额济纳旗黑水城—武威西夏历史博物馆。

---

① 选自宁夏通志编纂委员会编《宁夏通志·商贸旅游卷》,方志出版社,2010,第1146~1150页。

3. 体验沙漠探险：银川—中卫沙坡头—沙漠旅游基地—通湖草原。

4. 品味黄河文化：中卫黑山峡沙坡头—青铜峡—横城古渡—黄沙古渡。

5. 工业观光游：银川高新工业园区—宁东化工基地—青铜峡水电厂—北岔口风力发电基地。

6. 农业观光游：银川玉泉营葡萄庄园—南梁枸杞园—暖泉良种羊繁育基地—吴忠农业科技示范园区—中宁枸杞园。

7. 乡村旅游：灵陶园艺农家果园—黄河岸边人家—宏坤新农庄，采摘与农村生活体验。

8. 红色之旅：

A 线：银川—盐池革命纪念园区—同心红军西征纪念园区—西吉将台堡红军长征会师纪念碑—西吉单家集毛主席旧居—六盘山红军长征纪念馆。

B 线（走毛主席的长征路）：兰州—甘肃会宁—静宁—西吉单家集毛主席旧居—固原张易堡—翻越六盘山—青石嘴战役旧址—彭阳小岔沟、长城塬毛主席住过的窑洞—甘肃环县—陕北吴起镇。

9. 生态旅游：银川—沙湖湿地观鸟—北武当生态旅游区—贺兰山高山草甸与原始森林—盐池哈巴湖—沙坡头沙生植物园—六盘山国家自然保护区。

10. 文化考古旅游：银川—水洞沟古人类遗址—灵武古窑址—恐龙馆—古长城—固原古墓—西夏陵。

11. 岩画旅游：石嘴山黑石峁岩画—贺兰口岩画（贺兰山世界岩画馆）—中卫岩画。

12. 古建筑观光旅游：

A 线：银川鼓楼—玉皇阁—南薰门—吴忠董府。

B 线：银川海宝塔—承天寺塔—拜寺口双塔—北武当庙—平罗玉皇阁—石空大佛寺—中卫高庙—须弥山石窟。

一日游线路

1. 银川海宝塔—承天寺塔—光明广场—宁夏博物馆—南门广场—玉皇阁—钟鼓楼。

2. 银川城区—西夏陵—镇北堡西部影城—沙湖。

3. 银川河东机场—金水园度假村—明长城遗址—水洞沟—内蒙古鄂尔多斯苏勒德文化旅游村。

4. 贺兰山滚钟口—贺兰庙—拜寺口双塔—晚翠阁—望海亭—贺兰山岩画—苏峪口国家森林公园—镇北堡西部影城。

5. 西夏陵墓群—西夏文残碑—西夏历史博物馆。

6. 银川城区—贺兰山滚钟口—西夏陵—西湖游乐园。

7. 银川中山公园—海宝塔—西湖游乐园。

8. 银川城区—苏峪口国家森林公园—贺兰山岩画—西湖游乐园。

9. 沙湖旅游区—湖心岛芦苇荡—天然浴场—沙山缆车—沙山滑沙。

10. 沙湖—西湖游乐园—新华购物中心。

11. 中卫高庙—沙坡头骑骆驼—滑沙鸣钟—古老水车—乘羊皮筏子漂流黄河。

12. 六盘山白云寺徒步探险—米缸山徒步探险—荷花苑徒步探险。

13. 六盘山二龙河徒步探险—鬼门关徒步探险—泾河源头徒步探险。

14. 六盘山凉殿峡徒步探险—无名沟徒步探险—小南川徒步探险。

多日游线路

1. 沙湖—镇北堡西部影城—西夏陵—中卫高庙—沙坡头。

2. 银川—青铜峡一百零八塔—中卫高庙—沙坡头—须弥山—六盘山。

3. 银川—中卫高庙—沙坡头—须弥山—老龙潭—荷花苑—崆峒山。

4. 银川—金水园—水洞沟—青铜峡一百零八塔—须弥山—老龙

潭—荷花苑—中卫高庙—沙坡头—西夏陵—镇北堡西部影城—岩画。

黄河、沙漠、西夏、沙湖探奇游线路

1. 看中卫古水车，乘羊皮筏漂流黄河，赴沙坡头旅游区滑沙，参观沙漠博物馆。

2. 骑骆驼穿越腾格里沙漠，观明长城、防沙林带、沙海风光，住帐篷。

3. 骑骆驼穿越腾格里沙漠，看戈壁沙丘、草场、盐湖，访沙漠人家，住帐篷或蒙古包营地。

4. 乘车至贺兰山，参观西夏陵、镇北堡西部影城。

5. 游览沙湖旅游区。

魅力宁夏大漠黄河风情游

1. 骑骆驼穿越腾格里沙漠、长城遗址、原始沙海风光，暮赏沙海夕阳，夜晚观星赏月、野炊、宿帐篷。

2. 晨观大漠日出，骑骆驼（或徒步）穿越沙漠至沙漠公路，乘车到沙坡头，后黄河漂流，滑沙，参观沙漠植物园。

骑骆驼沙漠探险游

1. 一日游。从宁夏中卫的沙漠渔场高墩湖出发，蜿蜒到达通湖草原，观原始沙漠风光，策驼越沙。

2. 二日游。从高墩湖到吊坡梁，此线可露宿大漠，观沙海落日、日出、览月赏星，参加篝火晚会、挖沙找水。

3. 三日游。在二日游基础上从吊坡梁到通湖草原，寻找古时的驼盐古道，游沙漠盐湖和沙漠公路。

4. 四日游。再从通湖草原前往水稍子度假区和硝池湖观沙漠绿洲，大漠牧村，体验游牧，居住牧民家，领略大漠生活，看驼羊牛马，观沙漠鸟湖。

5. 五日游。再从硝池湖策驼前往骆驼山游览，观沙漠岩画。

6. 六日游。从骆驼山到碱滩门，环游腾格里沙漠东南部，体验大漠风貌人情。

乘古老羊皮筏子黄河漂流游

1. 半日游。沙坡头到下河沿：沿线可观看母亲河的壮丽、沙漠植物园、沙漠铁路和黄河古渡等。

2. 一日游。沙坡头古水车到中卫黄河大桥：一路可游览"洋人招手""七姊妹""老两口""一窝猪"等险滩形成的奇观，观赏黄河上300年历史的古水车、双狮山、明长城等景。

3. 二日游。从沙坡头到青铜峡水库旅游区登陆。除观以上景观外还可游览枸杞园、石空大佛寺、青铜峡鸟岛、一百零八塔、黄河水库。

西夏探秘游

1. 银川至乌力吉，游览西夏陵、贺兰山岩画、三关口明代长城。

2. 乌力吉至额济纳旗，游览沙漠戈壁、沙海风光。

3. 游览额济纳旗黑水城、居延文化遗址、五塔寺。

4. 黑水城游览甲渠侯宫遗址、王爷府、胡杨林。

5. 额济纳旗观赏居延海风光。

6. 额济纳旗到乌力吉，观赏大漠风光、蒙古族风情。

7. 从乌力吉到银川，观赏大漠风光、蒙古族风情。

8. 银川游览玉皇阁、鼓楼、海宝塔。

宁夏之旅精品线路

1. 黄河水上游（二日游）。灵武金水园旅游区—青铜峡旅游区—中宁枸杞园—中卫沙坡头旅游区。

2. 西夏秘境游（二日游）。西夏陵—镇北堡西部影城—拜寺口双塔—贺兰山岩画—华夏珍奇艺术城—宁夏博物馆。

3. 沙漠探奇游（三日游）。永宁沙生植物园—青铜峡旅游区—中宁枸杞园—中卫沙坡头旅游区。

4. 长城访古游（三日游）。银川贺兰山三关口明长城—盐池明长城—青铜峡旅游区—固原战国秦长城。

5. 沙湖生态游（二日游）。广夏万亩葡萄园—农科院、农垦枸杞观光园—沙湖旅游区—平罗玉皇阁。

6. 丝路寻踪游（四日游）。银川—青铜峡旅游区—中宁枸杞园—中卫沙坡头旅游区—通湖草原旅游区—须弥山石窟—火石寨—西吉钱币馆—好水川古战场—六盘山旅游区—固原博物馆。

7. 贺兰山探奇游（一日游）。西夏陵—贺兰山滚钟口森林公园—镇北堡西部影城—拜寺口双塔—贺兰山岩画—苏峪口国家森林公园。

8. 六盘山消夏游（四日游）。银川—固原古城—六盘山旅游区—西吉火石寨丹霞地貌—红军长征将台堡会师纪念碑。

9. 银川观光购物游（一日游）。光明广场—新华古玩街—海宝塔—承天寺塔—银川步行街。

参考文献

（以朝代、姓氏拼音排序）

一　宁夏旧方志

（明）胡汝砺纂修，（明）管律重修，陈明猷校勘《嘉靖宁夏新志》，宁夏人民出版社，1982。

（明）杨经纂辑，（明）刘敏宽纂次，牛达生、牛春生校勘《嘉靖固原州志·万历固原州志》，宁夏人民出版社，1985。

（明）朱栴撰修，吴忠礼笺证《宁夏志笺证》，宁夏人民出版社，1996。

（清）常星景等纂辑，王玉勤、苏维童点校（康熙）《隆德县志》，内部发行，1987。

（清）陈日新纂修，同心县地方志编纂委员会办公室整理《标点注释：光绪平远县志》，宁夏人民出版社，1993。

（清）黄恩锡纂修，范学灵、冯万和、谭学荣校注《乾隆中卫县志校注》，宁夏人民出版社，1998。

（清）黄恩锡编纂，（清）郑元吉修纂，宁夏中卫县县志编纂委员会点校《标点注释：中卫县志》，宁夏人民出版社，1990。

（清）汪绎辰编，张钟和、许怀然校注（乾隆）《银川小志》，宁夏人民出版社，2000。

参考文献

（清）汪绎辰编，银川市地方志办公室整理（乾隆）《银川小志（文白对照本）》，方志出版社，2016。

（清）徐保字、（清）张梯纂，王亚勇校注（道光）《平罗记略·续增平罗记略》，宁夏人民教育出版社，2003。

（清）杨芳灿监修，（清）郭楷纂修，张建华、苏昀校注《嘉庆灵州志迹校注》，宁夏人民出版社，1996。

（清）杨金庚总纂，刘华点校《光绪海城县志》，宁夏人民出版社，2007。

（清）高嶷修，（清）俞益谟纂，吴怀章校注《康熙新修朔方广武志》，宁夏人民出版社，1993。

（清）张金城修，（清）杨浣雨纂，陈明猷点校《乾隆宁夏府志》，宁夏人民出版社，1992。

（清）朱亨衍总纂，刘华点校《乾隆盐茶厅志》，宁夏人民出版社，2007。

（民国）马福祥、（民国）陈必淮主修，（民国）王之臣等纂修（民国）《朔方道志》，天津华泰印书馆代印，1927。

（民国）张逢泰纂，李志杰等标点注释《标点注释：（民国）化平县志》，宁夏人民出版社，1992。

陈明猷标点《宣统固原州志》，陕西人民出版社，1992。

范宗兴签注《弘治宁夏新志：签注本》，宁夏人民出版社，2010。

范宗兴笺证，张树林、贠有强审校《盐池旧志笺证》（修订本），宁夏人民出版社，2014。

胡玉冰主编《宁夏珍稀方志丛刊》，中国社会科学出版社，2015。

胡玉冰主编《宁夏珍稀方志丛刊》，上海古籍出版社，2018。

宁夏固原县志办公室整理《民国固原县志》，宁夏人民出版社，1992。

宁夏地方志编审委员会办公室编，贠有强、李习文主编《宁夏旧方志集成》，学苑出版社，2015。

二 宁夏通志

宁夏通志编纂委员会编《宁夏通志·地理环境卷》，方志出版社，2008。

宁夏通志编纂委员会编《宁夏通志·商贸旅游卷》，方志出版社，2010。

宁夏通志编纂委员会编《宁夏通志·社会卷》，方志出版社，2010。

宁夏通志编纂委员会编《宁夏通志·艺文卷》，宁夏人民出版社，2013。

宁夏通志编纂委员会编《宁夏通志·人物卷》，方志出版社，2015。

宁夏通志编纂委员会编《宁夏通志·文化卷》，方志出版社，2016。

三 宁夏市县（区）志、专业志

大武口区地方志编纂委员会编《大武口区志》，宁夏人民出版社，1995。

固原市地方志编审委员会编《固原市志》，宁夏人民出版社，2009。

固原市原州区党史区志编纂委员会编《固原市原州区志》，方志出版社，2010。

惠农县志编纂委员会编《惠农县志》，宁夏人民出版社，1999。

李文斌主编《彭阳县志》，宁夏人民出版社，1996。

李萌、徐庄编著《宁夏·银川风物志》，云南人民出版社，2002。

隆德县地方志编纂委员会编《隆德县志》，宁夏人民出版社，1998。

灵武市志编纂委员会编《灵武市志》，宁夏人民出版社，1999。

马德滋、刘慧兰编著《宁夏植物志》（第一卷），宁夏人民出版社，1986。

李乃扬等编纂《宁夏风物志》，宁夏人民出版社，1985。

《宁夏农垦志》编纂委员会编《宁夏农垦志（1989-2004）》，宁夏人民出版社，2006。

《宁夏商业志》编纂委员会编《宁夏商业志》，宁夏人民出版社，1993。

宁夏物价志编纂委员会编《宁夏物价志》，宁夏人民出版社，1996。

宁夏药监局、宁夏药学会、《宁夏药事志》编纂委员会编《宁夏药事志（1032-2000）》，宁夏人民出版社，2009。

平罗县文化广播电视科编纂领导小组编《平罗县文化志》，内部发行，1988。

石嘴山市志编纂委员会编《石嘴山市志》，宁夏人民出版社，2001。

吴忠地方志编纂委员会编《吴忠市志》，中华书局，2000。

薛正昌编著《宁夏·固原风物志》，云南人民出版社，2002。

《盐池县志》编纂委员会编《盐池县志（1981-2000）》，宁夏人民出版社，2002。

银川市志编纂委员会编《银川市志》，宁夏人民出版社，1998。

永宁县志编审委员会编《永宁县志》，宁夏人民出版社，1995。

中共贺兰县委志史编纂委员会编《贺兰县志》，宁夏人民出版社，1994。

中卫县县志编纂委员会编《中卫县志》，宁夏人民出版社，1995。

中宁县志编纂委员会编《中宁县志（1986~2006）》，黄河出版传媒集团宁夏人民出版社，2013。

四　专著

巴兆祥：《方志学新论》，学林出版社，2004。

巴兆祥：《旅游与城市发展》，复旦大学出版社，2013。

巴兆祥：《中国民俗旅游》，福建人民出版社，1999。

戴雅增：《宁夏旅游资源评价与利用》，内部出版，2001。

国家旅游局编《从景点旅游走向全域旅游》（2016），中国旅游出版社，2018。

郭伟：《全域旅游理论与实践》，燕山大学出版社，2018。

鲁人勇：《塞上丝路》，宁夏人民出版社，1988。

李金早：《当代旅游学》，商务印书馆、中国旅游出版社，2018。

梁向明：《宁夏旅游业发展战略研究》，宁夏人民出版社，2002。

林衍经：《地方志与旅游》，方志出版社，2005。

刘天明、王晓华、张哲：《移民大开发与宁夏历史文化》，宁夏人民出版社，2008。

王　俊：《中国传统民俗文化　中国古代地方志》，中国商业出版社，2017。

薛正昌：《固原旅游文化与开发》，宁夏人民出版社，2000。

许　成、吴峰云：《宁夏古塔》，宁夏人民出版社，1988。

杨继国、胡迅雷主编《宁夏历代艺文集》，宁夏人民出版社，2011。

杨继国、胡迅雷主编《宁夏历代诗词集》，宁夏人民出版社，2011。

杨占武主编《宁夏文化资源与文化旅游产业发展丛书》，黄河出版传媒集团宁夏人民出版社，2015。

喻学才：《中国旅游文化传统》，东南大学出版社，1995。

张跃东、束锡红：《移民与宁夏区域文化》，宁夏人民出版社，1994。

五 期刊文章

巴兆祥：《地方志与旅游资源开发》，《复旦学报》（社会科学版）1997年第4期。

巴兆祥：《论编修地方志与发展旅游事业》，《宁夏社会科学》2003年第3期。

陈　强：《地方志资源开发利用的探索与思考》，《中国地方志》2014年第11期。

陈玉香：《分析宁夏文化旅游资源及其特征分析》，《智库时代》2018年第44期。

邓志红、李玉国：《联合开发利用方志资源提升曲阜旅游文化品位》，《山东档案》2019年第5期。

高叶青：《旧方志与区域旅游文化开发的关系研究：以陕西利用旧志的经验为主要考察对象》，《唐都学刊》2012年第3期。

林衍经：《地方志旅游资料的价值及其利用》，《中国地方志》2006年第1期。

刘锋：《宁夏旅游业跨世纪持续发展战略探讨》，《市场经济研究》1999年第4期。

罗粤民：《武威地方志中旅游文献的开发利用》，《科技信息》2012年第31期。

牛学智：《全域旅游与宁夏文化现代化问题研究》，《民族艺林》2018年第4期。

邱新立：《〈全国地方志事业发展规划纲要（2015—2020年）〉解读》，《中国地方志》2015年第11期。

孙改芳：《八景诗对旅游文化创意的启示：以山西太原古代州县八景诗为例》，《中北大学学报》（社会科学版）2014年第3期。

谭琳：《地方志与旅游资源开发利用》，《广西地方志》2017年第

1 期。

吴忠礼：《银川古园林探源》（上），《共产党人》2006 年第 9 期。

吴忠礼：《银川古园林探源》（下），《共产党人》2006 年第 10 期。

吴忠礼：《"塞上江南"名称的由来》，《共产党人》2007 年第 22 期。

汪克会：《基于全域旅游视角的宁夏文化旅游产业发展对策研究》，《商业经济》2017 年第 7 期。

王培华：《宁夏"塞北江南"之称由来考》，《社会科学战线》2008 年第 7 期。

王玉琴：《旧志资源与宁夏全域旅游示范区文化内涵的提升》，《宁夏师范学院学报》2018 年第 3 期。

许　成：《建设大银川：文物古迹的保护规划与开发利用》，《宁夏社会科学》2003 年第 5 期。

徐赣丽、朱国佳：《八景文化空间与八景诗画的文化遗产价值》，《广西师范大学学报》（哲学社会科学版）2012 年第 5 期。

徐树雄、申进湘、陈　静：《全域旅游进行时——来自宁夏全域旅游的调查》，《共产党人》2017 年第 3 期。

薛正昌：《"八景"文化在宁夏》，《中共银川市委党校学报》2005 年第 4 期。

咸国英：《修志用志、文旅融合，为打造泾源全域旅游服务》，《宁夏史志》2016 年第 2 期。

杨桂兰：《努力推进全域旅游下文化与旅游产业协调发展——以宁夏为例》，《环球市场信息导报》2017 年第 36 期。

张廷银：《地方志中"八景"的文化意义及史料价值》，《文献》2003 年第 4 期。

张佳琪：《基于浙江地方志的旅游开发空间》，《史志学刊》2014 年第 2 期。

张万静:《宁夏民俗文化的旅游价值及其开发策略研究思考》,《共产党人》2019年第2期。

六 学位论文

刘有安:《20世纪迁入宁夏的汉族移民社会文化适应研究》,兰州大学博士学位论文,2010年3月。

王民华:《新一轮西部大开发下对宁夏区域旅游的开放研究》,宁夏大学硕士学位论文,2011年4月。

谢丽君:《宁夏文化产业与旅游产业融合发展机制研究》,宁夏大学硕士学位论文,2014年3月。

徐智明:《地方志资源服务于旅游产业的实证研究:以南京市为例》,南京大学硕士学位论文,2006年3月。

七 报纸

杨建国:《利用地方志资源打造商洛特色旅游城市》,《商洛日报》2010年4月22日第3版。

后 记

喜欢旅游，徜徉在祖国的大好山河中，给心灵放个假，是无比畅快之事；喜欢地方志，作为工作了近二十年的方志工作者，对地方志有一份无法言说的深情。能将两件喜欢的事情放在一起，为之探索，无疑是快乐的。和全国绝大多数修志机构不同，宁夏地方志办公室隶属于宁夏社会科学院，所以宁夏地方志办公室除了具有全区地方志业务推动和指导，编修宁夏通志、年鉴等职能以外，还多了研究地方历史文化的职能。从参加工作开始学习地方历史文化，参与项目，到申请完成课题，一路走来，并不容易。繁杂的行政事务工作，业余时间的点滴学习，跨学科的从头开始，每当疲惫偷懒时，看看身边刻苦努力的老师和同仁，又有了继续研究的动力。所以特别感谢在课题申请、研究、结项、修改等过程中给予我无私帮助的领导、老师、同仁和朋友；感恩宁夏社会科学院为我提供的工作和学习平台、创造的良好科研环境和氛围，使课题顺利结项、书稿得以出版。

感谢宁夏史志专家吴忠礼先生、宁夏文史专家胡迅雷先生、宁夏史志专家刘天明先生的悉心指导和鼓励。感谢宁夏社会科学院郑彦卿、姜歆、马娟、张玉海等老师的热情帮助。感谢宁夏文化和旅游厅秦志龙、宁夏中国旅行社有限公司张敬峰和方慧，宁夏睿博远生态科技有限公司刘旭东等老师的全力支持。感谢宁夏社会科学院张万静、宁夏睿博远生

后 记

态科技有限公司刘旭东、宁夏羊饰皮毛店杨明、宁夏医科大学总医院杨冬梅等老师提供图照。另外，个别图照选自宁夏史志图书，因无法联系作者，请看到后联系。特此说明。

本书的顺利出版面世得益于宁夏社会科学院的资助和有关院领导、科研处等部门的帮助，本人深感荣幸和感激。我的父亲也曾是宁夏社会科学院的一员，是一名痴迷科研的学者，如果他和母亲在天有灵，一定也会深感欣慰。为进一步完善书稿，感谢宁夏阳光出版社郑晨阳为本书特邀编辑所进行的编校，感谢宁夏社会科学院吕棣、宁夏人民出版社管世献等老师的审读。最后，感谢社会科学文献出版社和本书责任编辑陈颖老师，感谢陈颖老师在书名修改、结构内容、文字编校等方面的辛勤付出。

在完成书稿的过程中，愈加感到笺注校勘宁夏旧志的前辈学者们专业水平之深厚，他们在抢救和保护这些珍贵文献资料、鉴别旧志版本、考证史实等方面付出大量心血，做出了巨大贡献；为我们利用旧志进行地方历史文化研究，进一步开发利用旧志资源，奠定了坚实的基础、提供了极大的方便。在引用中，因为个别旧志整理所用版本不同或有些繁简字、用法的改变，本书稿以《宁夏旧方志集成》为蓝本，在原文后用括号加以标注。由于自身学识水平和理论分析能力所限，书稿中存在的讹误之处，真诚地欢迎学界各位老师不吝赐教，给予批评指正。

2020 年 12 月

图书在版编目(CIP)数据

地方志与全域旅游：以宁夏为例/霍丽娜著．--北京：社会科学文献出版社，2020.12
（宁夏社会科学院文库）
ISBN 978-7-5201-6717-8

Ⅰ.①地… Ⅱ.①霍… Ⅲ.①宁夏-地方志-研究②旅游业发展-研究-宁夏 Ⅳ.①K294.3②F592.7

中国版本图书馆 CIP 数据核字（2020）第 092081 号

·宁夏社会科学院文库·

地方志与全域旅游
——以宁夏为例

著　　者 / 霍丽娜

出 版 人 / 王利民

责任编辑 / 陈　颖

出　　版 / 社会科学文献出版社·皮书出版分社（010）59367127
　　　　　 地址：北京市北三环中路甲 29 号院华龙大厦　邮编：100029
　　　　　 网址：www.ssap.com.cn

发　　行 / 市场营销中心（010）59367081　59367083

印　　装 / 三河市尚艺印装有限公司

规　　格 / 开　本：787mm×1092mm　1/16
　　　　　 印　张：19　字　数：261 千字

版　　次 / 2020 年 12 月第 1 版　2020 年 12 月第 1 次印刷

书　　号 / ISBN 978-7-5201-6717-8

定　　价 / 118.00 元

本书如有印装质量问题，请与读者服务中心（010-59367028）联系

版权所有 翻印必究